浙商

如何应对
大变局与黑天鹅

HOW TO DEAL WITH THE PROFOUND CHANGE
AND BLACK SWAN

王永昌◎著

中国社会科学出版社

图书在版编目（CIP）数据

浙商：如何应对大变局与黑天鹅 / 王永昌著 . —北京：中国社会科学出版社，2020. 9

ISBN 978 - 7 - 5203 - 6729 - 5

Ⅰ . ①浙…　Ⅱ . ①王…　Ⅲ . ①商业经营—成就—浙江　Ⅳ . ① F727.55

中国版本图书馆 CIP 数据核字（2020）第 113400 号

出 版 人　赵剑英
责任编辑　喻　苗
责任校对　任晓晓
责任印制　王　超

出　　版　中国社会科学出版社
社　　址　北京鼓楼西大街甲 158 号
邮　　编　100720
网　　址　http：//www. csspw. cn
发 行 部　010 - 84083685
门 市 部　010 - 84029450
经　　销　新华书店及其他书店

印　　刷　北京明恒达印务有限公司
装　　订　廊坊市广阳区广增装订厂
版　　次　2020 年 9 月第 1 版
印　　次　2020 年 9 月第 1 次印刷

开　　本　710 × 1000　1/16
印　　张　23
字　　数　366 千字
定　　价　76. 00 元

凡购买中国社会科学出版社图书，如有质量问题请与本社营销中心联系调换
电话：010 - 84083683

序言

不久前，永昌同志发给我一部书稿，是他近几年来参加有关浙商论坛活动或到一些企业调研时所做的演讲整理稿。粗粗阅读后，我建议将原书稿名《时代浪潮中的浙商——浙商和浙商精神演讲录》改为现在的书名，即《浙商：如何应对大变局与黑天鹅》。永昌同志欣然同意，说改后的书名更好，并嘱我为他的这本新书作个序。永昌同志是我尊敬的领导、师长，为他的书作序实不敢当，但他还是再三坚持，尊意难违，我只好硬着头皮接受了这个任务。

2020年，一场突如其来的疫情席卷全球。截止2020年9月9日，全球累计确诊新冠肺炎病例27615676例，死亡898426例。这让处于百年未有之大变局的世界又增添了不确定性。这场新冠肺炎疫情无疑在某种程度上成为改写或重塑人类历史进程的“黑天鹅事件”。显然，这场疫情极大地改变了我们的生活方式，并将持续地给世界经济带来巨大打击，全球经济可能陷入长期衰退，国际经济、科技、文化、安全、政治等都在发生深刻调整，世界进入了一个动荡变革期。以美国为首的一些西方国家逆全球化浪潮越来越明显，民粹主义加剧，保护主义抬头，单边主义上升，造成国际治理能力缺失，这些都不可避免地导致全球发展格局的重大变化。这对走向现代化建设新征程的中国发展，带来了巨大的挑战，但同时也面临新的发展良机。

浙商，是中国人数最多、分布最广、实力最强、影响最大的投资者经营者群体之一，也是中国商业史上最辉煌的一个品牌。作为对经济发展动向最为敏感的群体，浙商遍布全球，影响世界发展。毫无疑问，浙商也是受新冠肺炎疫情影响最大的一个市场主体。不但他们所从事的服务业和消费领域短期冲击较大，而且对制造业和各类投资都造成了重大影响。由于全球供应链许多环节的断裂，纺织服装、日用消费品、农产品等产品出口遭遇了更大挑战，一部分中小企业可能面临严重的生存危机。

然而，在困难面前，浙商们并没有退缩，也没有等待，而是充分发挥顽强拼搏、敢为人先的浙商精神，千方百计在危困中抢占发展先机。在疫情肆虐之际，浙商们就发挥其数字经济的先发优势，于全国人民还在居家隔离之时，就催生出一批新型消费热点并不断将之升级，开拓了在线直播、在线教育、在线医疗等一大批新模式、新业态，使得直播带货、生鲜电商、门店到家等线上新型消费逆势大涨。2020 年 1—2 月，浙商开拓的数字经济新业态占据了浙江财政收入的大部分，来自信息传输软件和信息技术服务业的企业所得税惊人增长了的 311.3%。在疫情得到控制之时，浙江各企业一方面做好防控，一方面积极做好复工复产，甚至包车包高铁包飞机接送返岗员工。有数据显示，截至 2020 年 3 月 26 日，浙江全省产能恢复率为 90.06%，11 万户中小工业企业产能基本恢复，397 万户小微企业、个体工商户产能恢复率为 88.2%，均居全国前列。

永昌同志的这本书，是他近年来研究浙商的新成果，其中包括他对浙商精神的提炼，对新时代条件下浙商如何应对诸如“黑天鹅”“灰犀牛”现象的思考，书中的事例丰富而生动，可以为后疫情时代如何应对危机、化解危机、于危机中育新机、于变局中开新局提供有益的启发。

我和永昌同志相识三十多年了。20 世纪 80 年代末，我们都在中国人民大学哲学系学习，当时我在读硕士，永昌在读博士，他那时在理论界已颇有些名气，因是同乡，彼此特别亲切。印象最深刻的是他常召集我们几个浙江同乡周末一起在学校里聚餐。现在的年轻人恐怕很难想象我们当年在筒子楼里用煤油炉炖胖头鱼汤的情境，尤其是冬夜，晚来天欲雪，煤油炉蓝幽幽的火苗跳动着，钢精锅里的鱼汤渐渐浓郁，这时几杯绍兴黄酒或二锅头下肚，有一种人生美好不过如此的感觉。此情此景，成了我们年轻时作为读书人的一种温暖记忆。后来，永昌博士毕业后去了中央政策研究室工作，而我在中国社会科学杂志社工作，我们仍保持着学术交流，依然是精神同道。他的博士论文的一些核心观点分两篇文章在《中国社会科学》发表，由我担任其论文的责任编辑。再后来，他经过慎重考虑，决定回浙江工作。临行前，把他《社会意识论》《实践观念论》等手写稿交由我保管，谁也没想到，这一保存竟是二十多年。二十多年间，我几经搬家和调换工作单位，但书稿等依然保存下来。巧的是，多年后我又到出版社工作。他的那两部手写书稿又在我的推动下得以出版。这两本书的出版，可谓是我们三十多年友情的见证。

对于永昌兄长，我一直心存钦佩。首先他非常勤奋，勇于探索，勤于思考。他有一句名言我印象很深，那就是“躺着也要思考”。他的吃苦耐劳精神令人感动。他不是一年两年勤奋，而是四十多年来持之以恒。在我看来，他的勤奋是一般人难以做到的。

其二，永昌善于运用哲学思维思考研究现实问题，非常注重调研，注重理论与实践的结合、知与行的统一。善于创新，在工作中经常会有新的观点迸发出来，并很快形成文字。所以，他推出了诸多像这本书一样对现实问题进行调研、思考而产生的理论成果。

最令我诧异和钦佩的是，永昌同志在退出领导岗位后，居然诗兴大发，诗词佳作频出，又华丽转身成一位诗人和词作家。他为G20杭州峰会所作《九月杭州桂花香》扬名海内外，已经成为杭州市民十分喜爱、家喻户晓的歌曲。本书的最后，我还欣喜地读到了他为浙商创作的诗歌。

希望这本新书的出版，不仅仅是对过往的总结，更能给受疫情冲击的中小企业一些启发，对当下民营经济的振兴有所参考和帮助。也衷心祝愿永昌同志推出更多优秀的理论和诗词佳作，在有益于经济社会文化发展，满足读者精神需求的同时，也使自己的人生更有意义、更加充实、更加绚丽多彩。

中国社会科学出版社社长、中国历史唯物主义学会副会长　赵剑英
2020年9月2日于北京

前言

一有阳光就灿烂，一遇雨露就成长。这是对浙江企业家（浙商）生命力的诗意赞美。浙商是中国改革开放的时代产物。如今的浙商已炼就了强劲身骨，不惧风雨，在世界商海中扬帆远征。浙商是浙江的一道亮丽风景线，也是当代中国创业群体的一个生动标识。

不过，浙商在前行的道路上并不是顺风顺水的，而总是经受无数风雨的考验，要面对一个个崎岖坎坷，遇到一个个黑天鹅事件。但在浙商们身上，总会显现出近乎天然的刚毅韧劲、超群的敏锐智慧和特有的化危为机的能力。比如说，面对世界金融危机、中美贸易战、互联网技术发展、数字经济崛起和新冠肺炎疫情暴发，浙商都有自己独特的见解和惊人的应对能力。浙商，无疑是一个有着顽强生命力和创新力的商业群体。

笔者作为浙商发展研究院院长，有幸能高密度地接触浙商，近距离地观察浙商，并多视角地研究浙商。我为浙商走过的艰难岁月而赞叹，为浙商创造的辉煌业绩而敬服，为浙商炼就的优秀品质而歌唱，为浙商绽放的家国情怀而赞颂，同时，也为自己能为浙商发展尽一点绵薄之力而庆幸。近十年来，笔者总是满怀深情地参加浙商的一些活动，并尽可能发表自己的一些看法，与企业家们交流心得。这样，就有了不少演讲记录稿。2017年1月曾由红旗出版社出版过《飞翔吧，浙商》一书，汇集了2015年以前的一些演讲稿，而本书则收录了2016年以来的主要演讲稿。

本书共分为六篇。“风采篇”记录了浙商代表中的经典实践故事，“超越篇”和“奋进篇”展现了浙商创新创业的时代实践，“风骨篇”重点阐述了浙商精神和情怀，“致敬篇”是对改革开放40年浙商发展路程的总结，对浙商群体表达了深切的敬意，而“情怀篇”则收录了笔者歌咏浙商的五首诗和歌。其实，它们都从不同侧面寻找浙商成长的故事，回答浙商应对时局、克服困难、提升发展的逻辑。

人类总是在曲折中进步的。然而，人类社会的一切文明进步都是人们奋斗换来的。浙商在时代前行的进程中创造了奇迹，但任何人间奇迹都是奋斗出来的。浙商要应对前行中的变局和各种黑天鹅事件，要继续勇立时代发展潮头，仍然靠的是不屈不挠的拼搏奋斗。

这就是浙商成长的法宝！

做有智慧的奋斗者，这就是浙商成功的座右铭！

目录

第一篇 风采：数风流人物还看精兵强将

第二篇 超越：勇立时代潮头方显担当

第一篇

风采：数风流人物还看精兵强将

疫情之下，企业如何寻求新的发展

疫情之下如何谋发展？5 月 19 日，杭州市工业经济联合会、杭州市企业联合会、杭州市企业家协会召开企业家座谈会，来自杭州的 80 家企业代表就如何做专做精、增强核心竞争力进行了交流。

在座谈会上，浙江省第十二届人大常委会副主任、浙江大学教授、博士生导师、浙商发展研究院院长王永昌做了主题演讲，就疫情下企业家们如何化危为机谈了一些独到见解。

这次座谈会的主题“战疫情　谋发展”非常好，这是我们国家当前的主题，也是我们企业面临的难题。如何破题，寻求新的发展，是我们大家需要共同思考的问题。

前不久，我参加了西子联合集团第一季度的业绩发布会。没有想到疫情之后，王水福董事长领导的西子联合第一季度业绩非常好，实现了开门红。尽管像这样的企业在杭州、在浙江、在全国并不会少，但也不会很多。在第一季度疫情那么严重的情况下，西子联合还能有这么好的成绩，很不容易！

前几天，王水福董事长给我打来电话，说杭州市工业经济联合会、杭州市企业联合会、杭州市企业家协会准备召开一个座谈会，主题是探讨疫情全球蔓延大背景下如何寻找发展机遇，要我来讲一讲华为在几次转型过程中是怎么把握机遇的。

2019 年，我花了一年左右时间专门研究华为，特别是研阅了任正非几十年来的讲话文稿，在这个基础上写了一本书——《华为：磨难与智慧》。我认为这个题目非常契合华为这 33 年走过的路程以及当前所处的状况。华为 30 多年的发展，实际上就是不断地在同困难做斗争、克服种种难题中走过来的。今天，在座各位的企业也许都有各种各样的磨难，但是没有一家企业像华为一样，经历过那么大的磨难，没有一位企业家经受过像任正非经受过的这么大的磨难。单就 2019 年一年讲，华为就经受了多少风风雨雨，硬扛住了多大的压力？华为作为中国一家民营企业，遭受了来自世界上最强大的国家——美国的极限打压。美国这次是准备把华为搞死的，不是搞一下就完了，而是采取了全方位的手段，有意识形态的、有政治的、有法律的、有经济的、有行政的、有舆论的、有外交的……用全方位的手段来对付华为，还联合世界上所有美国的追随者来对付华为。华为遭受的不是一般的磨难，而是世界级的磨难。

华为的发展的确是辉煌的，成就令人骄傲。华为的成长可以说是中国改革开放的象征，是中华民族崛起的象征，是中国力量、中国智慧的象征，是中国走向世界的象征。但在发展过程中，华为经历了无数困难和磨难，甚至可以说磨难和成绩是同等的。

企业家要有这样的准备，做得越大，意味着压力越大，要经历的磨难也同样越大。做企业实际上是一门苦行经，苦海无边，你们要有这个心理准备。不要想企业做到什么程度，就可以放手了，就可以潇洒了。不可能！除非你选好了接班人，接下来不干了。只要你在岗，只要你在谋求企业发展，你就始终是痛苦的，企业家的一生是痛苦的一生，是磨难的一生。我讲这个不是消极的意思，而是想说明，企业家天生就是要在苦难中奋斗的，否则就不是企业家。磨难是企业家的内在本质。

王水福董事长让我来讲一讲疫情之下企业如何转型，题目很大，给我的时间是一个小时，如果给我三个小时的话，可以稍微多讲一下，一个小时就只能点个题了。下面，我想讲三个方面的内容。

一　这场新冠肺炎疫情对人类发展的深层次影响

大家都经历了新冠肺炎疫情的考验，也肯定有不少感受。小小病毒改变了大大的地球。过去有个案例是小球推动大球，也就是当年小小乒乓球推动了中美关系的改善，而这次新型冠状病毒这么一个小而又小的东西，居然改变了今天的地球格局。人类几千年、上万年来所积累的物质力量和科学发展力量，武器也好，其他也好，也许都比不上新冠病毒在如此短的时间里所造成的危害。到目前为止，全球已有 240 多个国家和地区有新冠肺炎病毒感染的人，影响了全球70多亿人的生活。全球感染人数已接近500万，死亡人数近30万，虽然从伤亡角度来看，同第二次世界大战无法比较（第二次世界大战死伤人数达到9000万左右），但从影响到的国家数量、影响到的人口数量来说，已经远远超过了第二次世界大战。第二次世界大战先后有61个国家和地区、20亿左右人口被卷入战争。

新冠肺炎疫情给人类带来的影响是全方位的，而且是极其深刻长远的。

第一，看待这场疫情的一个方法论。

首先，我们可以站在宇观的角度来看待新冠病毒及这场疫情。新冠病毒纯粹是自然现象，自然界各种各样的灾害多如牛毛，是整个宇宙运动的一部分。站在宇观视角讲，这次疫情或者说地球的存亡、人类的生死，都是宇宙运行中的自然现象，谈不上是不是灾难问题。

其次，如果站在人类的宏观角度来看这场疫情，的确可以说是一场大灾难。因为它造成几十万死亡，数百万人的感染，给我们人类带来了这样那样的苦痛。所以，它是我们人类共同面临的一场灾难。

再次，从中观角度来看，站在一个国家和地区来看。这不仅是一场灾难的问题，还是危机和机遇的问题。也就是说，世界上不同的国家都要思考如何应对和防御，如何做好防控疫情、谋求发展的问题。应对好就是发展的机遇。这就需要思考危机和机遇的问题。

最后，站在微观角度来看，疫情带来了这样那样的问题，但同时也有各种各样的机会。有准备的、有实力的、高明的企业就会从这场共同的危机中找到自己发展的机遇，人家的困难很可能就是你的机遇，当然这需要自己去把握。

因此，从宇观、宏观、中观和微观不同层面来看这场疫情，我们就可以很清楚地看到，新冠病毒作为直接来自自然界的生物，纯粹是一种宇宙、地球的自然现象，是人类共同的灾难，但从对人类不同主体的利害的中微观角度讲，你如何认识、如何应对、如何行动，就有一个危难与机遇问题。我们千万不要消极被动，老是觉得宅在家里安全，无所作为，那样的话，就会难上加难，甚至走向死亡。

第二，改变人类对自身力量的认识。

这场疫情促使人类对自身的力量包括科技力量有新的认识：不要以为

人就是宇宙和地球的中心，人是最聪明的，人的力量是无穷无尽的，人就可以高傲自大，人就凌驾于自然之上。这次新冠肺炎疫情给人类好好地上了一课，人的生命其实是非常脆弱的，有时是非常无奈的。所以，人类自身要从更广的角度来看待问题。我们人类怎样更好地处理和自然界之间的关系？怎样做到天人合一，人和自然和谐发展？这个问题会得到极大的关注与改进。工业时代形成的人类自我中心主义世界观、人类观的哲学理念，将会加快退出历史舞台。

第三，改变人类的生产方式、生活方式。

人类社会发展进步的最直接动力是生产方式的变化。这场疫情将使数字化、网络化、智能化生产方式进一步得到强化。生产方式的组织形态、空间形态也会带来变化。今后很可能还会出现“去城市化”，并不是城市越大越好、人口越密集越好。城市形态涉及生产方式和生活方式等综合性问题。今后，我们人类的生活方式的确应该有很大的改变才好。还有，今后很可能会出现“去出行化”现象，能不外出就尽量不外出了，旅游业的损失将会非常大。

第四，改变人们的思维方式。

这次国际疫情应对中有一个突出的现象，就是为什么中国、日本、韩国、新加坡等国家、中国香港、中国台湾地区应对得那么好？其中一个重要原因就是思维方式、文化习俗、文化传统不同。中国的儒家文化对这些地区影响很大，社会集体意识比较强，老百姓也比较听话，政府说什么老百姓都会比较配合。西方文化强调个体生命的自由，政府采取封闭和管制政策，有不少老百姓就上街抗议了，有的甚至说，宁可被感染，也不愿待在家里，还我生命的自由。这就是思维方式和文化价值观的不同。西方一些国家应对疫情的确是有点难的。这次疫情之后，人类的思维方式、文化心理会有一定的改变。

第五，改变社会的治理方式。

这次疫情防控中，杭州很出彩的一点就是利用互联网方式，健康码就是杭州率先推出的，后来推广到全国，这是发展的机遇，也是社会治理方式的改变。今后小区的围墙也可能会增加。社区管理太重要了，村子也可能要围起来。像新冠病毒防控到小区、门户才能奏效。同时，利用互联网和高科技来管理，疫情防控就更加到位。当然，这次疫情及治控实践，不但对各行各业治理带来变化，而且还将对整个社会、整个国家和全球治理产生重大影响。

第六，加速推动国际大变局。

新冠肺炎疫情大大加速了世界变局。我们讲要构建人类命运共同体，这是发展趋势和方向。但实际进程中难免有曲折。到目前为止，主导世界大格局的仍是以美国为老大。但美国实力前几年已经有所削弱了，这次新冠肺炎疫情进一步削弱了美国的霸主地位。未来的世界将是美国、中国、俄罗斯等国家的多极化，欧盟有可能充当大国矛盾冲突的平衡力量，其地位、作用可能会更加突出。这次世卫组织大会通过了欧盟提交的决议草案，可能就是一个趋向性现象。与此同时，原来的世界治理格局也会极大地分化，世界治理将出现无序化的过渡时期，也不是空穴来风。

世界本来就不太平，现在又加快形成新的变局。这次新冠疫情则大大加速了世界动荡，百年未有之变局真的要加快来到了。天灾人祸加速了世界大变局，世界有可能进入一个动荡时期。

第七，中国的国际地位、国际形象进入战略机遇期。

中国正在加快走向世界。这次疫情，中国进一步展示了中国优势、中国力量和负责任的大国形象。但与此同时，也进入了敏感时期，有很多很多挑战。其中最大的挑战之一，就是这次新冠肺炎疫情带来的国际上各种甩锅现象，尤其美国总想把疫情之“祸”抛给我们，说中国疫情信息透明度不够，新冠病毒是“中国病毒”，有的还要起诉中国赔偿。其实，客观来讲，新冠病毒是一个新病毒，到底厉害到什么程度，到底会传染到什么程度，到底能否有效治疗，谁都会有一个认识过程，不可能草率地下结论，包括世界卫生组织也有一个客观评估的过程。而我们也是第一时间发布了信息的。当然，当初地方政府的应对有一定的缺陷，这也是可以想象的。之后，中国政府认识到了新冠病毒的破坏性，有关信息天天透明公布，充分发挥我们党和国家的制度优势，防控很快取得决定性胜利。试问，世界上有哪一个国家能做到我们这样的防控程度？

反过来说，武汉出现了疫情，这个信息早就公布了，其他国家有几个月时间可以准备，应该比我们更有主动性，为什么没能好好应对？世界上多数国家都是开始阶段认识不够、措施不力。现在还怪我们，完全是无理胡闹！当然，这有个社会认知心理问题，但更是某些国家的政治阴谋。

联合国世卫组织和全球早有一个共识，即来自自然界的病毒不分种族、不分地域，它是人类共同的敌人，绝对不能把新冠病毒用地域来称呼。世界上过去有西班牙流感，因为西班牙第一时间报道出来，后来就习惯性地称之为西班牙流感，但实际上西班牙流感病毒就是美国人传过去的。

如何应对这场疫情是门大学问。为了全球疫情防控，中国又准备再拿出 20 亿美元来支持世界上其他国家的抗疫。体现了大国担当和人道主义精神。

的确，这场疫情使中国迈入了大国崛起的战略性考验时期。这一场大考考好了，中国的国际地位、国际形象将会大大提升。

但从中美关系角度来讲，困难将会更多。目前很难预测特朗普能否连任，如果连任的话，中美之间将进入非常艰难的、长期的战略僵持状态。如果别的总统上任，中美关系也不可能好到哪里去，但也不至于像特朗普那样不靠谱，想到了怎么样就怎么样乱说一通。他说话太随意，极大地消耗了美国在国际上的声望。

第八，新自由主义正在加速死去。

这次新冠肺炎疫情将推动西方一直奉行的新自由主义加速死亡。本来，新自由主义这些年来就已经开始衰退了，而这次新冠肺炎疫情带来的一个后果是，一个国家的经济发展和政治地位之间的关系将进一步密切，在一定程度上推进了经济方面的权力回归政府、回归国家。在政府和市场之间，政府的权力将大大加强，这可能是世界普遍性的现象，包括西方国家的政府权力也会强化，新自由主义将进一步退出舞台，加速死去。

取代新自由主义的是什么？现在还很难说。国家的权力、政府的干预这几十年来展现了不断强化和扩张的趋势，世界上普遍如此。未来会怎么样？一种新的经济体制模式还没有完全形成，但中国特色社会主义制度（或中国特色社会主义市场经济体制）完全有可能成为世界经济发展模式中非常重要的新路子和新体制，将为人类文明发展做出新贡献。

企业家们应关注 5 月 11 日公布的中共中央、国务院《关于新时代加快完善社会主义市场经济体制的意见》。我觉得这份文件很及时，对中国经济发展有战略指导意义。政府该强化的就要强化，市场该强化的也要强化，这两者结合好，会创造出一个新的好制度。

经济全球化将是不可避免的，这是必然趋势。但是这次新冠肺炎疫情在很大程度上延缓甚至阻碍了经济全球化的发展，一些国家的保护主义和单边主义盛行，地缘政治风险明显上升。我个人认为，从经济角度来讲，现在各个国家基本形成了一种认识：一个国家要最大可能减少对外的依存性，国内尽可能产业链配套。未来一个时期，国际贸易战将不可避免，出口贸易难度将会增加，经济全球化趋势也将会延缓，或者说有可能形成另一种形态的全球化。这种新型的全球化是怎么样的，现在还很难说。不过，世界经济形态和格局将会发生很大的变化，这是可以肯定的。

第九，产业、企业、就业将出现大的分化、整合，产品结构也会发生很大的变化。

这次新冠肺炎疫情将会导致一些产业萎缩，比如旅游业、餐饮业，可能影响还不是短期的，将是相当长时期的。反过来，有一些新产业也会冒出来，比如数字经济、互联网、智能化以及健康安全相关的产业等。现在这个时期是处在产业的整合和分化期，包括产品结构也会发生很大变化。比如我们现在经常用的口罩，其产品结构也会发生变化。夏天该怎么戴口罩？现在的口罩很闷热。所以，日本正在研究冰凉口罩。今后，中央空调还能不能用？会不会改成其他的产品？小单元锅炉可能会增加，企业可以抓紧研究开发。以后房屋的建筑结构也会发生很大的变化，比如医院，像疫情严重时期的武汉，医院病房里只有窗口的位置稍微安全一点。包括会场、公交、高铁、飞机的座位可能都会发生很大的变化。

在座的企业家朋友，每一个行业都会发生新变化，要抓紧研究布局，抓住新的增长点。

第十，世界经济将步入低迷期并有可能引发重大经济危机。

就全球范围讲，未来一个时期，短则三五年，长则五年后，世界将有可能发生重大的经济危机。

现在，为了应对疫情和经济危局，各个国家都在力保经济增长，全面推进量化宽松。这一轮的量化宽松大大超过了2008年那一次金融危机，现在的货币发行近乎泛滥。经济萎缩，经济衰退怎么办？现在各国首选以

“量化宽松”来打强心剂，刺激过后的经济有可能低速增长。问题是低速增长时期你怎么调理，调理得好，就相对平稳，调理不好就要出大事，大量超发的货币或许会成为一个大“地雷”。

目前看，世界经济步入深度衰退阶段，国际贸易和投资大幅度萎缩，国际金融市场起伏动荡，国际经济等交往受限，经济全球化遭遇不小的暗流、逆流。我们要在一个更加不稳定、不确定的世界环境中谋求发展。

企业家要有思想准备，要做坏的打算，往好的方面去努力。冬天肯定要来，暴风雨不知道哪一天会来，现在有机遇的话就赶紧抓住，抓住了以后赶紧想好后路，不要抓住一个想两个，抓住两个想三个，一般来说，抓住两三个机遇后往往会出问题的。古人说的“事不过三”，不是毫无道理的。

我说“事不过三”有点深意，因为，你一年能抓住一个机遇都是很难的。

以上是我对这场疫情对人类发展带来的一些深层次影响的初步思考，纯属个人浅陋之见，供大家参考。

二　华为成长的智慧和启示

时间关系，我只能简单点个题了。

第一，要打造一个经得起磨难的企业。

经得起苦难的企业，才能抗风险。伟大的背后都是苦难，成功是由磨难炼就的。任正非说，“我除了痛苦以外，就没有不痛苦了”，这 33 年他都是痛苦的。华为有今天，都是他和华为人在痛苦中熬出来的。企业家要有经风雨、吃苦头的准备。

第二，要确立一个好的初心。

有一个好的世界观、价值观、文化观，也就是要有好的企业文化，用思想、文化把企业做成一个“同心圆”的企业，从董事长开始到每个员工都要有一颗共同的心。任正非讲，企业家的最大权力不是签字或者人员安排，最大的权力就是对企业未来发展的设定，是企业“心灵”、文化、前景的设定。这就是说，企业要有世界观、价值观、人生观，这样才能走得远。

第三，要明确一个好的方向。

企业家想办法打造一个有方向感和使命感的企业。你要给企业、员工一个大致的方向。这个方向也许有多个层次，比如说企业未来的理想。任正非说华为不是为金钱而奋斗，而是为理想奋斗。这是企业方向。同时，企业所从事的产业、技术、产品、客户等，都要有一个方向感，使企业员工都知道往哪个方向去努力，这点非常重要。任正非强调企业方向要大致正确。这也是企业发展要处理主业与多元的关系。线条太多的话，就不可能很专业，方向感也就成问题了。

第四，要锁定一个主航道。

企业生存和发展的关键，要有自己的核心竞争力。华为 30 多年来始终坚持一个“城墙口”，组织了几千人、几万人、几十万人，一年、两年、三十年，十亿元、一百亿元、上千亿元，始终对准一个“城墙口”冲锋，而这个城墙口还真的被华为攻下了。华为的城墙口是什么？任正非说，“就是针尖上面的一点点”。这就是主航道。30 多年来，华为全然不顾两边的鲜花，不分心，始终沿着信息通信领域的信息通道开关这个主航道进攻。这就是工匠精神、专业精神。

第五，要培育一支奋斗者队伍。

一个有发展前途的企业应该是有奋斗激情的企业，要把骨干和员工培养成奋斗者。华为的奋斗者可不好当，它要经过本人申请才行，奋斗者要牺牲休假，随时备战。如果不想成为奋斗者就按部就班，也有假期，但是只给你一般劳动者的收入，一旦成为奋斗者，年底奖金和回报就会很高，一年四五十万收入是常态。所以，华为多数员工都被培养成奋斗者。任正非的思想非常深邃，他也是天才的演说家，所以华为的人个个都像打了鸡血一样。这就是组织管理、人力管理的艺术，把人的积极性调动起来的艺术。

第六，要实施一个抗风险的“生存计划”。

任正非认为华为的失败总有一天会到来，冬天总有一天会到来，唯有惶者才能生存。企业家的使命是什么？让死亡来得晚一些，再晚一些，为此要有一个极限生存的计划。这次任正非能够抵挡美国打压，就是因为 20 年前他们就有一个不断实施的备胎计划。

第七，要注入一个永不熄火的动力。

华为的这个动力就是自我批判。唯有强者才敢于自我批判，如果躺在功劳簿上，功劳簿的背面就是你的墓志铭。烧不死的鸟才能成为凤凰；只有从泥坑里爬出来的人才能成为圣人。

第八，要奉行一个“糨糊哲学”。

也就是打造一个有凝聚力的、共创共享的企业。任正非说，我只做两件事，第一件事是把钱分好，第二件事是拎上一桶糨糊，用这桶糨糊洒在18万华为员工身上和世界上的一些科学家身上，把大家黏合、凝聚起来。任正非最大的本事是懂人性和人心，能调动人的积极性。糨糊哲学就是把大家凝聚在一起，这就是领导要做的事。小商人是赚一点钱，小老板做一点事，真正的企业家就是要干大事业，把大家凝聚起来办大事。

三　华为成长中的一些重大转型及启示

企业成长过程中往往要经历多次转型，华为的转型也是如此。自1987年成立至今，华为在过去33年时间里，先后经历过多次重大的战略转型，形成了从战略谋定、战略执行到保障机制的战略管理流程链，使其业务发展达到事半功倍的效果，实现持续盈利的发展态势。正是基于一次次成功的战略“转身”，华为在激烈动荡的行业竞争中存活下来，并不断发展壮大。

但是，具体分析起来，华为的转型是一个动态过程，而且是多层次多侧面的。根据我的研究分析，华为比较重大的阶段性转型，主要有：

华为的总体战略转型：1987年，华为公司成立，首先面临的问题是如何生存，想办法活下来，完成原始积累。第一次转型，是在国内同行业中争先，1996年、1997年左右，华为成为国内同行业中业绩最好的企业。第二次转型就是开始走向世界、国际化，向国际同行业学习看齐，逐步拓展国际市场。20世纪90年代末，华为开始启动国际化战略，最早是到中国香港试水，然后到2003年左右有了重大进展。第三次转型就是国际争先，2010年前后华为开始布局全球争先，经过20年左右的攻城略地，终于打开了“城墙口”，在5G技术、基站等领域达到了世界领先水平。正在势头上的华为，这两年受到美国的极限打压。现在的华为，正进入第四次的战略转型，目前处于战略磨合期，我们希望它能挺过这个艰难时期，熬过这个严冬，迎来新的春天。

华为的战术转型：开始是农村包围城市、欠发达国家包围发达国家；有了坚固实力后，或者说国际化达到较高水平后，华为便开始进入“中心城市”“发达国家”，走由“中心”带动周边的路子。但美国市场的拓展一直不顺畅，直到被美国极限打压，都未有重大突破。但是，华为从农村包围城市的战术是很成功的。后来走“发达中心城市”带动全球市场，虽有曲折，但总体也是有效的。

华为的产品转型：第一步是简单提供产品，比如当年的交换机；第二步是提供产品加解决方案，即不仅提供产品，而且提供相关服务，采取“用 10% 的产品去满足客户 100% 的需求”的经营模式；第三步是重点抓住运营商，比如中国电信、中国移动、中国联通等，为它们提供配套服务；第四步是推出了进入终端消费者的产品，比如华为手机。产品的转型和把控有很多失败的案例，比如惠普就是一个教训。华为差一点也大意失荆州。因为，按照任正非原来的设想，华为不做消费终端产品，不做手机。但是华为内部有一套红军和蓝军的机制，当时蓝军提出未来的终端产品市场会很大，如果放弃手机就会放弃华为的未来，主张华为一定要有自己的产品，后来任正非采纳了蓝军的建议。看来，华为的产品也是不断拓展的。

华为的技术转型：第一步是模仿；第二步是消化地创新；第三步是开放式自主创新；第四步是 2010 年以后引领行业创新，尤其是 2015 年前后进入无人区的领航创新，准备给人类未来（技术）发展在无人区探路时，遭到了美国的打压。这是最令人痛心的事。

华为的管理转型：第一步是游击队式的管理，自己当班长连长；第二步稍微正规一点，要成为新四军八路军正规军，1996 年前后请了中国人民大学几位教授去搞企业管理制度建设，出台了华为的《企业基本法》；第三步是马不停蹄地走上了国际化，花重金引进美国和日本的企业管理制度。但是，任正非是一个很会思考总结的企业家，很有自己的思想，他虽说华为的管理制度都是学美国的，但实际上华为已经形成了有自己独特文化的管理系统。现在华为的整个管理是自成体系的。这可以说是又一次带有根本性意义的管理转型。

企业家任正非的转型：我看了任正非几十年来的文稿，发现作为企业家的任正非也是不断转型，不断超越自我的。第一步他是当工头，类似于班长、连长；第二步是成为一个小企业家，企业是他直接掌握的企业，也就是企业家的企业，主要是自己说了算，类似于团长；第三步是成为企业的企业家，也就是更多地要用制度和流程来管理，企业家也受管理流程约束，主要用制度管理企业了，也就是类似于当军长了；第四步是企业家的企业家，他主要管理领导班子、企业骨干了，而且更多地用思想、文化引领企业，执行层面由领导团队负责，这就类似集团军司令、战略总指挥了。企业家达到这个层面，就是有思想的大企业家了。

华为员工和人才的转型：第一步是把社会才子（人才、学子）转化为华为的才子，这个过程是很痛苦的，成为华为人必须服从华为的价值观，如果不适应的话就要请出华为。华为的人是要经过洗脑的，华为的培训教育很严格；第二步是把华为的才子变成华为的“傻子”，不提倡有活络的脑子，脑子里不能长杂草，你就傻乎乎只管做好自己的事；第三步是在“傻子”的基础上培养出华为的“疯子”，办事情像疯了一样，有那么一股拼命的、专注的疯子精神；第四步是成为华为骄子，成为很能干的人才，干得好就被重用。

最后，说说华为转型给我们的启示。

第一，不冒风险才是企业最大的风险。企业要冒风险，而转型、创新、变革就是冒风险，企业成长中始终处在转型之中。任正非认为，一个企业如果18个月没有大的变革，这个企业的灾难就会来临了。当然，不一定就是18个月，企业所处行业、发展阶段不一样，转型变革频率也是不同的。但是，如果一个企业三五年没有大的转型、大的变革、大的创新，那么，这个企业很可能就在酝酿灾难，一场被动的革命也许会找上门来，企业也许已经丧失生命力了。当然，我们也不能一天到晚都在变，老是变来变去也不行，说明缺乏战略定力，企业家还不太成熟。

第二，变的过程当中要扭住重点。企业的核心文化、核心价值观、核心竞争优势不能变。转型变革是让自己强起来、优起来，不是把自己变没了。转型变革是多层次多内容的，但就关键意义讲，必须重在管理制度、技术创新、企业文化上动脑筋。企业核心的思想文化、管理制度和技术要有连续性、稳定性，不能随便变，但是要转型变革或者做优做强的也是这三大重点。比方说，华为几十年对准一个“城墙口”冲锋，就是要在这个技术方向上做精做强，自己的核心竞争力和优势不轻易改变，目的是做得更专、更强、更优，而不是把自己的根基变弱了、变没了。

第三，企业国际化、专业化程度越高，越要善于打造一个产业生态链。国际化、精专化越需要“友军”“友商”，任何产业都有一个产业生态链，不可能包打天下，要开放合作，也不做“黑寡妇”。要善于同整个产业上下游以及供应商形成良好的生态链，坚持合作共赢。一般地说，企业越大，越需要配套合作。任正非为什么要讲“灰度”？灰度就是黑白之间的朦胧状态，要宽容，不要搞得太过清楚，钱多一点少一点不要太过计较。

第四，转型发展中一定要有很好的社会氛围和环境，包括政商关系。任正非说，我到50多岁才知道人际关系的重要。我一生中最敬佩两个人，一个是韩信，能够忍受胯下之辱。第二个是阿庆嫂，八面玲珑，来的都是客。华为处理不好人际关系、没有良好的社会环境会寸步难行。企业是市场的主体，是市场的细胞，要形成一个很好的生态氛围，才能很好生存。

第五，一流的企业越需要有“极限生存计划”。企业要有忧患意识，要有相应的“备胎计划”。华为的实践给大家上了生动一课，没有应对危机忧患方案，就是一个最大的后患。现在看来，我们很需要有国际政治意识，要依靠国家力量，去培育、推动形成国内产业生态链。

同志们：华为发展的智慧启示很多，比如任正非讲的“糨糊哲学”就很值得我们思考。任正非关于企业家主要是想好路、分好钱、用好人的理念及其做法，也很值得企业家们学习借鉴。

今天，我就简单跟大家谈这些体会。谢谢大家！

伟大的磨难：华为启示录

2019年6月1日，作者在第16届浙商（投融资）大会宁波峰会上围绕华为事件和华为成长给浙商的启示做了深情演讲。

一 华为的空前磨难

大家都知道，现在正在发生的中美贸易战，我们过去还不轻易提“贸易战”这个概念，而提“贸易摩擦”。但是，现在形势已经大大超出了“摩擦”的范畴，事实上已经是贸易战了，而且这场贸易战将是持久的。为了应对美国的贸易挑战，中国态度非常明确，我们希望谈，谈就大门敞开；我们不希望打贸易战，但是我们不怕打贸易战；必要时不得不打，要打，就奉陪到底。这是国家意志和力量的体现，是有原则有理性有智慧的风骨。我国商务部对外宣布中国也将建立“不可靠实体清单”制度，美国不是有实体清单吗？我国也建立“不可靠实体清单”，也就是说，对那些不讲市场规则的，不讲商业信誉的外国企业和个人，我国也将采取相应的措施。这意味着贸易战在很大程度上是升级、延续了，是一种以牙还牙的正当之举，将产生巨大的威慑力量。

大家都知道，如今的华为已成长为并将进一步成长为一个伟大的企业，但“伟大背后都是磨难”。这句话引自罗曼·罗兰的“伟大的背后都是苦难”，我把“苦”字改成“磨”字也许更为贴切，因为我认为伟大都是“磨”出来的，“磨”比“苦”更积极，更能反映华为如今空前悲壮的“磨难”经历。

下面这张图是华为过去用的广告图（见图1）。这个“芭蕾脚”是美国著名摄影艺术家亨利·路特威勒（Henry Leutwyler）的摄影作品，一双饱经风霜的芭蕾舞者的脚。这幅构图对比鲜明，充满冲击力。

图1　华为广告图

大家知道，芭蕾舞是高贵典雅的艺术，庄重而优美，但它绝非轻易就能掌控的。优美极致的芭蕾舞是舞者通过痛苦的磨难用汗水换来的，是要付出艰辛代价的。任正非先生看到这幅图片时，他感慨地说，这不正是华为的真实写照吗？“我们有一只芭蕾脚，一只很烂的脚，我觉得就是华为的人，痛并快乐着。”[①] 华为就是凭一双烂脚走到了今天！后来，华为买断了“芭蕾脚”这幅照片的版权和使用权。华为今日的业绩，背后是由磨难练就的。

成功的背后是艰辛。华为就是用这双“烂脚”，走向了世界，走到了今天。这张图上配的文字，就是“我们的人生，痛，并快乐着”。以此图文来表达华为人的成长苦难及心志。从一定意义上说，没有痛苦，就得不到快乐，没有磨难，就换不来辉煌。

2018 年 12 月 5 日，华为首席财务官、任正非的女儿孟晚舟，在加拿大转机时，被加拿大当局代表美国政府暂时扣留，后被监视居住。孟晚舟女士回到家人身边的第一时间，发了这张华为广告图，但上面的广告语则改为“伟大的背后都是苦难”。

再看一看下面这张图（见图 2），是最近很流行的华为新的广告图。华为在受到美国极限打压后，任正非看到了这张照片：一架伤痕累累的第二

---

① 2015 年 12 月 18 日彭剑峰专访任正非纪要：《华为 2015 年关键词：芭蕾脚——苦难点亮未来》。

次世界大战时的苏式飞机。这架飞机是苏联第二次世界大战时期生产的伊尔-2。苏联第二次世界大战期间的这个型号的飞机，最大特点是哪怕翅膀被打烂，机身遭受多少枪林弹雨，只要要害部位没被打坏，它仍旧不会散架，仍然能够飞，体现了坚忍不拔的精神和百折不挠的意志。任正非先生觉得现在的华为就像这架飞机一样，虽伤痕累累，但历经磨难后仍将安全着陆并重新飞向蓝天。这个图上的文字用了“没有伤痕累累，哪来皮糙肉厚，英雄自古多磨难”。这句话体现了任正非和18万多华为人的共同心志，也反映了全国人民的共同心声。

图2　华为广告图

没有磨难哪来“皮糙肉厚”？哪能跳出美轮美奂的舞蹈？哪能成为鹰击长空的战机？芭蕾舞者的脚和这架飞机都说明了这个道理，也真实反映了华为成长的道路和攻坚克难的意志。

2019年5月21日，中央电视台记者董倩采访了任正非。她在采访开头时便说：目前华为正受到美国全力打压，会产生什么严重影响？大家都在担忧华为的生死存亡。是的，大家想一想，华为是中国的一家民营企业，这家民营企业居然受到了美国举国力量的围剿、打压，而且美国不只运用了整个国家的力量，甚至动员了它可以动员的世界力量来围剿华为。那么，面对如此险风恶浪，华为能安全着陆、能生存下去吗？

美国是当今世界的第一强国，华为仅仅是中国的一家民营企业，美国居然找各种无理的理由对中国这么一家企业下如此狠手。一般来说，不要说是一家企业，世界上很多国家面对美国的打压、围剿，往往都要败下阵来，何况是区区一家企业呢？

但是，在这样一个严峻时刻，任正非却显得非常淡定、从容、大气。他在接受中央电视台董倩的采访前，先给出了一个采访主题，他说我接受你的采访，但主要是谈谈教育问题，而不是谈华为的问题。董倩感到很奇怪，在华为面对美国全面遏制和打压的风口浪尖、生死存亡的时刻，任正非居然那么从容淡定地要谈教育问题？

不光记者，社会各界都在担心华为的生死问题。但是，任正非先生说，我们从来没有想过要死亡。最近，我们华为准备给华为将士们发一批奖杯，做了 20000 个奖杯，上面写了一句话，就是"不死的华为"。① 当我听到这句话的时候，一方面感到热血沸腾，另一方面也感到一种伟大的悲壮。由此我就想到了，今天华为 18 万多将士为了华为的尊严，为了华为的生存，也为了我们民族的尊严，他们在决死奋战！

那么，我们全国 14 亿人民，同样应该给华为 18 万人，给任正非先生，给他们做 14 亿个奖杯，上面应该重重写上："不朽的华为"！华为人，我们与你们肩并肩，共同为中华民族的伟大复兴而奋战！

二 美国为何动用国家力量封杀华为？

美国为什么要动用国家力量对中国一家民营企业进行空前围剿和全方位打压？这是有深刻的国际政治格局背景的。

从整个中美关系的历史背景，或者从国际政治、经济、军事整个格局来看，如果说今天中国进入了新时代，那么当今世界则进入了大变局时代，世界出现了百年未遇的大变局。

这个大变局、大时代，其中一个非常重要的方面，就是中美关系的历史性变化。显然，中美关系是当今世界各种政治力量变化中一个极为重要的方面。尽管美国仍然是当今世界最强大的国家，它的经济、科技实力及综合实力，如今还没有任何一个国家可以轻易撼动它的地位；但另一方面，中国正在快速崛起，中国已经成为世界第二的经济大国，中国正步入

① 2019 年 5 月 21 日中国中央电视台记者董倩专访任正非（纪要）报道。

全面复兴时代，中国国际地位正在全面上升，中国正阔步迈向世界政治舞台的中央，中国正成为世界力量格局中越来越重要的一个国家。这是客观事实，也是必然趋势。中国的发展、崛起同样也是对世界发展的贡献，但美国的政客们却不是这样想的。

大家知道，就中美关系的战略角度讲，过去几十年时间里，中国和美国更多的是合作关系，特别是加入世界贸易组织（WTO）以后，中国与世界、与美国更多的是一种合作的基调。当然，分歧、矛盾、冲突、竞争始终是存在的，但总体上是能牵手合作的。而美国之所以能和中国搞好关系，有一个尽人皆知的重要原因，就是他们认为只有把中国纳入所谓的“世界体系”之中，美国自信能慢慢“演变”我们，把中国纳入西方体系，进入美国“大叔”的怀抱，就像当年把苏联解体一样。

但是，经过三四十年的发展，美国感到他们的既定目标不但没有实现，而且中国还一步步强大起来，美国人感到“吃亏上当”了，认为中国的快速发展对美国构成了严重的“威胁”。特别是2016年奥巴马在即将卸任之前，参加了G20杭州峰会，他看到中国发展如此之快，杭州如此美丽，那么富有魅力，感到中国现在发展真的太快、太强劲了。于是，他说，中国这些年“搭便车”赚的便宜太多了，今后不能再让你们这么“搭便车”了。这也就是说，在奥巴马执政时期，美国就已经有了这么一种认知，而且也采取了许多防控和遏制手段。特朗普上台后，那就旗帜鲜明地、疯狂地对中国进行打压了。

近年来，美国的社会精英们已经完成了对中国整个战略认知的转型。这个认知就是：如此下去，中国不可能被纳入西方体系，投入美国的怀抱，中国终将坚持走中国特色的社会主义道路，中国共产党也将会强势执政下去，所以美国觉得中国的发展不是跟他们一条道儿，中国的强大将是对他们的挑战，中国已成为美国的主要竞争对手（敌手）了。美国当局还预测，如今中国的实力已经可以与其相抗衡，或者说对他们的强大和霸主地位构成了威胁。而且，他们还认为，现在是遏制中国的最后“窗口期”，错过这个“窗口期”就“后患无穷”了。

正因为这样，他们就动用各种手段对中国进行围堵。如果说过去中美两国之间是既合作又斗争但以合作为主的状态的话，那么，现在就陷入了以竞争、摩擦、抗衡为主的阶段。当然，我们用的“竞争”是个中性词，竞争当中肯定有合作。而且我们希望有更大的合作，但现在看来博弈性、抗衡性的“竞争”将成为主旋律。看来，“修昔底德陷阱”现象的确是客观存在的，而且在很大程度上难以回避，我们只能正视它，化解它。毫无疑问，造成这种局面的主因当然在美国。

所以，对华为也好，对其他企业也罢，遭到美国人打压是难以完全避免的，而且越是先进的科技型企业就越有可能遭到打压。

从当今国际格局大势和中美两国关系走势来看，我们认为中美贸易摩擦将是长久的，即使今后签了协议，中美贸易摩擦仍会以不同形式存在。从当前看来，中美之间不光是贸易摩擦，现在已上升为贸易战；不光是贸易战，而且已扩展到科技战、人才战，在一定程度上还有军事战。现在我们最担心的是，会不会发生金融战？这个也不是不可能的。

那么，美国为什么要重点打压华为公司呢？

美国之所以对以华为为代表的中国科技型企业重点进行打压，就是因为它们的科技水平开始赶超美国。可惜的是，像华为这样的科技型企业在中国实在太少了。

华为是令国人自豪的企业。今天的华为已经不是过去的华为。经过30多年的发展，华为已经由一棵小树成长为一棵大树，成为当今世界先进科技领域的世界级的科技型企业。华为已经成为世界上最先进的通信设备的最大供应商，已经抢占了信息技术的最前沿，而且在5G技术上处于最领先地位。用任正非的话说，起码领先世界两到三年。的确，华为已经成为当今世界信息技术领域里最前沿的一家企业，它是可以和美国高通、谷歌、英特尔等公司并肩成为世界领先的15家企业之一的。

我们知道，信息技术核心有三个主要组成部分。

第一，芯片（集成电路）/半导体。这是信息技术、智能社会的心脏，所有信息的储存、运算都要由它来完成。中国是全球最大的半导体与集成电路的消费市场，但目前90%依赖进口，自给比例仅为10%左右，每年的进口额超过2000亿美元。中国在集成电路领域的资本与研发投入与美国存在较大差距。但中国近几年正加快发展。芯片技术从制造工艺角度讲，现在最先进的芯片是7纳米，前两天我们中国已成功研发了3纳米的芯片，一个指甲盖大小的芯片上便能安装数百亿个晶体管。[①] 但目前世界上制造工艺最先进的还只是 7 纳米。在芯片技术方面，华为的“麒麟”“巴龙”已经进入世界第一方阵，但它们也许要同其他先进企业合作才能生产。目前全球最先进的 IC（集成电路，即芯片）制造工艺主要掌握在三星、台积电和英特尔三家公司手里。台积电是当今世界第一的芯片代工企业，其量产 7 纳米芯片的技术在世界上首屈一指，占据世界芯片代工市场的半壁江山。据说，华为最新的旗舰机 P30 使用的 7 纳米麒麟芯片，也是由台积电生产供货的。

第二，软件 / 操作系统。这是信息技术、智能社会的大脑，负责信息处理的规划决策、操作规则、资源调度。如现在世界上手机系统主要有谷歌公司的安卓系统，还有苹果公司的 iO 软件系统，不过苹果是封闭不对外的，只供苹果产品自用；电脑主要有微软公司的 Windows 系统。中国软件方面怎么样？正当我们深感担忧的时候，传来了一个振奋人心的消息，那就是华为的“鸿蒙”操作系统将在 2019 年秋天，最迟在 2020 年春天面世推出，而且已在国家商标局注册完成（据国家知识产权局商标局网站显示：“华为鸿蒙”申请日期是 2018 年 8 月 24 日，注册公告日期是 2019 年 5 月 14 日，专用权限期是从 2019 年 5 月 14 日到 2029 年 5 月 13 日）。我们认为，“鸿蒙”这个名字太意味深长了。“鸿蒙”是指中国古代传说盘古开天辟地之前，世界一团混沌的“元气”，这种“元气”叫“鸿蒙”，这个时代叫“鸿蒙时代”。“鸿蒙”是天地的起源，体现了华为从零做起的决心，更体现了华为自主创新的情怀。对中国、对华为来说，“华为鸿蒙”软件的确是开天辟地的，而且“鸿蒙”也是可以代替苹果、微软的操作系统的，它还具有兼容性高的特性，不但可以和美国软件通用，而且所有华为产品、手机、电脑以及网络产品都可以通用。

第三，通信设备。这是信息技术、智能社会的神经纤维和神经末梢，负责信息的传输与接收。通信设备是华为的强项，在世界上是领先的。而且，中国在通信和智能手机终端市场总体上都处于世界领先水平。

在当今世界信息技术领域中，虽然美国仍是半导体集成电路、软件互

① 参见《参考消息》2019 年 5 月 28 日第 16 版。

联网云计算和高端智能手机市场的绝对霸主，但同时能够在芯片、软件和通信设备方面对美国发起冲击的，目前全球只有华为一家企业。正因为这样，美国看到了华为的厉害。美国是信息技术的发源地，现在总体上在信息技术领域仍处在主导地位，虽然华为已进入世界第一方阵，但总体上美国仍领先于世界。不过美国人觉得如此发展下去，华为有可能会成为世界信息技术的领头雁，对美国构成巨大的威胁，美国人对5G技术的认知、对信息技术的认知，还是比较深刻的。他们认识到5G技术将在世界经济、科技、文化、军事等各个方面，都会带来革命性的变化，而且认为未来军事和竞争将集中在高科技领域，尤其是5G技术方面。

正因为这样，美国要对华为进行围剿、压制。这是美国真正打压华为的目的所在。他们要赶在将成未成之际，或者说5G技术最后冲刺的关键时刻，先下手为强，把华为、中国打压下去，以除“后患”，巩固美国优先的科技霸主地位。

美国被认为是自由市场经济、民主法制、公平道义的代表，却也常常做明显违背市场规则的事。美国以救世主、强国、伟大自居，却容不得人家进步，大搞“只许州官放火，不许百姓点灯”的闹剧。

三　华为成长给企业家的启示

在美国全面围剿的情况下，为什么华为能顶住？为什么华为能那么从容？我们从中应得到什么样的启发？毫无疑问，从企业角度来讲，我们可以从华为的发展轨迹中获得许多有益的启迪，从任正非治理企业的经验中得到许多宝贵的智慧。下面和大家分享几点感想：

（一）质朴的哲学信念

但凡要成就一番事业，总有其信奉的行事之“道”。古人云，形而上谓之道，形而下谓之器。至上之道，当然是哲学了。那么，华为的企业之“道”是什么呢？

华为有自己行稳致远的哲学。从企业竞争力角度来讲，首先应学习华为那种至上而质朴的哲学理念。企业做大了，做到一定程度自然都会有自己内在的行事道理，有自己的信念，有自己主心骨的东西，这就是哲学的理念和信念。

华为有没有自己的哲学？尽管任正非曾谦逊地说过华为没有哲学，他也没看过什么哲学著作，但事实上，他在讲话中处处都渗透着哲学道理。他说，如果华为有哲学的话，那就是“开放”的哲学，向美国学习的“开放”哲学；如果华为有什么经营哲学的话，那就是“以客户为中心，为客户创造价值”，这是企业的生命，至高的原则。他还说，如果你抱着自私自利走捷径的视角去看华为的成长，那你永远也学不了华为。任正非还强调指出：如果华为有哲学的话，那就是诚信，做企业做人第一位的必须要有诚信，我们没有什么商道，所谓“商道”捷径是要害人的，企业品牌的核心就是诚信。只要你诚信，你就可以活下去。这里的“商道”自然是小九九的赚快钱的“捷径”，是小商人之道，而非商之大理、商之大道。①

所谓企业的哲学，就是企业所遵循的基本信条、基本原则。华为坚持以“开放”“客户价值至上”“诚信”为根本，这就是华为的哲学。这些道理简朴而深刻，是企业行稳致远、走向成功的不二法门。

企业家们一定要有自己的执着追求，并始终为这个理念而拼搏奋斗。

（二）理性的政治智慧

企业看起来只是单一的社会组织，但企业经营的过程总是与社会、与政治、与政府有着内在的关联。世界上没有完全脱离政治的经济，也不存在完全的自由市场经济。政府与市场永远都是相辅而行的“两只手”。美国被认为是自由市场经济的典范，美国当局对华为的极限打压，谁会相信纯粹是经济、市场竞争行为呢？

面对美国的打压，任正非如何应对呢？

这里当然有很多学问，需要有很高的政治智慧。这就是华为的理性爱国激情。

面对美国对华为残酷无情的打压，任正非却呼吁大家要理性：他把政治和商业分开，现在西方有些人认为华为设备运作有阴谋，这种意识形态就像工业革命时期砸坏纺织机一样，认为先进的纺织机破坏了世界。事实

---

① 参见任正非 2019 年 3 月 13 日接受 CNN 采访纪要；2008 年在华为市场部年中大会上的讲话：《逐步加深理解“以客户为中心，以奋斗者为本”的企业文化》；2003 年在华为研委会会议、市场三季度例会上的讲话：《发挥核心团队作用，不断提高人均效益》等。

上华为卖的只是一个裸设备，这个设备上没有意识形态。这个设备掌控者是运营商而不是华为。

他把爱国和商品分开，不能说用华为的产品就爱国，不用就是不爱国。华为产品只是商品，如果喜欢就用，不喜欢就不用，不要和政治挂钩。

他把美国和美国政客、美国政客和美国企业分开，不要骂美国企业，要骂就骂美国政客，而对美国友商的理解和支持却深表感激。

他把美国总统特朗普正确的方面与错误的方面分开，认为特朗普给美国减税是"伟大"的，但胡乱抓人、恐吓和打压人家，那就不那么"伟大"了。这样一来，在特朗普手上也就无望实现"再次强大"了。

他把美国与世界分开，欧洲不是美国，世界不是美国，美国并不能左右一切。

他也把自己与企业分开（包括个人信仰），把华为与国家巧妙而合理地分开，以防陷入美国人设下的把华为公司意识形态化的圈套，表明企业是市场商业行为。

其中最典型的是，任正非鲜明地把爱国与民粹主义分开，民粹主义祸国殃民，有百害而无一利，会阻碍改革开放大局。他说，我们的态度是不能为了我们一家企业而牺牲国家利益，牺牲了国家的改革开放政策。虽然近代中国因西方国家的践踏而受到严重挫折，但我们仍然坚定地支持国家继续走向更加开放的未来。如今华为成了中美贸易战的前沿阵地，但任正非表示，华为没有这么伟大，中美两个大板块之间的冲突，怎么会让华为这颗小芝麻夹在中间呢？我们华为能起什么作用呢？我任正非也不是民族英雄。正是为了捍卫国家利益、市场规则和人类全球化开放大局，任正非理智地防止和拒绝用华为去"捆绑"国家大局。①

任正非的上述见解看似轻描淡写，甚至有点不近情理，但这就是大智若愚，就是大事来临仍从容，是一种大智慧。"轻"到极致是深刻，"淡"到深处便智慧。任正非看似不太多讲政治，但处处展示政治智慧，善于团结同盟力量，尽量扩大华为的"朋友圈"。

中外企业的生存和发展都离不开国家，都需要政府"资源"，都不能

---

① 2019 年 5 月 21 日任正非接受中国媒体采访纪要；2019 年 6 月 19 日任正非接受美国 CNBC 采访纪要；2019 年 5 月 18 日接受日本媒体采访纪要。

不讲点政治。企业家同样需要政治头脑、政治智慧。走向国际化的企业，就更需要懂一些国际知识和国际政治。

（三）高远的理想主义

企业家当然要善经营能赚钱，但只为赚钱还不是真正的企业家。真正的企业家对企业使命、对自己的人生是有理想抱负的，是有情怀格局的。

任正非就是一个有理想、胸怀、志向的优秀企业家。他说，“我们为理想而奋斗，不为金钱而奋斗”①。所以，他“把钱看得不重，把理想看得很重”②。他义无反顾地要为人类的信息社会而奋斗。

狭隘的现实主义注定要衰落，理想主义必定有未来。诸如民粹主义、唯利主义、保护主义、优先主义等，都属于狭隘的现实主义者，本质上都是一种利己主义。任正非是一个有远大抱负的理想主义者，他想把华为培养成一棵理想主义的大树。“我们是为了理想，为人类理想而服务。”③任正非说：“我们牺牲了个人、牺牲了家庭、牺牲了父母，就是为了一个理想，这个理想就是要站在世界的最高点。”④要在信息技术领域争世界第一。

目前，华为已成长为全球领先的信息与通信技术（ICT）解决方案的供应商，在电信运营商、企业、终端和云计算等领域构筑了端到端的解决方案优势，为运营商客户、企业客户和消费者提供有竞争力的ICT解决方案、产品和服务。华为立志并致力于实现未来的信息社会，为构建更美好的全连接世界而努力。

正因为如此，2018年年初，华为发布了新的愿景与使命：把数字世界带入每个人、每个家庭、每个组织，构建万物互联的智能世界。

任正非带领华为员工为“构建万物互联的智能世界”这一远大理想而奋斗，他们不只是为了多赚钱而拼搏。任正非认为，资本至上与理想至上会有冲突。所以他曾明确表示，华为不轻易允许外部资本进来（入股华为），因为资本贪婪的本性会破坏我们理想的实现，“资本是比较贪婪的，

---

① 任正非2019年5月21日接受中国媒体采访纪要。
② 任正非2019年2月19日接受CNN采访纪要。
③ 任正非2019年2月19日接受美国哥伦比亚广播公司（CBS）采访纪要。
④ 任正非2019年5月21日接受中国媒体采访纪要。

如果它有利益就赶快拿走，就会失去对理想的追求”[①]。因此，他坚持说，除了资本以外，华为发展的任何问题都可以讨论。

企业的理想目标是前行的航标灯。企业家和企业发展都应该在盈利的基础上有更高的目标追求，有理想志向，有格局胸怀，这样才会有诗和远方。

（四）执着的专业精神（工匠精神）

确立理想目标后，关键是必须执着追求，精深耕耘。十年磨一剑，几十年干一件事。这就是说，要有工匠精神。

学习任正非、华为执着的专业精神，学习他们专心致志、脚踏实地的工匠精神。

任正非的远大目标，是华为一定要为人与人、人与物、世界万物之间提供良好的信息服务，也就是万物互联，把数字世界带入每个人、每个家庭、每个组织，构建起万物互联的智能世界。

为了这个理想，华为人“只傻傻地走自己的路”。任正非说过一句话：华为就是一只大乌龟，几十年来，只知爬呀爬，全然没看路两旁的鲜花，不被各种所谓的风口所左右，只傻傻地走自己的路。[②]华为从不被路旁“鲜花”所吸引，不搞横向平衡，只搞纵向突破——很多企业都在搞横向平衡，搞跨界发展，但华为却始终坚守“纵向突破”——只做通信技术，专心致志，心无旁骛。——“我们很简单的，只为人类进入信息社会而奋斗。”[③]

30多年来，华为组织千军万马，投入巨额研发费用只冲向一个“城墙口”。任正非说，我们这30多年都对着同一个“城墙口”冲锋，几十人、几百人对着这个“城墙口”。几万人、十几万人还是攻这个“城墙口”，总会把这个“城墙口”攻开的。而且我们为炮击这个“城墙口”备足了“弹药量”。对着这个“城墙口”，我们每年研发经费的投入已经达到150亿—200亿美元，未来五年总研发经费会超过1000亿美元。现在全世界没有一

① 任正非2019年5月21日接受中国媒体采访纪要；任正非2019年1月15日接受国际媒体采访纪要。

② 任正非2013年在干部工作会议上的讲话：《用乌龟精神，追上龙飞船》。

③ 任正非2019年1月15日接受国际媒体采访纪要。

个上市公司敢像我们这样对同一个“城墙口”投入这么多的炮击量。[①]

围绕着“疏导信息流量”，华为人从不三心二意，从不“换轨道”。任正非说，信息流的终端就是一个“水龙头”，CNBG（华为三大业务部门之一，主要做基站、网络部署）就是一个“管道”，越这么做，我们越可能领导世界，越容易在世界上占有一定的地位，而且“炮击量”还会越来越大，我们持续在同一个领域前进，不会换轨道。

任正非的“城墙口”还有另一个重要含义，就是技术线路与市场线路的“最佳交汇点”。

企业只有专注于一个领域，才能把专业做深做透。没有执着的专业精神，不可能达到山巅高峰。

（五）开放的自主创新

广义而论，企业要生存和发展，就需要变革创新。新陈代谢、守正出新是一切生命之源，企业更是如此。企业自主创新，通常是指企业核心技术的自主研发过程，这是企业竞争力的根本所在。

美国之所以如此疯狂打压华为，就是因为华为在信息技术领域有世界领先的自主创新技术；华为之所以能从容应对美国的极限打压，也是因为华为有自己创新的成果积累和研发能力。这就是华为生存和发展的最根本经验。我们要学习华为塑造企业竞争力的经验，就要学习华为开放的自主创新之路。

任正非曾在接受媒体采访时说过一句颇令人费解的话。这句话就是：“自主创新如果是一种精神，我支持；如果是一种行动，我就反对。”[②]明明华为的根本生存之道是自主创新，而且华为的“备胎计划”本身就是自主创新的实际行动，任正非却说要“反对”。原来，任正非并不是笼统地反对自主创新，他对自主创新有自己的理解，而这种理解是同华为的创新实践联系在一起的。

任正非的真实意思是，自主创新应该是开放式搞创新，不要封闭式创新，不要什么都自己重新做，别人做得好的我们尽可能学。开放式创新正在取代封闭式创新，成为全球配置创新资源的新范式。所以任正非说，不

---

① 任正非 2019 年 4 月 13 日接受美国 CNBC 采访纪要。

② 任正非 2019 年 5 月 21 日接受中国媒体采访纪要。

应关起门来自主创新，而应该拥抱世界、依靠全球创新——这样才能缩短我们达到世界领先水平的距离。在同世界先进同行的开放合作中创新，是赶超型国家和企业的正确之道。当然，自主创新都有一个知识产权保护问题，而且越是尖端的技术创新成果越需要自我保护。所以，人家有的好东西并不一定卖给你，许多核心技术是必须走自主创新之路的，这样做，并不是搞封闭式创新，而是需要通过开放式创新才能实现的。

其实，华为的 30 多年成长史，就是一个不断创新的过程。华为首先是学习人家、借鉴人家成果，也购买采用人家的创新成果。另外，华为越来越加大研发投入，重视自主研发，尤其是高度重视基础理论研究。华为人为什么那么执着？就是要追求把这种技术推向最前沿，一定要站在世界最高峰。华为之所以被美国所打压，就是因为它的自主创新成果。华为的强大就强大在创新方面。华为这次受美国打压能挺住，不倒下，也是因为有自主创新成果。而华为自主创新的最大特点，就是开放式创新，在同世界先进同行合作竞争中的自主创新。

任正非之所以反对封闭的自主创新，还因为他担心退回到闭关自守的老路上去。他说，我们过去最大的缺点是“闭关自守”，由于封闭，所以没有繁荣。邓小平实行改革开放政策后，我国才大踏步繁荣起来。如果美国现在的政府走向闭关自守，美国也会走向落后，别人就会追上它。中国只有更加开放，更加改革，才会形成一个更加繁荣的中国。自主创新也要站在人类文明的基础上才是正确的，不应关起门来搞自主创新，而应该拥抱世界、依靠全球创新——这样才能缩短我们进入世界领先的路程。什么都完全依靠自己的自主创新是很难成功的，为什么我们不能拥抱这个世界，依靠全球创新？科技创新是需要站在前人的肩膀上前进的。比如，我们华为海思也并非从源头开始自主创新，而是给别人缴了大量知识产权费用的。有些是签订了交叉许可协议，有些协议是永久授权的，你中有我，我中有你，在别人的基础上才形成了我们自己的创新。①

作为一个世界性大国和世界一流企业，自主知识产权、自主创新，自然是一条根本性的生存和发展之路。华为海思作为“备胎”能持久生存下

① 任正非 2019 年 5 月 21 日接受中国媒体采访纪要。

来，就是以自主创新为基础的。但任正非认为，我们鼓励自主创新，但是要把定义讲清楚。相同的东西，你自己做出来了也不能用，也要给人家原创交钱，这是法律，谁先申请归谁。所以，没必要搞重复性的创新。[①]

总之，任正非不是反对一般意义上的自主创新，而是反对封闭的、重复的、落后的“自主创新”，他倡导开放的、合作的、世界视野的“自主创新”。对“自主创新”，他做了自己的理解，尽管有些论点可以探讨，但华为和他本人则是依托自主创新兴企的典范，这点也是最为令人敬佩的。

更值得赞叹的是，如今的华为居然有 700 多名数学家，800 多名物理学家，120 多名化学家，6000 多名基础研究的专家，60000 多名高级工程师、工程师。任正非说，我们自己在编的 15000 多名基础研究的科学家和专家是把金钱变成知识，而我们的 60000 多名应用型人才则是开发产品，把知识变成金钱。华为 18 万多人，其中一半左右是研发工程师。可见其创新研发人员占比之高。华为在全世界有 26 个研发能力中心，还有一个战略研究院，拿着大量的钱，向全世界著名大学的著名教授“撒胡椒面”，一直支持企业外的科学家进行科研探索。

华为每年的研发投入可达 150 亿—200 亿美元，投入强度在世界排名前五，已获得授权专利 87805 件，其中在美国的核心技术专利是 11152 件。华为的 5G 基本专利数量占世界的 27% 左右，位居世界第一。华为还参加了 360 多种标准组织，贡献了 54000 多件提案，在通信领域其研发能力位于世界前列。

过去，华为的科研投资更多偏重于工程技术创新，现在则更多重视基础理论的创新，在数学、物理、化学、脑神经、脑科学等领域投资，为未来 10 年、20 年后的长远发展进行战略布局。

（六）清醒的忧患意识

我们要学习华为塑造企业竞争力的经验，一个很重要的方面，就是要有清醒的忧患意识。有备无患，华为之所以能够应对美国的极限打压，就是因为华为和任正非几十年来一直保持着忧患意识，有一个应对极限生存的“备胎计划”。

---

① 任正非 2019 年 5 月 21 日接受中国媒体采访纪要。

处忧患而生，处安享而亡。“生于忧患，死于安乐。”这是古人的名言。企业家任何时候都要清醒，因为任何时候都会有风险，好的时候一定要有准备，困难的时候也不要气馁，要有坚定的信心。但这个信心要来自于风险的防范。华为之所以受到如此重压还能够挺住，就是因为它有“备胎计划”（1991 年成立了 ASIC 设计中心，2004 年成立海思），就是因为它始终坚持“极限生存假设”，并未雨绸缪，精心布局。

“我们的理想，是站到世界最高点。为了这个理想，迟早要与美国相遇的，那我们就要为了和美国在山顶上交锋，做好一切准备。”[①] 任正非的这种超前意识，为华为今天不被滔天巨浪击退起了生死攸关的作用。华为当年曾准备 100 亿美元把自己卖给美国人，合同也都签订了，所有手续办完了，但美国公司因董事长更换而改变了计划。华为后来也就坚持不卖了。任正非就说，如果十年之后和美国人在山头上遭遇，我们肯定拼不过他们的刺刀，他们爬南坡时是带着牛肉咖啡爬坡，我们是带着干粮爬坡，可能到山上不如人家，我们要有思想准备。[②] 这样就准备了“极限生存假设”：当某一天所有美国芯片和技术不再向华为开放时，华为如何生存？于是华为开始实施自我研发的“备胎计划”。2019 年 5 月 16 日，当美国宣布对华为制裁后，华为的“备胎计划”一夜转正，于是从华为的海思芯片到华为的麒麟 OS 系统即公布于世。

当然，这多少也要“感谢”美国当局。因为，美国对华为等企业的打击并不是最近才有的事，其实几十年来美国一直都在打击华为。任正非说，总是挨打，就觉得有危机了。“备胎”是为了企业业务保持连续性，“备胎”就是保证在车子抛锚时换一个轮胎还能继续开。华为的“备胎”与企业成长的连续性是“同步”的，是一个有机渐进的过程。比如，华为自己备胎的很多东西已经投产了，但它并不排外，坚持自己的用一半，外面的购买一半。华为过去每年至少买美国高通 5000 万套芯片，这样就有利于形成良好的生态系统。

企业家任何时候都应有超前的、清醒的忧患意识，居安思危，对核心竞争力、对主要经营业务、对重要的人财物、对国内外发展形势，都应该

① 任正非 2019 年 5 月 21 日接受中国媒体采访纪要。
② 任正非 2019 年 5 月 21 日接受中国中央电视台记者董倩专访纪要。

有“极限生存假设”，有相应的“备胎计划”。这样才能走得稳走得远！

（七）大气的竞争逻辑

企业竞争力就是企业的生命力。企业市场经营活动的本质，实际是企业的市场竞争过程。无竞争不成其为市场经济。但企业同行并不完全是生死竞争、零和竞争，而往往是生死与共的竞争、共生共赢的竞争。因为，企业通常是整个产业链中的一个环节。所以，企业家要有良好的竞争观。

我们需要学习华为和任正非的竞争逻辑。从任正非的多次讲话中，我们可以看出，他奉行的竞争，是一种合作竞争，是一种讲诚信有情怀的竞争，实际上是一种有序的良性竞争，有包容性的竞争。任正非说，要“让所有的竞争对手都有生存空间”，你想自己活得好，也要让人家活得开心。这种竞争是共生共赢的良性竞争。

任正非认为，华为有“备胎计划”，我们也能研制出同美国芯片一样的芯片，但不等于我们就不买美国公司的产品了。我们不会轻易狭隘地排除美国芯片，要共同成长，但是如果出现供应困难的时候，我们有备份。我们在“和平时期”都是一半来自美国芯片，一半来自华为，我们不能孤立于世界。尽管我们自己的芯片价格低得多，但还是采购美国芯片，我们应该融入这个世界，我们与美国公司友好合作。只有融入世界才能更好生存。尽管华为的人工智能芯片已处在世界前三名，也可能会变成第二名，但我们没有往外销售人工智能芯片，只在我们自己的设备上用一些，并没有去挤压美国同行公司，没有造成人家的生存危机。[①] 正因为如此，任正非相信，华为与世界同行的这种关系不是一张纸就能吹掉的，华为将来还是要同它们合作的。

很多人不理解华为的手机价格为什么那么高，其实这恰好体现了任正非的全局意识：我们不能把价格降低，降低以后，就把下面的公司全挤死了，就成了“西楚霸王”。而“西楚霸王”最终也是要灭亡的，华为要向苹果学习，永远做一把大“伞”，让下面的小厂家都能活下去。

任正非从自己的竞争理念出发，希望和美国公司加强合作，实现共赢，而不想去挤掉美国公司。比如，华为 ARM 的 CPU 比英特尔的 X86CPU 要先

① 任正非 2019 年 3 月 13 日接受 CNN 采访纪要。

进，但华为决定 ARM 的 CPU 不在社会上销售，以确保 X86CPU 在世界上占据应有地位，并没有想去击垮美国公司，ARM 的 CPU 主要用在华为自己的机器上。

任正非通过媒体反复阐述他的合作竞争观：如果问我想通过媒体对美国说一句话，那就是“合作共赢”。因为越来越高科技的世界，越来越不可能由一个国家、一个公司完整地完成一件事情。在工业时代，一个国家可以独立生产一台完整的纺织机、一辆完整的火车、一艘完整的轮船，但信息社会，相互依存度已经非常高了，只有合作才能推动人类社会更快地进步。人类信息社会未来的膨胀是无限巨大的，所以任何一个市场机会都不可能由一家公司独立完成，需要有千万个公司来共同承担。

“苹果是我的老师，我作为一个学生，为什么去反对老师？永远不会的。”我们要向苹果学习，把价格做高一点，让所有的竞争对手都有生存空间，而不是通过价格降低来挤压这个市场。尽管我们今天受排挤，我们的价格还是卖得比较高的，来维护良好的市场秩序。[①]

任正非的这种善良的、合作的竞争逻辑，是不是一种儒家文化的竞争观，是不是一种与自利型竞争观相反的文明竞争哲学？也许是也许不完全是，但它的确是符合时代进步潮流的竞争观。

（八）群体的股权结构

除个体工商户和小企业外，现代企业大都存在一个股权问题。股权是一门技术，也是一门艺术，更是一种智慧。股份搭配好了，钱分配合理了，管理的一大半问题也就解决了。

我们要学习任正非的那种企业家情怀，即企业是成就理想、事业的舞台，是一个社会的命运共同体。体现在股份上，要有或大或小的群体性股权结构。华为是企业内部股，没有上市，也不允许其他外来资本进入。目前，华为公司所有权归属 96768 名（2019 年 5 月）持股员工，全是本公司的员工，没有一个外部的非公司员工，任正非的股份最多，但也只占公司的 1.4%。

钱散人聚，钱聚人散。任正非有句名言：钱给多了，不是人才也变人

① 任正非 2019 年 5 月 24 日接受彭博电视采访纪要。

才。[1]华为人为何拼命工作？因为任正非把98.6%的股权分给了他们。华为CFO孟晚舟曾经说过：以前，我们是按学历定薪。现在，我们是按价值定薪。牛人年薪也不封顶。你有多大雄心、有多大能力，我们就给多大的薪酬。

华为的股权结构是与公司员工的权益高度关联的。这种股权结构使华为员工有着极强的凝聚力。

任正非曾说，一个公司走向成功需要两个要点：方向大致正确、组织充满活力。那么，企业的组织活力主要来自哪里呢？他认为主要有两个方面：一是选拔优秀的人才；二是有效的激励机制。

企业的竞争也是企业高管、员工群体的竞争。所以，要想把企业办好，就要把团队内部利益处理好。要使团队和员工有责任有激励有共享，要形成一个企业的命运共同体，风雨同舟，凝心聚力。

（九）自觉的批判思维

自我反省、自我批判精神，也是决定企业竞争力的重要环节。我们常说，企业家要有超越自我、追求卓越的意识，实际上就是讲企业家的自我批判精神。这是企业发展的基本条件之一。

我认为，任正非的思维有一个鲜明特点，就是鼓励华为人“大胆设想，小心求证”；把对方向，找准问题，求实前行。我们学习华为的竞争力，就包括华为人的那种自觉自信的批判精神。只有不断批判自我、超越自我，才会有新的进步。华为这一点做得非常好。你骂华为、批评华为，只要骂得对，你的声音都可以得到公开，而且任正非认为，敢于批评公司的干部、员工，只要批评得有理，他认为就应该培养和重用。在他看来，只表扬说好话是没多大意义的。“总说我们好的人，反而是麻痹我们，因为没有内容……如果没有自我批判精神，我们就不可能活到今天。”[2]海纳百川，有容乃大。所以，他不提倡奉承文化，而提倡批判文化。这就叫胸怀。

“骂公司的帖子也不会被封。”任正非说，“如果真想了解华为的事情，就请看我们的心声社区。在心声社区上，即使骂公司的帖子也不会被封，

① 任正非2016年8月10日在诺亚方舟实验室座谈会上的讲话。

② 任正非2019年5月21日接受中国媒体采访纪要。

反而是人力资源部要去看看他骂得怎么样，如果骂得很对，就开始调查，再看看前三年他的业绩，业绩也很好的话，就调到公司秘书处来，帮助处理一些具体问题，培训他、锻炼他，也就是给他一个到总参谋部来‘洗澡’的机会，半年以后把他放下去，这些种子将来迟早是要当领袖的。”①

任正非说：“我们在肯定一个部门的时候，不能以表扬为主，而是要校正它不正确的地方，使得它往正确的路上走。我们内部自我批判很厉害，常务董事会内部有时候都会吵架，争论到最后达成共识。”②

看到问题，才能清醒；有自我批判，才能健康成长。这是华为的成功“秘诀”之一，也是事物发展的普遍规律。

（十）深厚的家国情怀

企业总存在于一定的时代、一定的国度，企业也总是社会的一部分。企业的生存和发展离不开社会的大环境。因此，企业的竞争力不可避免地也来自企业家勇于担当的家国情怀。缺乏社会责任和家国情怀的企业家，是不可能引领企业做大做强的，这样的企业家也不可能成就大事业。

任正非身上的那种家国情怀、那种社会责任，是令人敬佩的。这尤其表现在任正非对教育的认知、对科学家的认知、对人才的认知上。任正非说，民族的竞争、国防的竞争、中美贸易的竞争，归根到底是一种教育的竞争。他认为，“发展科技的唯一出路在教育，也只有教育”。中国的现代化将在课堂上完成，在老师的讲台上完成，这是非常深刻的见解，更是作为杰出企业家应有的一种时代担当、责任情怀。③

任正非强调：芯片问题，光向芯片“砸”钱是不行的，重要的是要“砸”数学家、“砸”物理学家。④在他看来，中国要想提高竞争力，靠钱不行，得靠人才。人才从哪里来？归根到底靠教育，教育发展了才能为国家输送人才。所以，他认为，中美贸易战的根本问题是教育水平。当然，这是从长远、根源上而论的。

---

① 任正非2019年5月21日接受中国媒体采访纪要。

② 同上。

③ 任正非2019年5月21日接受中国中央电视台记者董倩专访报道；2016年5月在全国科技创新大会上发言：《为祖国百年科技振兴而努力奋斗》。

④ 任正非2019年5月21日接受中国媒体采访报道。

企业家的家国情怀还体现在事业心、责任心上。虽然我们希望把事业与生活、企业与家庭统一起来，相互促进；但是，人的精力毕竟是有限的。要成就一番事业，办好一个企业，需要付出大量的精力，甚至有时牺牲家庭生活也是难以避免的事。

这在任正非身上也体现得十分典型。他几次专门讲到了自己的家庭问题。他是怎么来处理家庭与事业的呢？他说，他对家庭、对孩子是亏欠的。“我基本上每天 16 个小时在办公室，无法顾及这个家，所以我的三个儿女和我都不亲。从父亲这个角度来说，我觉得是亏欠他们的。我曾经和他们谈过话，我问‘是爸爸小时候天天和你们在一起玩捉猫猫好，还是像今天创造一个平台给你们提供机会好？’他们说‘还是创造平台好’，所以他们就谅解了小时候我没有抽时间陪他们捉猫猫。”“将来我退休以后，尽可能去弥补关系。”[①]

好男儿理应把主要精力献给事业。事实上，多付出才能多收获。钻深了，才能有作为。这叫片面的深刻，破缺的完美；男人的成功，往往是女人的委屈。好男人不一定能平衡好事业和家庭、事业与生活的关系，但无疑应以事业为重。

华为 30 多年的发展历程，是奋斗者之歌！华为真正的哲学，实际上是一种奋斗哲学。华为的文化，是一种奋斗的文化、奋斗的精神。任正非是奋斗者的楷模！未来的华为，仍然是由奋斗者来书写的。

华为是中国的华为，也是世界的华为。我们坚信，致力于人类美好事业、用汗水和智慧建造的华为“大厦”，是不会也不能倒下的。

得道多助，失道寡助。我们坚信，华为将浴火重生，在风雨中高飞。经过严冬考验的华为，必将迎来更加光辉灿烂的明天！

---

① 任正非 2019 年 8 月 20 日接受美联社采访报道。

“一桶糨糊”：任正非的哲学深意

2019 年 7 月 11 日，作者在华为（杭州）全球培训中心、华为杭州研究院调研和座谈后，就“华为事件”的感受发表了感想。

一　我们准备出一本《伟大的磨难——华为启示录》的书

6 月 1 日，主题为“重塑竞争力　竞逐新风口”的 2019 浙商（投融资）大会宁波峰会举行，主办方让我去宁波给企业家讲讲如何重塑企业竞争力。当时，我和大家一样，都十分关注华为的前途命运，任正非先生的一系列访谈每篇必看，后来还读了网上传播的 400 余篇的《任正非讲话》，我就觉得，华为成长就是一个非常现实、非常生动的企业竞争力的案例。所以，我就以“伟大的磨难——华为的成长给企业家们的启示”为题做了演讲。

这篇主题演讲后经整理，分上、中、下三篇发在我个人的微信公众号上。刊发后，反响热烈，转发、评论甚多，还有媒体公开转载。浙江出版集团的老总看到了，当晚就给我发信息说：华为事迹感天动地，建议以此为书名，尽快出一本书。后来我想，我一个人写肯定不行，所以就请了五六个人一起写，包括中国电信浙江公司总经理、出版社老总等，都亲自参与撰写。说句实话，单从出书的角度，我没什么动力了，因为我已写了不少书了，但对华为的研究，令我心潮澎湃，动力十足。

二　华为思想研究院成立了吗？

我们这次来调研，主要还是想更多地了解华为。比方说，华为的芯片是不是已经达到美国先进公司的水平？华为的鸿蒙操作系统，功能方面是不是已经达到了苹果、微软等世界先进系统的水平？

通过这次调研，我们知道了华为的“欧拉”操作系统，但是，我们更想了解“鸿蒙”。鸿蒙的意思是宇宙形成时的混沌状态，开天辟地，多有气势啊！我之前看到有关鸿蒙的介绍，说它不光可以打通手机、电脑、服务器，还可以打通所有华为产品，性能方面很有优势。

另外，我最近还看了 2017 年 4 月任正非先生在加拿大的一次讲话材料，讲话中提到，华为准备建立一个思想研究院或者说思想火花研究院，它不是基础研究和科技应用研究，而是研究思想火花、奇思妙想的。我想了解一下，这个研究院建立了吗？或者是否还准备建立？

三　华为杭州研究所是一个大所

这是我第一次看到并了解到杭州有个华为全球培训中心，很有气派。华为杭州研究所，我们以前也是大概知道一些，但了解得不多。杭州滨江区委统战部杨部长给我发了一份资料，我一看有 6800 人，作为一个研究所，够厉害的了！

今天的走访，让我们对华为杭州研究所有了一个比较翔实的了解。研究所成立 15 年来，为华为的发展，为浙江的发展做出了贡献。据研究所的陈部长介绍，从核心的芯片，到客户应用端，比如相机等黑科技，整个链条都是比较全的，相对比较完整，产品也比较多。原本我以为杭州研究所是以实用为主，听了介绍才知，华为杭州研究所覆盖了芯片研发、智能计算、智能安防等方面，还有“2012 实验室”的研发项目，看来前沿科技的研发也是比较多的。

我注意到，在华为发展战略演进中，手机等终端消费，云计算、云服务是新近阶段才把产业链拉长做大的，前期它是重在前沿技术的研发，围绕信息管道沉下心搞研发，华为这方面做得非常好。

四　代表浙商向华为致敬

这里，我要代表浙江企业，代表浙商发展研究院，或者说浙江的一分子，向华为致敬。感谢华为为中国的科技发展，为中国的企业发展，为中国整个经济的发展，所做的重大贡献。

华为这次为中国人争了面子。今天中国有一定实力，今天中国有重要国际地位，一个重要标志，就是诞生了像华为这样有实力的一大批企业，而且很多是民营企业。中华民族自近现代以来，终于有了真正走在世界最前沿的科技成就。这是华为创造的奇迹。

我常说当今中国总算赶上了信息技术、通信技术、互联网技术这一轮发展新机遇，但我们主要还是在市场应用方面。现在，终于在高科技领域，特别是在电子信息通信领域、互联网领域，作为中国自主原创的核心技术，走在了世界的最前沿。这是大快人心、令人振奋的事！对我们民族进程而言，是带有历史性意义的。

一个小技术，某一个方面的世界第一，当然我国已有很多。比方说，我们的大型计算机的计算速度早就是世界第一了。但是华为的技术，特别是 5G 技术，它是带有综合性的，不是单一性的，对整个领域都带有引领性，对世界相关产业和社会发展是带有革命性影响的，其地位和意义就大为不同了。美国举全国之力打压华为，真正的目的就在于华为走到了世界最前沿，美国人感到担忧了。但我们中国人和世界人民是欢欣鼓舞的，因为它可以造福全人类。当然，作为中国人，大家都深感自豪。

我看华为的成长成就，看任正非先生的讲话访谈，常常是热血沸腾。中国人站起来有多方面的含义，有政治上的，也有其他方面的。其中科技方面，真正能够达到顶天立地的高度，今天，华为可以说数第一。我们感谢华为人的创造！

五　2019 年是华为之年

我认为，2019 年是华为之年。2019 年的世界，是华为的世界，世界因华为而热闹非凡。从古到今，没有任何一家企业，会出现类似华为的事件：没有任何一个新闻热点能持续发酵那么长时间，也没有哪一届美国政府，从总统到国务卿，一天到晚在“关心”一个外国的民营企业，并让美国这么一个超级强国，以全国之力打压这么一个民营企业。

其实，从某一种意义上来说，“做小事靠朋友，办大事靠对手”。美国如此强力打压华为，正说明华为本身很厉害，也很强大。一个世界强国与一个民企“对决”，美国动用政治、行政、法律、安全、经济、军事、外交、舆论等国家力量极限剿杀华为，一时黑云压城城欲摧，华为的命运前途的确让人担忧，但华为居然挺住了，华为号这架巨型“飞机”虽遭枪林弹雨，但仍在高高飞翔。“对决”的结果，我们拭目以待，但相信“烧不死的鸟就是凤凰”！

2019 年，不只是美国，世界上绝大多数国家，都因要不要采用华为 5G 设备而“烦恼”，有的是公开表态，有的是不选边站。一家企业的事情，被上升到多国政府层面来讨论，除了华为还有谁？华为还牵动了多少人的政治生命，包括英国前国防大臣，就是因为英国高层讨论华为的事泄密而辞职了，今后还有没有类似案例也很难说。能让全世界人民同时关注一个企业、一件事并且时间那么长，可能“华为事件”算是开了历史先河。

华为成为 2019 年国际上政治、经济、科技、外交、舆论的一个大热点。华为现在走进了全球的各个角落，走进了世界人民的心里。我个人觉得，2019 年是华为之年，尽管风风雨雨，尽管万般磨难，却也是华为成长过程中带有转折性、标志性的一年。这一年也可以说是，冲向珠穆朗玛峰之巅的遭遇战。

从 2019 年开始，华为将迈入一个新的历史纪元，站在新的发展起点。尽管现在仍经历艰难的考验，但新的长征开始了。华为人向新的高地进军了！

六　任正非是我们时代的一个巨人

我以为，任正非先生称得上是我们这个时代的一个巨人。任正非先生的祖籍在我们浙江，作为企业家，他也可以说是浙商，他是浙商的光荣，是浙江人的光荣，当然也是中国人的光荣，也可以说是全人类的骄傲。他为人类通信技术发展做出了重要贡献。

我常思考，如果华为没有他掌舵的几十年，能否成为现在的华为呢？有可能，也有不可能。网上有人整理了任正非的 400 多篇讲话文稿，从 20 世纪 90 年代开始，到 2018 年。我从头到尾不止看了一遍。看完以后，我觉得任正非是我们时代的巨人，很了不起。在他身上，作为企业家，有过人的智慧、胆识、眼光和担当。他是一位改革开放实践中成长起来的杰出企业家，而我更看重的是，他还是一个世界级的经营战略家。

我看他的讲话，20世纪90年代初、90年代末，21世纪初，每个历史阶段讲话的角度、重点，甚至用语，都有所不同，因为企业的发展阶段不一样。但是，任何时候，他看问题都看得很远，我们看到的是前面的一步两步，他是看到更前面的五六步，甚至考虑几十年后的世界行业发展格局。他考虑的问题，他对华为的布局，都是具有前瞻性的，能抓住要害，很有战略思维。

他当年在深圳，只是为人家卖交换机，就是你生产交换机，我拿来卖，赚点中间差。自己办企业之前，他被人家骗了200万元，他学习法律，然后研究市场，从中悟出市场运行机制，对一个企业来讲有两件重要的事情，一是客户，二是货源。管理就是抓住三件事：客户、流程与绩效。他很爱学习，很聪明。他甚至在华为企业文化的核心价值里写上了第四条：坚持自我批判，通过自我批判，实现不断改进，不断进步，以应对企业的外部挑战和内部怠惰。所以，在企业好的时候，他老是说有危机；而企业遇到困难时，他总是信心满满。比如，华为受到美国如此狂风暴雨般的打压，他更坚信华为的明天会更加美好，未来充满阳光。

可以说任正非是个大战略家。他总是把华为放在全球发展的战略高度去思考、去布局。

我还认为，他不但是企业家、战略家，还是一个思想家。当然，华为发展初期他未必有很多时间去思考很多很深的思想问题，为了华为能“活下去”而将主要精力放在企业的具体经营上，但后来他思考的问题越来越深刻，视野越来越广阔。

比如，任正非先生曾说，他看王国维的电视剧，发现这个人的思想很伟大。当年张之洞去开矿山、办工厂，李鸿章搞洋务的时候，王国维却说：“振兴中华要靠哲学。”任正非认为，王国维讲只有哲学才能真正改变中国，看来是有道理的。因为他可能看到了当时中国问题的本质，先要解决世界观、价值观问题。他觉得王国维是一个了不起的伟人。

任正非看了莫斯科保卫战碟片后，把干部们召集起来一起看，并且只看上集，不看下集。看上集是什么意思啊？就是后面是莫斯科，红军没有退路了，只能向前冲，以此激励华为人义无反顾地往前走。

七 华为要成立全球性的“思想研究院”

他现在思考的问题，我觉得有点不可思议，一般企业家更多的是关注工程技术的研发，再高一点的就是基础理论的研究，我们现在讲的自主创新、原创技术、核心技术，就是从基础理论开始，这都可以理解，而且也只有少数企业能开展基础理论研究。但是，任正非超出了这个范畴，他说要在基础理论之前，在人类的“无人区”搞思想火花研究，所以，他说华为要建立一个思想火花研究院。

这个思想研究院，是 2016 年他在加拿大的一次大会上说的。加拿大在通信技术、人工智能方面的研究也是比较超前的。任正非想在与现有科学家合作的基础上办个思想研究院，并把研究院放在加拿大。这个研究院，会请许多世界顶级的各类科学家、思想家来，不研究具体的东西，就聊天，谈人类未来可能会怎么发展。任正非说，很可能在这些思想火花里面，会跳出人类未来发展的某些“方向”。他说，我们对科学家们讲的一些东西未必能理解，就像 100 年前人们对爱因斯坦的相对论不理解一样，但现在我们就靠这个（相对论）研究许多“高大上”的科学问题。

任正非还有“一杯咖啡吸收宇宙能量”的理论。这是什么意思呢？就是请大家喝咖啡，然后把世界的各种知识都装到这个“咖啡杯”里来。就算有“黑天鹅”，也不要跑出我这个咖啡杯，要从我这个咖啡杯飞出来。

未来是不确定的，他要从不确定性中寻找确定性。所以他说，华为要装很多天线，装很多雷达，在“无人区”里探索。这些都是很深刻的思想。任正非超出了一般人的思维，也超出了科学家、思想家们的想象，他的思维深度广度已经达到了难以想象的境界。我看了以后，很理解他，他内心是有点孤独的，“高处不胜寒”！在这个高深层面的确是没有多少人能和他对话的。他把科技、企业、人类的发展规律都打通了，当然，他现在还没有形成非常完整的思想体系。

八 任正非的哲学世界

人的认知、见解、理念达到了思想高度，必然有穿越时空的普遍价值，这就进入了哲学的境界。华为或者说任正非有没有比较系统的哲学思想？值得探讨。我是哲学博士，我认为不但有，而且很有特色。

华为的经营管理理念，华为的文化价值核心，或者说任正非的哲学理念是什么？他在很多地方都谈过哲学。比如，他说过我就喜欢看文件，文件里面有哲学，有逻辑。他是看到了文件背后的东西，这个思想程度就很深了。华为为什么要存在？我为什么要当这个企业负责人？我何以当、何以当好这个 CEO ？我何以正确做事、做人？……这都是思想性命题，都是哲学。华为现在的企业核心价值观的四句话也很不错。特别是最后一个坚持自我批判，这个非常好。

讲到哲学，大家首先会问任正非到底有没有自己的哲学？任正非曾否定华为有“管理哲学”。但以我半个哲学家的角度去看，其实，任正非的讲话处处渗透着哲学思想，但他并不都用哲学语言来表达。深一点分析，他对事物、对企业经营管理、对科技、对人生、对历史、对人物、对社会、对人类未来等领域独到而深刻的见解，就是活生生的哲学。

那么，任正非的哲学核心、要义或者说本质特点是什么？这当然需要研究探讨。后来我发现，他曾多次讲自己在华为的作用和使命，不过是“一桶糨糊”。他还专门阐述了他的“糨糊”哲学。他说，他什么也没干，就是用这桶“糨糊”去浇华为的 18 万人，去浇华为的客户和合作商，去浇世界上的科学家，用这桶“糨糊”去黏结他们，把世界相关方黏结在一起。他认为这就是他的使命，也是他的哲学。他关于“我就是拎了一桶糨糊”的几次讲话，令人茅塞顿开。我认为，这也许就是任正非的高明之处，也是他真正厉害的地方。

娃哈哈：一本创新创业的教科书

2019 年 4 月 10 日，《浙商》全国理事会走进身边好企业第十三站——久负盛名的娃哈哈，作者在活动现场发表了感言。

今天我和大家一起来到娃哈哈，是为了寻找一个梦，或者说来圆一个梦。我们要圆的这个梦有大有小。大的梦是家国梦，就是中国的富强梦；而小的梦呢，就我个人来讲，是想来寻找娃哈哈的发展之梦、发展奇迹的。

一 娃哈哈是一本写在中华大地上厚厚的创新创业的教科书

众所周知，娃哈哈 30 多年的发展史，本身就是写在中华大地上的企业发展的教科书，是十分厚重的创业创新的经典教材！今天，宗庆后董事长与大家在现场交流，解答大家的疑问，又给大家上了生动的一课。他把自己一些珍贵的经验、体会无私地奉献给大家，充满了智慧，所以我们都是深受教育。

作为中国改革开放时代的产物，作为中国改革开放进程中成长起来的著名企业和企业家，宗庆后董事长以及他领导的娃哈哈早已经不仅仅属于杭州、浙江，也不仅仅属于浙商，而是属于我们这个伟大的改革开放时代，是我们这个时代的一个标杆、一个标志。娃哈哈也好，宗庆后董事长也好，都为中国的改革开放事业做出了巨大的贡献。娃哈哈是从第一批乡镇企业、街道企业、校办企业成长起来的标杆企业，宗董事长是闻名全国和世界的著名企业家。虽然，现在乡镇企业这个现象已经不怎么讲了，它已经成为了历史，但是，历史是怎么走过来的，历史是怎么发展的，时代是怎么进步的？正是靠像我们宗庆后董事长一样的一大批企业家、靠人民群众的伟大奋斗创造才实现的。

所以，像宗董事长这样的企业家，可以说无愧于这个时代，是为这个时代增光添彩的，他是属于我们这个时代的风云人物。我想，在这里，在改革开放迈过40周年之际，并且向着新的改革开放再出发之际，及即将迎来中华人民共和国成立70周年之际，我代表大家向宗庆后董事长致以崇高的敬意！

二 娃哈哈打造了一个充满经营智慧的宝库

就娃哈哈的成功经验而言，可以大致归纳为以下几个方面。

（一）坚持主业经营和“小步快跑”

30多年来，娃哈哈一直坚持主业经营，一直坚持在食品行业里发展，将小产品做成大市场，坚持谨慎的滚动发展，坚决不做自己力所不能及的事情，坚决不做自己心中无底的决策。而一旦抓住了机遇，就大胆决策，大干快上。娃哈哈公司把这个理念称为“小步快跑”的策略。而且，宗庆后董事长引以为豪的是，每次都会讲到娃哈哈没有搞负债经营，至今没有银行贷款，反而有上百亿元存款，再加上因没有头脑发热的乱投资，多年来一直保持稳健发展的势头。这就是行稳致远的智慧，就是稳健经营的策略，就是稳中求进的路子。

（二）坚持创新求进和领先取胜

娃哈哈主要从事的食品行业属于传统行业，多数产品处在价值链的低端，门槛低，价格竞争激烈，要形成行业竞争优势是非常难的。而娃哈哈的成功之处，就是始终想在别人前头，永远领先人家半步。不要小瞧这“半步”，“半步”体现了稳扎稳打，又能适度超前。“故步”则不前，必然会被淘汰；“大步”则不稳，必然会有大风险。“半步”“一小步”，既要稳又要进，这是企业经营制胜的重要法则。而要取得半步优势，就必须坚持不断创新，在创新中求前求进。娃哈哈一直坚持“生产具有真正使用价值的产品”的理念，并每年都推出一些新产品，每年都有新的增长点，较好地解决了产品生命周期影响企业生命周期的问题。每年都有创新，时时保持市场领先，别人就只能追赶，这就有了先发优势，而且通过产品的不断创新，实施差异化战略，既避免了与其他企业的恶性价格竞争，同时这些产品技术含量高，附加值也就较高，为企业的持久发展打下了良好的基础。

（三）坚持采用先进设备和技术

过去老是讲，传统行业是劳动密集型行业，劳动密集型企业是要被淘汰的企业，但娃哈哈却是在传统行业里通过技术、设备升级形成了竞争优势。这给我们浙江的传统制造业做了榜样。制造业升级是大命题，娃哈哈回答得很好。比如，他们先后投入200多亿元引进国际一流的全自动生产线，从原材料进厂到成品包装出厂全部实现自动化。同时，还不断引进与开发新技术，使设备技术水平始终领先于人家。通过大规模的批量生产，提高了效率，降低了成本，使娃哈哈的质量、价格与国内外企业产品相比，均占有绝对的优势，由此能迅速取得市场领先地位。

（四）坚持厂商利益共享和网络化优势

总结娃哈哈30多年的发展历程，无论专家也好，媒体也好，都说宗庆后董事长首创了经销网络：与经销商建立联销体并实行保证金制度，用“合理分配厂商利益关系”，使每一个销售环节都有钱赚，精心编织起了一张由9000余家遍布全国各地的经销商和数目庞大的批发商、销售终端组成的营销网。无论在乡村还是在城市，都可以看到、买到娃哈哈的产品。这就是娃哈哈独有的优势，变单一企业在市场上与人竞争为几千家企业合力一起与人竞争，公司新品可以在短短一周内迅速铺向全国数百万个零售终端，这就大大提高了市场竞争力。这张庞大的营销网络背后，体现的是厂商利益命运共同体原则，是一种互利的社会合力。对于直接面向市场的日用消费品厂商来讲，有无自己的“网络帝国”，实在是事关生死存亡的关键举措。

（五）坚持高效灵活和统分相融的管理制度

宗庆后董事长是很有智慧的企业家。他在娃哈哈的发展过程中，摸索出了一套适合食品行业发展的、有自己企业特色的管理运作模式。饮料是快速消费品，快变是这个行业的最大特点。“快速响应、执行高效”对饮料企业来讲尤为重要。基于这一点，宗庆后董事长创造了“高度集中的分级授权管理模式”：各地生产分公司人、财、物、产、供、销全部由集团统一控制、调度。这一握紧成拳、形成合力的管理模式，优势十分明显：

全国市场统一营销，减缓“冲货”隐患，产品销售价格体系的可控性明显增强；采购成本显著降低；等等。这样，企业就形成了强大的集聚效应和优势。同时，娃哈哈也实行分级授权管理，将各项权、责、利逐级授权分解落实到每个人，制定相应的规章制度、行为规范及操作程序，使整个公司的管理有条不紊，并通过考核、检查、审计，确保公司运营安全有序。公司管理实行集中与分权相结合制度，是公司运行高效灵活的根本，也是防止公司松垮败落的治本之策。

（六）坚持以人为本和营造“家”文化

娃哈哈还有一个特色，那就是“家”文化，即通过照顾好员工这个“小家”，依靠全体员工的共同努力，打造一个发展企业的“大家”。在营造好“小家”和“大家”的基础上，竭尽全力履行社会责任。娃哈哈的“家”文化，是把每个员工都当作自己的家庭成员看待，使员工的生活、工作等各个方面都能得到关心。在用人和分配上，主要靠激励机制、竞争机制“两大机制”的作用，“收入凭贡献，岗位靠竞争”就是这两大机制的形象化表述。公司坚持以人为本，通过成果共享造就了一支拉得出、打得响、过得硬的干部员工队伍。全体娃哈哈人共处一个“家”，共创企业发展“家天下”，共同打造娃哈哈百年长青基业。

（七）坚持品牌立企和品牌引领

品牌是现代企业最重要的无形资产，是企业生死存亡的命脉。这对食品行业和日用消费品企业来说，就更是如此了。宗庆后董事长有一个创举，就是创造了一个家喻户晓的品牌——娃哈哈。品牌作为一种高度稀缺的重要资源，不仅仅是企业的优质资源，也是国家、市场的稀缺资源。只有品牌站住了，人家就很难与你竞争；只有在品牌方面领先了，你就比别人有更多优势。所以，在商品过剩的时代，品牌是一个企业提升竞争力的最重要来源和最为宝贵的无形资产，企业要在竞争中取得新的优势，就需要把品牌这个制胜法宝用足用好。娃哈哈这个品牌就是一个优质的稀缺资源，是宗庆后董事长给我们创造的宝贵财富。娃哈哈品牌的基石，宗庆后董事长认为“一半是质量，一半是诚信”。30 多年来，娃哈哈一直坚持品牌经营，坚持质量第一，坚守诚信，做到对消费者诚信，对供应商、经销商诚信，对员工诚信，对所有的人与事保持诚信，取得了良好的信誉，得到了社会的认可，促进了企业长期健康发展。

（八）坚持产业报国和泽被社会

宗庆后是杰出浙商的代表，他身上集中体现了浙商精神、企业家精神。其中弘扬优秀企业家精神的一条，就是要弘扬企业家履行责任敢于担当服务社会的精神。在这个方面，宗庆后董事长也是我们浙商学习的榜样。在以宗庆后为核心的高层领导的带动下，娃哈哈始终弘扬“产业报国、泽被社会，让爱无所不在”的公益理念，积极投身各类社会公益事业。在贫困地区、革命老区、少数民族地区、东北老工业基地等 17 个地区投资 85 亿元建立了 71 家分公司，极大地促进了各地方经济的发展。30 多年来，公司累计上缴税金逾 500 亿元，这是非常大的奉献。宗庆后董事长说过，企业家应该把金钱看得淡一些，把社会责任看得重一些。这是一种宽厚的胸怀。

三　宗庆后带领娃哈哈创造了精彩奇迹

娃哈哈 30 多年的发展实践，可以说创造了骄人业绩，取得了巨大成就，书写了许多动人故事。宗庆后是一个很有情怀的企业家，拥有艰辛的创业过程，可以说，他创造了许多方面的奇迹。

比如，他创造了由校办企业、乡镇企业、街道企业成长为一个现代企业的奇迹。他创造了中国饮料行业第一的奇迹；而且这个“饮料之王”的业绩，是在与遥遥领先的国际同行业大企业激烈竞争中取得的，这又是一个奇迹。他还创造了一个每家每户都知晓、深入中国老百姓心中的永远年轻的品牌——娃哈哈，这个品牌已经深深扎根在中国大地，扎根在 14 亿中国老百姓的心中。他也创造了一个企业在 30 多年的发展过程中，与时俱进，与时代共命运、和时代同呼吸，随着时代的前进步伐而保持青春的活力，始终在同行业中引领市场发展的奇迹。

所以，我想说，宗庆后董事长几十年的奋斗经历、几十年的经营管理经验，娃哈哈的每一步成长，都值得企业家们好好挖掘、深入学习，然后转化为自己发展的“营养”。

四　学习弘扬宗庆后优秀的企业家品质

宗庆后身上积淀凝聚了当代中国企业家许多优秀的品质，很值得大家学习弘扬。其中，我感悟最深的有以下几个方面。

（一）创业要有大韧劲

要搞好一个企业，首先要艰苦创业，而创业就要有坚韧不拔的意志。一天、两天就想创业成功，没有那么轻松的事。宗庆后就是几十年奋斗、几十年这么创业走过来的，他身上集中体现了吃苦、奋斗、勤奋、拼搏的精神。什么叫创业，怎么干事业？宗庆后创业的韧劲，我们一定要学习。宗庆后是一个务实的奋斗者，他也是一个坚韧的创业者，他是我们浙商坚韧不拔创业的典范。

大家想要成大业吗？要把企业办好吗？首先必须有这种精神，即创业的精神，奋斗的精神。大家想一想，宗庆后董事长几十年这么奋斗过来，而且，最近又有新闻报道说他 74 岁再度创业，成立了 AI 公司。他自己说不干活反而很无聊，这就是持续不断创业的精神，就是奋斗者的情怀！我们希望宗庆后董事长一如既往地继续创业，奋斗者永远年轻！

（二）创新要有大视野

有很多人会问，娃哈哈发展几十年了，宗庆后到底是怎么保持不断创新的？

宗庆后董事长有一句名言：创新是企业的生命，是企业的命脉。如果一个企业不创新了，你今天不倒，明天肯定也要倒的。娃哈哈的发展过程，也是一个不断创新的过程，创新永远在路上。当年，宗庆后董事长借了 14 万块钱，是自己一个人创业。这难道不是一种变革创新吗？对自己的挑战也是一种创新。后来，他又花了几千万元资金，把杭州老罐头厂大胆地兼并收购了，这更是一个非常大的变革创新。还有娃哈哈的营销网络，这样一个校办企业能够利用国有企业、国家部门的经销网络，这也是一种创新。娃哈哈每向前发展“半步”、一步，都是创新的结果。

当然，这些创新的背后，是宗庆后董事长始终有一个不变的情怀、初心，那就是坚持实业这个主题是不变的。但是，怎么把实业做强做大？这就需要不断地创新。也正因为依靠持续不断的创新，娃哈哈的主业才不断做大、做宽、做深、做强，同时也有了健康的多元化发展格局。

在创新过程当中，娃哈哈的理念也在创新，它的管理在创新，它的业态在创新，它的技术在创新，尤其重要的是，娃哈哈始终坚持积极主动面对消费者，在产品创新方面做得尤其精彩。我们只知道娃哈哈开始创业的时候，产品好像主要是营养液，没有多少品种，但现在各种产品共有 180 多种，并且还在不断地推陈出新。可以说，娃哈哈的整个发展过程，就是不断推进产品创新的过程。

宗庆后的创新有变也有不变的辩证法，这个也值得大家学习。比如，有关实业和资本经营问题、要不要上市的问题，宗庆后董事长的观点就很有智慧。实业，对任何国家的经济发展来说，都是根基和基础。没有实业，就等于根都没有了，树没有根怎能生长呢，其他业态也都是在实业基础上形成的，但是经济发展有它自身的规律，到了一定发展阶段必然要融入金融资本，没有金融，经济就不能腾飞。但我们也不能仅仅把金融工具、资本经营简单理解为就是上市。上市仅仅是金融资本的一个方面，金融的领域很广，企业经营者千万要把金融手段用好，它可以助推实业、企业发展，就像宗庆后刚才所讲的，上不上市视企业具体情况定，根据各方面的情况来判断，上市也是一个办法和手段。

所以，我们要学习宗庆后董事长变革创新的大视野。娃哈哈始终是年轻的，包括宗庆后董事长始终有一颗年轻的心，20 年前我见宗庆后董事长时他就是这样年轻的形象，和现在差不了多少，说明只要创业干事业，就可以永远保有一颗年轻的心，而且有益身体健康。

（三）经营要有大智慧

企业要想始终往前走，要想不断做大做强，要想打造百年企业，就要有经营谋略智慧。宗庆后董事长身上的经营大智慧，真是太多了。

比如，宗庆后务实的经营风格。他是脚踏实地经营企业的。在娃哈哈的成长历程中，宗庆后的重大决策几乎都能准确无误，从 1988 年上马娃哈哈儿童营养液，到后来推出娃哈哈果奶、八宝粥、纯净水等决策，之所以都能踩到点子上，是因为他在长期实践中积累形成了灵敏的市场“探雷器”，他始终深入市场第一线，每年用三分之二的时间在市场一线跑，从而能把准市场跳动的脉搏。

比如，怎么进行产品定位、在创新中寻求差异性？在宗庆后上马启动儿童营养液项目时，许多人不能理解：为什么放着十几亿人口的市场不做，仅仅只做一个儿童市场呢？宗庆后就是看得准，城市中孩子们的生活条件越好反而食欲越差，将儿童营养液的卖点准确无误地定位于“全面促进儿童食欲”，并运用“实证广告”和“儿歌广告”，结果一炮打响。

比如，怎么打造品牌，把“实用主义”融入品牌当中？宗庆后对那些“先有品牌后有效益”的策略很不赞同。他曾经把企业的品牌比作一根橡皮筋，可以拉长，也可以缩短，但不能超出极限。正因为宗庆后具有“实用主义品牌观”，他推广品牌时更注重销售业绩的好坏，而不在于广告的艺术性是否强，他率先使用了“实证广告”，坚持以市场实效论品牌“英雄”。

比如，怎么打造联销网络共同体？宗庆后时常把“市场要打穿，营销要做透”当作口头禅，力求使网络通过整合营销产生长期的“井喷效应”。他注重让营销环节中的每一个人都有钱赚，而且最好是专心只做娃哈哈的就最有钱赚。

再比如，在经营管理上，集中和分权怎么结合、管理？这里的管理学问更是一篇大文章。娃哈哈在成长过程中积累了丰厚的经营智慧。

（四）家国要有大担当

企业不仅仅是个人的，它还是社会的重要组成部分，所以企业家还要有社会的、时代的责任。这就需要有担当的精神，对社会发展进步起一个历史担当的引领责任。这在宗庆后身上体现得非常典型。他一直坚持实业报国，发展和维护民族品牌、从事公益事业等，这都是一种家国的责任。我记得宗庆后董事长在担任全国人大代表的时候，好像对企业减负、减税等方面多有呼吁，这都体现了责任担当。当然，宗庆后董事长、娃哈哈集团还从事了很多社会公益事业。这里我就不一一细说了。

（五）人生要有大情怀

人生要精彩，就要把事业和人生结合起来，让人生价值在事业中拉长。有限的生命，无限的事业。人生有限的几十年生命要想有深度、有厚度，就一定要有事业，在追求事业中实现人生更大的价值。这就是要通过事业的拼搏奋斗，把自己的情怀放大，把自己的人生轨迹画得更深，更有厚度和广度。这样，无论是对自己还是对社会，都会更有价值和意义。我们要学习弘扬宗庆后董事长身上的宝贵品质，力争把人生与事业很好地结合起来。

顾家：一辈子只做家具一件事

2019 年 4 月 24 日，作者在走访顾家集团后发表了即席讲话。

非常荣幸，我们今天有机会到顾家集团走访学习。顾家家居是一个已经谱写了很多精彩故事，并正在雄心勃勃地致力于创造一个家居王国的企业。顾家的发展目标是要打造世界级家居王国。

下面，我讲几点具体感受和想法。

一　顾家有精彩的发展奇迹

从 1982 年成立至今，顾家有近 40 年的发展历史了。可以说，顾家是与改革开放同频共振，与中国的发展轨迹相一致的。中国改革开放 40 年发展创造了人间奇迹，顾家也创造了一个家族企业走向现代化的奇迹。顾家是改革开放的弄潮儿，是国家复兴发展中的一个缩影。顾家在 37 年发展进程中创造了许多奇迹，书写了许多精彩的故事。

顾家创造了二代企业家顺利接班并将家族企业发展壮大的奇迹。想当年，顾江生从父亲顾玉华手中接管企业后，励精图治，开拓创新，使企业成长为走在世界前沿的、迈向国际化的现代企业，这是一个新二代企业家创新创业的奇迹。顾家从几千块钱起家，现在已发展成为一个营收 90 多亿元、市值 200 多亿元的企业。如今，不少浙商都面临着传承问题，即浙商二代怎么顺利接班问题。顾江生的成长和发展经验，很值得借鉴。

顾家创造了在宏观经济发展压力增大情形下逆势上扬、稳健发展的奇迹。近年来，国家 GDP 的增长速度持续在 6%—7% 的幅度内，而顾家这几年的增速竟然高速增长，2018 年，顾家营业收入同比增长了 37.61%，这个增长速度是惊人的；同时，企业规模已经连续好几年每年增长超过 10 亿元，的确创造了企业规模增长的神话。

顾家正在创造由传统制造企业向现代企业精彩转型的奇迹。如何在家族企业中注入现代经营元素，注入现代的发展动力，顾江生身体力行地证明了知识是有力量的。我们可以清楚地感受到，顾江生个人的成长与企业的发展，是与他的知识、专业背景紧密相连的。他是浙江大学（顾江生毕业于原杭州大学体育系）体育专业毕业的，曾在大学里当过体育老师。他把体育文化引入到企业治理中，用体育精神去经营企业。顾江生现在思考的主要问题，即如何将企业家经营的“苦”变成“快乐”。这个就与体育专业有关了。当然，光有知识还不够，还要有实际行动。顾董事长把知识运用于实践，做到了知行合一。

顾家 37 年的发展历史，的确有很多精彩的故事，可喜可贺。顾董事长是浙商中的精彩，是浙商中的代表，也是在国家改革开放过程中成长起来的一个非常鲜活的企业家代表。

二　顾家有高远的发展目标

看得出来，顾家是一个有着雄心勃勃的发展目标、有着战略愿景驱动的企业。顾董事长对企业发展战略有一个由此达彼的目标体系。首先，要打造一个家居王国。其次，十年内要成为世界家具行业前五，收入规模超千亿，净利收入超百亿。达到世界行业前五的目标，应该说已经很不简单了。现在的目标是，“世界有宜家，中国有顾家”。这两个“家”是比较现实的。今后，顾家要成为世界的顾家，把世界的家也“顾”起来。

顾家还有不同阶段的具体目标。比如，三年看透、五年看到、十年看见的阶段性目标。这是符合认知规律的。作为一个领导要做到嘴里吃一个（完成当下在做的工作），手上拿一个（着手下一阶段要做的工作），脑子里想一个（规划未来的工作）。只有科学合理设定这样三个阶段的目标，作为企业家心里才不慌，才能稳步带领你的队伍往前走。当然，这些战略目标不是画饼充饥，不是空谈，而是能够实际操作的。圣奥集团是办公家具的领头羊，顾家是综合家居的引领者，这样的两个企业联合走向世界，就能引领世界家具行业发展潮流。

三　顾家有独特的发展理念

“传承工匠精神，一辈子只做家具”，这是顾家独特的发展理念。顾董事长个人的微信名字，就是“一辈子只做家具”。

“一辈子只做家具”，这是一种初心、信念、理想、目标、坚守和耐心，体现了认准目标、咬紧牙关、勇往直前的理念，体现了专业、专心、专注的精神。德国的制造工艺为什么那么精湛？是因为德国高扬工匠精神，追求精致，讲究专心致志。顾家要在前人的基础上进一步精益求精，才能超越前人。“一辈子”的理念会让员工放心，表明你不会“三天打鱼，两天晒网”，不会朝三暮四、朝令夕改。也就是说，做大事成大事者要有战略定力。顾家打造家居王国也需要有这样的定海神针，一辈子把一件事情做好已经很不容易了。

四　顾家有可行的发展战略和策略

发展目标和理念要具体化、行动化，必须转化为发展的战略和策略。顾家已形成一个符合世界家具发展潮流又适合自己企业发展的战策略。比如，顾家既有总体的战略目标，又有十年、五年、三年的阶段性目标；提出了转型发展的战策略，即由软体家居向综合家居供应商转变、由满足消费者家居产品需求向满足更高品质生活方式需求转变、由实业驱动向实业和资本双轮驱动发展转变；还实施了“721”的投资战略和策略，即将70% 的资源和精力投入“大家居”产业，将 20% 的资源和精力投入各行业领先的产业基金、生态产业基金和新零售领域，将 10% 的资源和精力投入有可能引发颠覆性应用前景的家居业高新科技项目，十分注意做好资本投资的布局。2016 年，顾家不但在 A 股市场成功上市，募集资金 19.56 亿元；

而且顾董事长经过艰难的思想“炼狱”，作为企业家的“老板思维”也实现了“上市”，而“老板思维上市”，实在是顾董事长和顾家的一场革命，当想通、想透了企业和人生的许多真谛后，自然会产生无法计量的价值。这样的战略发展方向及目标，体现了企业家的胸怀格局和思维视野。这是经过反复思考、实践形成的。顾家正从一家传统制造业企业向现代制造业企业转型，正由原来单一的家具实业向涉足产业投资、多轮驱动发展的现代企业迈进。换句话说，是在从制造向创造、低质向高质转型发展。

五　顾家有响当当的品牌

实现由产品向品牌转变，是我国经济发展的重要趋向。顾家一直注重塑造自己的品牌，正在努力打造一个有影响力、能展现中国人气节的民族品牌。不但在品牌营销方面舍得投入，而且积极转变品牌理念，探索营销方式，较早地开始由行业渠道品牌向消费者品牌转变，尝试走出国门，以新兴发展中大国和新兴市场国家为突破口，在国际上拓展自有品牌业务。同时，还注重开展线上和线下结合的品牌体验活动，目前，在国内外有4500家品牌专卖店，顾家的品牌影响力和产品市场占有率持续提升。顾家原来是行业内的品牌，现在已经是全国知名品牌，是中国消费者家喻户晓的品牌了。而且，正在努力打造有全球影响力的民族品牌。

这是令人鼓舞的。我们知道，产品有了品牌之后才会有品位，特别是对于消费品，品牌尤其重要。没有品牌就只能小打小闹。比如，我们使用的手机，没有品牌，就根本谈不上有多少竞争力。再比如饮料行业，人们只信赖娃哈哈、农夫山泉等产品。家具也是这样。之前，我在购买床垫的时候，也是跟随品牌去买的。因为当时对国产品牌不是很了解，于是就购买了一个外国品牌的床垫，这个品牌经常在中央电视台做广告，宣传能改善睡眠，当时我正好睡眠不佳，于是就购买了，但买了后发现效果并不好，然后又去买别的品牌。直接面向消费者的产品，没有自己的品牌是很难拓展市场的，甚至迟早是要被市场淘汰出局的。当然，光停留在一般的品牌上还是不够的，还要把品牌进一步打造成知名品牌，把民族知名品牌打造成国际知名品牌，进而把国际知名品牌打造成引领国际时尚的顶级品牌。

六 顾家有自己的“家文化”

顾家是一个有文化、有内涵的企业。如果说企业产品是企业的根、企业的利润是企业的命的话，那么，企业的文化则是企业的魂。企业没有精、气、神，没有灵魂，当然就无法形成钢铁般的集体，营造不出富有魅力的“企业之家”。当然，这个家是指“大家”，是所有企业员工以及合作者、消费者的命运共同体。顾家以“家文化”为基础，也是很有深意的。因为，“顾家”是企业之名，还有爱家、顾家之意，再加上企业文化的核心，是营造企业之“家”。所以，这个“家文化”，对顾家来说，就富有更多的内涵。我们还注意到，顾家企业文化的最大特色是体育精神。顾董事长把自己身上的体育文化很巧妙地运用于企业治理，包括健身与效率、极限与卓越、韧劲与执着等，都说明体育文化与企业文化是相通的。

七 顾家有一本人才经

顾家是一个以人为本、非常重视人才的企业。多数企业家是把主要精力花在招揽生意上，而顾董事长最自豪的却是把大量时间和精力花在招揽人才上。高明的企业家应该如何用好自己的资源和精力？顾家在打造人才队伍上动了很多脑筋，如何进行员工的培养、教育？如何引进人才？如何发挥人才的作用、留住人才？企业发展之本在人才。顾董事长讲道，顾家最大的财富是人。这个“人”不只是个人，而是整个团队。顾家高管团队中每个人的身价都在 1 亿元到 10 亿元不等。顾家在中国家具业较早地实施职业经理人制度，不但有丰厚的激励待遇，而且高度信任和授权。目前，顾家有近 420 名管理骨干通过股权激励成了公司股东。顾家集团 2017 年还实施了培育和引进骨干人才的“TOP 百人计划”，分别从集团内部（40%）、大家居行业（30%）和跨界行业（30%）中筛选储备人才，而且对企业创始人中的家族成员也做了可持续发展的安排，有的担任相应岗位，有的则安排学习深造。企业的增值关键是人的增值，只有人发展了企业才能发展。当然，最难发展、最难增值的也是人，顾家已经形成了一套较为完善的人才体系，也就是一套识人、用人的人才经。

有了企业的人才经，企业之树才能常青。

八　一个快乐企业家的哲学梦

顾董事长说，他个人有一个课题，就是正在探索“如何在推动企业增长的过程中实现企业家个人幸福？”。

这个课题有点意思。实际上，顾董事长是在寻找、探索一个梦。这个梦就是：企业家如何做到快乐创业、幸福创业？企业家经商办企业不容易，很累很苦，企业增长了、发展了、盈利了，但企业家并不一定就幸福了、快乐了。这是一个现实问题，也是一个有趣的哲学问题，也涉及人生观问题，或者也可以说涉及人的“安身立命”问题。

企业家首先是创业的，但他们的人生如何实现快乐、幸福？经商办企业，创业干事业，可以是快乐、幸福的，但也常常是痛苦、累人累心的。企业家有风光的一面，也有暗自流泪的一面。这需要将事业和人生平衡好，需要看透想清楚，需要把痛苦与快乐处理成一个交融状态。顾董事长已经进入从哲学层面来考虑企业经营、发展的境界。经营企业就是经营人生，就是经营人心。顾董事长开始进入企业家最高最深的层次上思考问题，已经在追求内心世界与外在世界的统一，在实践王阳明的知行合一理念，在追求肉体和心灵的统一，在追求天人的统一了。我看到，顾董事长也很重视生态问题，强调产品的环保、节能等。顾董事长还努力追求人我的统一，即追求社会责任和企业经营的统一。只追求企业的发展、个人的成就，这样的幸福还只是小幸福，大企业家还要追求大家的幸福，这样的幸福才会放大。只有追求天人合一、人我合一、身心合一、知行合一的事业，才能有真正的快乐和幸福。

九　对顾家的几点希望

第一，要坚定不移地朝着打造世界家居王国的高远目标砥砺奋进。

第二，在发展过程中需要审时度势、稳中求进，要在稳扎稳打的基础上加快发展，实现可持续发展。

第三，现代企业发展有三个大轮子。第一个轮子是实业，实业是主心骨；第二个轮子是金融资本，没有金融资本企业难以高飞；第三个轮子是现代科技。比较完整的体系是我曾经讲到过的飞机起飞时需要的“一体两翼三平台一关键（人才）”的模型。一个主体就是飞机的机身；两个机翼翅膀，一个是金融资本，一个是现代科技。这些要素很好结合起来才能在蓝天上翱翔。

第四，要对现有的战略、文化、品牌再进一步系统地加以梳理，打造顾家精神世界，即顾家经营哲学。

第五，希望有一天，当顾家的事业做得更大的时候，会有一个相对独立、更能体现顾家整体文化风采的地标建筑物，将其历史、品牌、文化、情怀、风采更自信地展示出来。

顾家在自己的发展历程中，已经书写了许多精彩的动人故事，未来必将创造更多更精彩的美丽故事！

康恩贝：让心灵澎湃激荡

2018 年 9 月 13 日，浙商发展研究院（浙商智库）与数十位企业家一起走进古色古香的康恩贝致良知四合院座谈交流，作者就阳明心学发表了演讲。

刚才，听了康恩贝集团胡季强董事长的介绍后，我有一个强烈感受，就是企业是有“心”的，优秀企业家的“心灵力量”是可以很强大的。新时代的企业家也要努力传承光大王阳明先生的“心学”，做中华优秀传统文化的薪火传人。

一　把“心”与民族祖国之心相融相合，实现家国情怀的新感悟

王阳明心学、中华传统文化与中华民族的命运是紧密相连的。个人和企业的前途命运与民族国家的命运，也是“鱼水关系”，是不可分离的。

胡季强董事长的演讲给我们上了一课，就是要把我们自己的所作所为、所思所想与中华民族的历史、命运、前途和改革开放的历史进程同频共振。

王阳明在贵州龙场悟道，经苦苦求索而得“圣人之道，吾性自足，向之求理于事物者误也”。心是感应世间万事万物的根本，事物是非对错即由心之良知判断，故心即理也。阳明先生强调“心”的本体意义，张扬人“内心”的强大。同时，又高扬知行合一。他认为，圣贤之人应立功立德立言，践行“三不朽”。

胡董事长显然得阳明心学之精义。他在学习研究阳明心学过程中，深悟自己之“心”、企业之“心”的根本“大义”“大理”，就是要与祖国同心同行。这是他对国家、对民族、对改革开放、对中国共产党、对新时代、对习近平新时代中国特色社会主义思想发自内心的感悟和理解，可以说达到了一个崭新的境界。

当前，国内外形势有了新的重大变化，在新的困难面前，提振信心显得尤为重要。如果我们的社会、企业、个人的信心垮了，就意味着能量大大消失了，动量萎靡了，奋斗意志削弱了，未来的前程就会由此而暗淡。

胡董事长深刻认识到，在中国大地上要办好企业，实现人生辉煌，就要与祖国融合在一起，与这个时代融合在一起，与党和政府的大格局融合在一起。他发出了来自内心的强有力的呼唤：对于中国大地上的企业家，最大的“商道”，就是把企业的经营与这个时代、与改革开放进程、与党和人民同频共振，做到同呼吸共命运，心心相印、同德同心。我们个人和企业的一切进步，不就是改革开放这个时代创造的吗？我们要感恩这个时代，要在新时代里，坚持改革开放再出发。而要实现改革开放再出发，首先我们自己要从“心”出发，让自己的内心更强大，自己的素养更高，这样才能去追求更远、更大的目标，做更大的事业。

二　把“心”与中华文明历史相融相合，实现传统文化的新认知

阳明心学是中华传统文化中的重要组成部分。在悠悠五千年的历史长河中，中华民族创造了璀璨的文化。这是我们今天取之不竭、用之不尽的宝贵财富。

人类在历史进程中曾出现过古代埃及、古代巴比伦、古代印度和古代中国这四大文明古国，因地理、生态、文化、人口、政权等因素而唯独中华文明得以延续至今。也正因为如此，中华文明源远流长，浩如烟海，光辉灿烂。

研习阳明心学而举一反三，我们自然会对学习、传承、发扬中华优秀传统文化的理解上升到一个新的境界。儒释道也好，诗词赋曲也罢，抑或琴棋书画、语言文字、民族风俗等，都是需要我们学习传承，古为今用，推陈出新的。士别三日当刮目相看。我们真的没想到胡董事长对阳明心学、对中华传统文化的精髓理解得如此深刻，更重要的还在于，他能把这些历史文化从纸上运用到企业经营实践之中，与他个人的发展经历融合在一起，把老祖先的文化激活了，是很不容易的。

胡董事长的实践也给我们一个重要启发，那就是：只要不断地学习，不断地充实自己，就能够学到更多的好东西，让自己不断地强大起来。

三　把“心”与现代企业治理相融相合，实现企业价值的新转换

胡董事长自觉地把阳明心学、中华民族传统文化与现代企业治理结合在一起，从而催生出了独特的企业文化，使康恩贝集团的发展进入了一个新的境界。

康恩贝是由一个兰溪县的养蜂场发展而来的，从兰溪起飞，发展到如今的规模，非常不容易。目前，康恩贝在中医药行业的排名进入了全国前十位，在浙江省排名第二位。2017 年康恩贝集团营业收入 113 亿元，2018 年 1—7 月营业收入达到了 79.8 亿元；员工有 1 万多人；2017 年缴税 9.54 亿元，2018 年 1—7 月缴税达到了 9.02 亿元，预计 2019 年税收将达到 17

亿元左右。可以说，康恩贝的发展是中国改革开放的缩影，是企业发展的一个好典型，更重要的是胡董事长将阳明心学精粹融入企业治理，让康恩贝重新焕发活力，变成了一个用“心”铸造的新生企业，实现了心的对话、心的连接、心的共享，用心将团队、员工、客户连接起来，从做生意上升到做人，通过致良知让每个人连接在一起，共同朝着圣贤之人（更完善的人）的方向努力。

我们注意到，正是胡董事长用阳明之心来叩问现代企业之本质，他由此认识到，与其说企业是经商做生意的，不如说是做人行大爱的，是为了社会、他人和自己更富有生命力和生机活力的。这对从事医疗药品的企业来说，尤其如此。因此，他重新定义了康恩贝集团的价值和意义，力求推进由做生意到“做好人做好药”的转变，让药品造福佑民，让企业成为员工的幸福家园，努力使企业内外都同心向善、聚心合力，打造心与心连接的命运共同体。为此，胡董事长亲自担任集团党组织的负责人，改革了企业股份结构，调整了企业治理方式，建立了企业致良知四合院，重塑了企业文化，等等。今天的康恩贝在过去的基础上，已焕然一新，成了一个拥有新标识的康恩贝，也是一个凤凰涅槃、浴火重生的康恩贝。

胡董事长围绕怎样让传统文化（阳明心学）助推现代企业发展，进行了深入思考，并做了富有成效的实践探索。像胡董事长这样的企业家所做的，完全可能闯出一条企业发展新路。这条路就是中华优秀传统文化和现代企业、现代文明融合的路。这样做的企业有一些，比如浙江省厨电行业的方太集团也做得很有特色，但这类企业总的还不多。大家知道，用企业这种形态去组织管理经济活动，是人类工业化、资本化进程中的一个伟大创造，是近现代的一大文明成果。但我们的企业要在中国大地上根深叶茂，自然要吸取中华民族丰厚的传统文化。要知道，人类的一切行为背后都是一种文化行为。现代企业经营活动与优秀传统文化有机结合，是一个大课题，一种大学问，是中国现代企业的重要发展方向。

我们相信，胡董事长他们颇具特色的有益探索，完全有可能走出中国现代企业发展的一条新路来，其意义是深刻的。

四　把阳明之“心”与自己之“心”相融相合，实现人生境界的新提升

通过感悟阳明心学和传统文化，使自己的心更强大，充满正能量，做一个有感恩之心、利人之心、大爱之心的人。这也是胡董事长心路历程的写照。

胡董事长说，他55岁再立志，要追随阳明先生，让自己之心、企业之心更强大，为祖国为社会做更多贡献。50岁乃“知天命之年”，是应有更宽阔胸怀、更崇高使命、更高远境界的。胡董事长就是要在“知命之年”干一番新的大事业。而这番事业是用“心学”武装的、具有新特色新境界的新事业。

正因为如此，胡董事长认为人过五十开外，应该迈入人生更高的新境界。他说，他现在才可以说真正成了一名合格的共产党员，现在的康恩贝经过股份结构调整，可以说不是我“老板”个人的，而是全体康恩贝人乃至是社会共同体的康恩贝。人要有积极向上的奋斗目标，要追求永无止境的真善美之心。人生有追求才能提升自己，人生有境界才能放大自己。己欲立而立人，己欲达而达人，每个人用自己的力量去助推社会的发展，得诸社会，还诸社会，才能使自己更崇高，使社会更美好。

的确，王阳明心学等中国优秀传统文化是可以熏陶人、哺育人、完善人的。胡董事长有一个观点，我是很认同的：每个人的能力如果发挥到极致，是不可估量的，而通常人们只使用了个人能力的很小部分。如果我们都像竞技运动员那样，把自身的能力挖掘、训练到极致水平，那就会迸发出非常强大的力量。人们常常看到他人的高超才能，其实只要功夫到家，自己也可以有精彩的表现。正因为领悟到这个道理，所以我也常常抓紧时间释放发挥自己的能力，不断提升自我。

胡董事长的演讲，还给我们另一个重要启发，就是人到50岁进入中年时，一定要再创事业新高，寻找一个精神归宿的支柱，要向着做圣贤之人的目标奋进，要把立功立德立言推进到新的阶段。

我相信，康恩贝也好、胡董事长也好，都将进入一个新境界，也必将

会功德圆满。

胡董事长的演讲，令我感悟很多，总体可以用两句话来概括：让心灵澎湃激荡，让人生异彩竞放。

但要做到这两点，前提就是让自己的心灵强大起来，当然同时也要让自己身体健康。所以，我们希望康恩贝研发出更先进的药物，期待康恩贝在更高的平台上实现“好人好药”的目标，成为一个造福人类的伟大企业。

木匠传奇：平实中的精彩

2018 年 8 月 5 日，作者为《木匠浙商——倪良正的创业故事》一书作序，以期主人公倪良正在平实的创业征途中绽放出更加耀眼的精彩之光。

一本新的企业家个人传记——《木匠浙商——倪良正的创业故事》即将问世了。该书作者要我写几句话作为小序。为这本企业家传记写几句序言，我是不能推辞的。因为我对主人公不但有所了解，而且还常常被他的创业故事和宽广的情怀所感动。

近年来，笔者作为圣奥慈善基金会的顾问，每年均会参加一两次其举办的慈善活动，所以对圣奥集团和倪良正先生多有了解。事到境界自感人。不知有多少个深夜，我都会情不自禁地想起他和他的善举。

我曾在一些演讲中反复提倡：我们的浙商应成为有“上帝之心”、仁爱之心的“仁爱浙商”，成为立功立业、立德立爱、立言立文、立家立后的“四立圣商”。这在企业界和社会上引起了较大反响，而这些观点的形成，多少是与倪良正的善举有关的。

倪良正是圣奥集团的创始人和掌舵者。他属于改革开放时代从山里、田边走出来的第一代工商业的创业者，也就是我们通常讲的第一代浙商。想当年，他木匠出身，如今却把“木匠”做到了极致；他低调朴实，却把企业经营得格外“靓丽”；他自称文化水平不高，却把一大批颇有智慧的

的。我是很希望倪总能成为当今中国的一代“圣商”的。如此，则可以推动时代进步，造化社会风尚，使我们的社会更加美好。

阳光雨露润万物，仁爱善行暖人心。

我衷心期盼倪良正先生，在未来平实的征途中放射出更加耀眼的精彩之光。

他的经历是一首奋斗者之歌

2019 年 3 月 15 日，作者在浙商博物馆举行的《木匠浙商》首发暨藏品捐赠活动仪式上发表了即席讲话。

今天非常高兴来参加《木匠浙商》这本书的首发仪式，并共同见证倪良正先生奋斗经历过程中的一些非常珍贵的文物捐献给浙商博物馆，在这里，请允许我代表浙商发展研究院（浙商智库）对《木匠浙商》一书的首发、浙商博物馆收到珍贵藏礼表示热烈的祝贺！

其实，我在这本书里面对倪良正先生的总体印象已经做了概括，写了序言。不瞒大家说，上面一篇序言我写得很用心，这不是讲什么套话，是根据我对倪良正的了解，内心的一种真实感受写的。序言不长，也就 2300 字左右吧，但写的时间很长，不但花了好几个月的时间酝酿，其间还反复修改，前前后后持续有一年左右的时间，不断地改。这说明我的文字功底还不够，也说明我对倪总的认识在不断深化。

和写序言时一样，要整理思路，满脑子都涌现着倪良正的形象。他的形象非常朴实，然后我又想到了浦江，倪良正的家乡。他出生的那个村里，我们去过，那是个深山吗？山也不是很深，但也不是很浅。山是很高吗？也不是很高，但也不是很低。令我印象特别深的是，那个地方空气环境特别好。而倪良正的老家，房子前面是一块较大的开阔地，有一个小广场。村庄被山林包围着，山脚下有一条河，绕着村庄流过，水又好又清，所以

我想，这个地方出一个企业家、出一个名人不奇怪，风光太好了。

当然，这说的是个小笑话，其实我主要想的一个问题，是倪良正先生真正的财富到底是什么、属于谁？我想起了一句俏皮话，而且特别能鼓励年轻人：年轻人啊，你们可能会觉得现在拼命读书却不一定能有钱，但我劝你们千万不要这样想，一定要记住，天下的钱都是你们的，他们只不过暂时给你们保管着。倪总的钱是不属于他的，他只是暂时替你保管而已。天下的财是你的，人家的钱也是你的。从积极的逻辑上讲，这是一种大志气，通过奋斗，把人家的钱赚过来。这自然是从励志奋斗的意义上讲的，是激励大家为社会去创造比人家更多的钱。

简单讲人家的钱今后也是我的，这样说可能会有误解。别人的钱怎么也是我的呢？所以，我把这句话稍微改一下，把“钱”改为“财富”，人家的财富就可以是我的了。这个“财富”指什么呢？比如倪良正先生的财富，它可以分为两部分：一部分是倪良正创造的、辛苦积累的几十亿元的资金，这个意义上的财富，是倪良正自己的。产权还是要明晰、要保护的。但倪良正身上还有另一部分更重要的财富，那就是他的精神财富，这个财富是大家的，也是倪良正奉献给大家的，是我们可以共享的财富，而且分享的人越多越好。

《木匠浙商》这本书，作者是《浙商》杂志的王文正，但里面的故事、主人公的奋斗历程，所有的所有，都是倪良正和他所带领的圣奥人的，写作者对此进行了概括提炼，就成为大家的共同财富。当然，倪良正捐献的、带有文物性质的宝贵财富，是物化的精神财富。今天，杨馆长（杨轶清，浙商博物馆馆长）把捐献的椅子放在最中间，它很宝贵，但在我看来，真正宝贵的是倪良正捐献的木匠工具。小时候，我们经常可以看到木匠们背着这些工具出去打工，所以今天倪良正把这些宝贝工具奉献给博物馆，我以为有些可惜了。我的想法是，圣奥集团正在新建的机场路总部里面应该建一个自己的博物馆，然后可以把这些木匠工具放在里面。不过，我估计，这样的木匠工具，倪良正那里应该不止一个，作为几十年的木匠，肯定有不止一套工具，也许他还可以继续奉献给我们更多的物具。这就是倪良正先生奉献给我们的宝贵社会财富，值得我们大家学习。

我觉得我们应该向以倪良正为代表的浙商或者说浙商当中的倪良正先

生致敬。

为什么要致敬？倪良正 40 年的创业史，谱写了一首非常感人的、动人的奋斗者之歌，非常值得我们学习和致敬。

一 他的创业史与改革开放同频共振

我们这代人很幸运，改革开放 40 年，我们正是这 40 年的参与者、建设者、贡献者、奋斗者。我们国家改革开放 40 年，砥砺奋进，春华秋实，春风化雨，创造了一个伟大的时代，使中国、中华民族的面貌发生了历史性的变化，中国大地发生了历史性的变化，中国共产党发生了历史性的变化，中国从此告别了贫穷、落后的面貌，中国从此走向了从小康到富强的现代化的新征程。在这 40 年的奋斗中，倪良正是其中出彩的奋斗者之一。他从一个农村的木匠成长为现在有着几十亿资产的企业家，为我们这个时代增光添彩，可以说他是我们这个时代创业、奋斗的一个典范。从他身上，我们看到了祖国的变化，看到了改革开放伟大时代凝聚的极其伟大的改革开放精神，他为这个时代贡献了力量，贡献了智慧，贡献了光和热。这 40 年历史，就是由大家、由像倪良正这样的每个人的奋斗共同谱写的时代凯歌。

二 他书写了传统意义上的农民成为企业家的奋斗史、拼搏史、创造史

改革开放 40 年，我国的社会结构发生了历史性的变革。从经济形态的角度来看，就是传统农业型社会转变为工商型社会，从农业文明步入了工商文明。在工商型社会中，最基本的社会经济细胞就是企业，就是企业家。市场经济也好，讲工业化也好，讲城市化也好，工商社会里组织社会生产、经济运行的基本单元细胞，就是企业。今天的企业和企业家群体，已经成为国家发展的主力，尤其是其中的民营经济、民营企业家。

那么，这个企业家群体是怎么形成的？他们就是像倪良正那样从大山里、从田野里走出来的，就是像宗庆后那样从街巷里面走出来的，当然还

有从大学里、机关里走出来的。其中相当部分是由过去被称为小工匠、小手工业者转变而来的。所以，我们要了解时代是怎么演变的，年轻人要理解今天这个时代是怎么来的。看倪良正的成长史就可以有答案。用40年时间，倪良正从一个一般手工业者成长为现代企业家；用40年时间，我们国家也整体完成了巨大转变，可以说是历史奇迹。作为个体而言，这就需要不断创业、不断创新、不断创造，创业、创新、创造，才能有精彩。对倪良正来说，40年就是不断创新创业创造的40年，就是不断拼搏奋斗的40年，40年成长为一个现代企业家，可歌可泣，这是奋斗者的凯歌。

三　他身上集中体现了浙商的风采、品质和情怀

40年的砥砺奋进，特别是浙江在发展过程中，成长起了一个伟大的群体，那就是浙商群体。当然，现在浙商已经不光是在浙江，早已闯荡全国，走向世界，浙商正在成为世界的浙商。

浙商怎么定义，说很会赚钱，是不是？是的，不赚钱何以成商啊。说浙商是东海边上一群特别能吃苦的群体，是不是？是的，特别能吃苦就是我们浙商精神之一。而倪良正先生，正是浙商精神的人格化体现。倪良正胸有大志、志存天下，有干大事的胸怀。我在给《木匠浙商》这本书写的序言中，还突出了倪良正的一个"实"字，用"平实"来概括他最大的特点之一。这个"平实"不仅在倪良正身上得到了体现，也是多数浙商都具备的，那就是浙商特别讲务实，特别实在、扎实、低调，也就是务实精神，脚踏实地、扎扎实实的精神。倪良正给我的第一印象就是务实，我都惊讶他怎么这么实在呢，他的低调不仅表现在形象上，行为上也低调。所以倪良正身上体现了我们浙商有大志、务实、不断创业的精神。事业不是吹出来的，是干出来的。比如圣奥办公家具，世界500强中有160多家企业选用圣奥产品，这就是正能量。

倪良正不但平实，还特别有智慧。充满智慧的表现之一，那就是把一大批有才华的人集聚到他身边，包括在座不少嘉宾都在圣奥慈善基金会担任顾问，帮助做点力所能及的善事好事。这就是倪良正的智慧。年轻人一定记住，古今中外，凡是成就大事业的人，必须学会运用各种智慧，想尽

办法把各种资源为你所用，你用的人越多，你的水平就越高。这里面就有各种智慧和办法，这也是我们要学习倪良正的地方。

四 他不仅由农民转变为企业家，而且由企业家转变为慈善家

像倪良正这样的浙商，不仅有情怀，还有胸怀、有品位、有品格。作为企业家，不仅要学到怎么合情合法地赚到钱，更要学到怎么使用钱，在可能的情况下拿出一定精力、一定财力回报社会，这就是情怀，这就是明德。心有大爱，行有大德，洒向世界都是爱，这个世界才会更精彩。

倪良正就是这样践行的。他的慈善项目“圣奥老年之家”，包括我的老家都得到了倪良正的阳光雨露。曾有记者采访倪良正，问他拿出那么多宝贵的财富来做慈善是出于什么样的考虑，倪良正回答说，如果慈善考虑功利目的，那就不是慈善，慈善和功利主义无关，做慈善主要是一颗心，一心一境界，体现对社会的责任。2017年，中共中央、国务院曾发布了《关于营造企业家健康成长环境　弘扬优秀企业家精神　更好发挥企业家作用的意见》，其中弘扬优秀企业家精神中有一条，就是弘扬企业家履行责任敢于担当服务社会的精神，优秀企业家是社会的先进分子，引领整个社会的风向，引领社会的发展，引领社会的进步。我希望倪良正把“圣奥老年之家”、把慈善之旗插遍浙江大地，争取每个县都有一个“圣奥老年之家”或圣奥的慈善项目。

更难能可贵的是，倪良正为西湖大学的筹建捐赠了1亿元的资金。圣奥集团是一个非常大的企业吗？其实也不是很大，一年的营业额几十亿元，利润也没有多少。但他拿出1亿元！当时，我们问倪良正，这可千万不要影响你自己企业的发展，慈善要做，但不能影响发展。倪良正坚定不移，认准的事一定要干，这是一种执着的精神。西湖大学，是中国教育体制的一朵鲜花，是改革之花，是一朵面向世界之花，是一朵有自己特色之花，倪良正选择捐赠1亿元的资金，可以说是企业家的榜样。

当然，倪良正先生还有很多其他慈善之举，比如，在很多学校助学，浙大、浙工大都有很多学生受益。我希望圣奥可以给那些来自边疆、少数民族的学生更多的关爱，扩大规模，对他们的关爱，特别有意义。我们

国家是一个大家庭，中华民族是个大家庭，各个民族像石榴籽一样抱在一起，那我们就会喷发出像原子弹一样的力量，将会朝气蓬勃、昂扬向上地走向明天、走向世界，所以要多做这样的好事。我们非常高兴地看到，圣奥慈善在不断地开花、结果，在不断地传承光大。

这 40 年，倪良正谱写了一曲非常出彩的、精彩的、动人的奋斗者之歌。他最近更是迸发出难以想象的奋斗力量和拼搏创新的精神，他正谋划在杭州机场路建设世界一流的总部，而且从 2019 年开始，经过分析，他提出圣奥集团的很多经营指标准备向百分之百，甚至超过百分之百的目标进军。倪良正认为，当一个企业在市场上排名还没有到前十时，这证明企业还大有文章可做，从第十名向第一名进军，还有好几倍可以翻，还有很多潜力可以挖。所以，我相信倪良正未来将会更加精彩，圣奥明天将会更加美好。我认为，像倪良正这样的浙商，是可成为立功、立德、立业、立后（指培养好后代）的“圣商”的。

我们期待着倪良正创造更多的奇迹。

奋斗者才会有精彩

2019 年 6 月 17 日傍晚，在浙江大学玉泉校区邵逸夫科学馆，圣奥集团慈善基金会举行倪良正“我的创业路”主题报告会暨《木匠浙商》征文颁奖仪式，作者应邀参加会议并即席演讲。

很高兴出席倪良正先生“我的创业路”主题报告会暨《木匠浙商》征文颁奖活动，并借此谈点感想。

一　这是一支有态度的笔

我觉得这个活动很有意义，搞得也很精彩。我想，我们可以共同思考

这样一个问题，即今天为什么要搞这个活动，我们为什么来到这里？我觉得，除了我们对倪总怀有尊敬之情外，就是大家和倪总都有一个共同的心愿，希望通过这个活动，把以倪总为代表的浙江企业家身上的创新创业精神，更好地加以发扬和传承。作为一位成功的企业家，倪总的创业经验、为人情怀、处世哲学、做事智慧，是一笔沉甸甸的宝贵财富。我们今天来参加活动的主要目的，就是共同分享这笔财富，共同传承和光大这笔财富。希望同学们从前辈的奋斗历程中吸取营养、智慧和力量，使你们未来的成长更健康，更富有阳光，让人生更精彩、更有意义。

经由我提议，主办方决定给所有参赛者颁发一个纪念品。这个纪念品就是一支很精致的钢笔。希望同学们用它来书写精致而又多彩的人生。我看了一下，笔盒上有一句令人深思的话："这是一支有态度的笔"，而且倪总还精心准备，把每个人的名字都刻在笔上了。这样，这支笔就不是一支普通的笔了，而是一支有"态度"、有"想法"的笔了。这就是倪总对同学们的"温度"和"心语"！

二　稻盛和夫的一个成功公式

刚才，倪总在演讲中谈到了圣奥公司学习和借鉴日本大企业家稻盛和夫的阿米巴经营管理经验。而稻盛和夫有一个非常著名的公式，即人生、企业的成功公式。这个成功公式就是：成功 = 能力 + 努力 + 态度。大家知道，"能力"和"努力"都是正的，是在 0 之上的，无非是"0"以上得多少分的问题，唯有"态度"是可以在 0 以上或 0 以下的，因为消极的态度可以起破坏的作用。那"态度"是什么呢？态度就是对事物利弊得舍、好坏喜厌的价值判断，也就是你去向往什么、追求什么。你玩世不恭、戏弄人生、颓废厌世，这样的人生态度，当然只有负数而不可能加分，人生也不可能会有成功和精彩。同学们，倪总送的这支笔的用意，是多么深刻啊！

三　他做到了"平实中的精彩"

倪总刚才的演讲，第一部分讲了他年轻时怎么种田，怎么做勘察员，

怎么打工，怎么做木匠的往事；第二部分讲了办企业的过程、成果及目前现状，包括生活富裕、精神富有、快乐生活；第三部分则与大家分享了他做人创业的经验和感受；最后一部分是讲他未来生活的打算。他今天演讲的用意，是寄予同学们的深切厚望，希望同学们珍惜自己的青春、人生，珍惜现在的学习机会，在传承我们这一代人优良品质的基础上，为自己的人生和社会创造骄人的精彩业绩。

我曾在《木匠浙商》的序言里，用一句话概括我对倪良正先生的感受，即“平实中的精彩”。他给大家最深的印象，就是朴实、平实、扎实、厚实、真实、诚实！做到“平实”“诚实”已经不容易了，何况是一个十分成功的企业家！但要做到既平实又出彩就更不容易了。不过，倪良正先生做到了，而且做得很“出彩”。“出彩”可是要有“故事”、有“大料”的，不是随随便便就能够说是“出彩”的。倪总是一个有多彩故事的企业家！为此，我们要给他鼓掌。

那么，我又进一步思考，倪总为什么能做到平实中的精彩呢？他的人生、创业故事给我们哪些“出彩”的启迪呢？

作为一个人也好，一个企业家也罢，我们的事业要成功，我们的事业要出彩，我们要为这个社会做更大的贡献，关键还是要让自己强大起来。我们怎样让自己有更丰富的知识、丰富的阅历，有更高远的理想、充盈的能量，并为此而拼搏，为此而奋斗？

四　让自己的心成为“太阳”

我认为，最重要的是有一颗强大的心。这不是说“心”的外界不重要，但是从我们个人的人生角度来看，最关键、最重要的是，我们自己这颗心怎样高远宽阔，充满良知，充满正能量，充满创造力，充满澎湃活力，并牵引我们在人生的漫漫长路上高歌前行。我们每个人的心都应该成为自己的“太阳”。用这个太阳去照耀自己的路，指引我们的事业；用这个太阳去关爱社会，为祖国、为社会做出应有的贡献。我还希望，这个太阳越大越好。

当然，在现实社会中，不可能人人都成为伟大的太阳，但我们至少要

有志去成为太阳、去追随太阳。假如你成为不了太阳，就要努力成为月亮，成不了月亮也要成为星星，一定要闪光，一定要发热。做不了太阳、月亮、星星，那就做一片云彩吧，在天空飘动，让人家看得见你的存在、你的价值。这朵云彩是漂亮的，这朵云彩也是可以给世界带来美的。如果云彩还做不到，那就化作雨水，去浇灌大地，去滋润大地。如果雨水仍然做不到，那就做一棵小草，扎根在大地上。小草和小草连接在一起，就成为了一片草地，让大地充满着绿色生机，点缀我们这个美丽的世界。这同样也是发光发热，发出自己的能量和光彩。所以，今天我最大的感受，是要让自己的心强大起来，积蓄起前行的巨大能量。我们要不断学习、充实自我、提高能力，这样，我们才会有大的作为。

五 如何让自己的心强大起来？

那么，怎样才能使自己的心强大起来呢？我们从倪良正先生身上可以得到许多启发。

第一，要有一个远大的志向。这个志向就是一定要去创业创造，一定要干事业、干成事业。人生在世，八十年就八十年，九十年就九十年，一百年也就一百年，真正能够干事的也就四五十年。在这四五十年当中，我们怎样做、怎样正确地做？怎样才能有较大的作为？读书，找工作，讨老婆，生小孩，也都是人生。但人生真正的主战场在哪里？好男儿应该有高远的目标。最近，我在写一篇关于华为智慧的文章。我感到任正非先生之所以了不起，就是因为好男儿要有家国情怀，要有强烈的事业心。他可能对家庭孩子照顾不周。孩子想要买的东西，他没有时间买，孩子们一直有意见。后来他问孩子，是我小时候陪你们捉迷藏好，还是给你们创造现在这个平台好？孩子们回答说，还是创造平台好。这个平台就是事业。人生当以事业为重。人生的根本价值是事业。让事业来照耀我们的人生路，让我们的人生价值在事业当中得到升华。

衡量一个人价值主要体现在哪里？就是你事业的高度，你事业有多大。当然，事业在人生的不同阶段有不同的目标。同学们，你现在是本科生，就要把书读好。即使是硕士生、博士生，也要先把书读好，同时把自

己的专业做好，一步步来。到了这座山，就要把这座山的歌唱好。但是你千万不要停留在这座山上不走了，还要看到山外之山，更高的山。一定要像倪总这样聪明，做事业的时候，嘴里吃着一个馒头，手上抓着一个馒头，眼睛盯着前面更大的馒头，然后，脑子里想的是更大的一座山，不断地往前走。所以，他的企业能不断做大。我们一定要有事业之心，要用创业来展现我们人生的精彩。

第二，要有一颗学习之心。要把事业做成做大，人生就是要不断充实自我、提升自我，这就需要不断学习。倪总身上一个最大特点，就是不断超越自我，不断学习。一个人事业要做大，光靠想是不够的。我想干事业，想做国家领袖，光靠想是想不成的，首先要学习，要武装自己。知识就是力量，学习就是能力。我们想要自我强大起来，要有这个能力，关键的是能够用人类的知识来充实自己、壮大自己。什么是人？从进化论的角度讲，人就是会学习的动物。智慧从哪里来，主要靠学习。人类进化就是有会学习的基因，人类历史就是一个不断学习的历史。其他动物没有学习的基因，所以它们的认知能力几千年、几万年都只是停留在本能的水平上，后一代与前一代没有什么大的变化。现在有机器人，它也许会学习，但归根结底是我们人类赋予它会学习的功能。

人要变强大，要有能力，就要不断学习。反过来说，一个人不爱学习，这个人不可能有作为。如果拒绝学习，就等于拒绝进步。我们看哪个伟人不爱学习？你在休息，他还在学习。有一句名言送给同学们：功夫在 8 小时以外，也就是上班 8 小时以外的学习，决定一个人的前程命运。8 小时之内的工作，大家都差不多，但在 8 小时之外，你善于学习，你就比别人知识多，就比别人强，就会有更多成绩，就有提拔重用的可能。所以，8 小时之外的时间，决定你有没有出息。

第三，要有一颗群体之心。我们要成就人生，要成为“太阳”，发更多的光芒，要干大事业，光靠一个人是做不了事业的，肯定要有一个群体，一个命运共同体一起干才行。领导干部或领袖人物，就是善于把人才聚集在一起，让大家跟着他干事，干大事，干成事。倪总说，员工是企业宝贵的财富，是企业的主人，企业是命运共同体。把企业打造成员工们成长的平台，实现人生理想的家园、快乐生活的家园。这是倪总人生的情怀，

也是给我们人生的一个重要启示。

第四，要有一颗慈爱之心。倪总不仅是企业家，还是慈善家。他做了那么多慈善事业。慈善之心，大爱无疆。我们也要有一颗爱心。爱心是人人都有也都是需要的。有爱心的社会才是有温度的社会；有爱心的社会才是真正有好态度的社会；有爱心的社会才是温暖的社会；这样的社会，才有光芒，有太阳的照耀。我们要学习倪总的慈爱之心。

我曾经在一次演讲中，希望浙商都像倪总这样，做当代的圣贤之商。中国有句古话，就是圣人要做到立业、立德、立言，我加了一条叫“立后”。“立后”就是要教育好后代，培养好接班人。这些倪总都做到了。立业，倪总的企业越办越大，成为世界办公家具行业的领头羊，生产环保、生态、人性化的美好家具；立德，就是要有爱心，对社会尽责任，倪总迄今累计捐款达1.6亿元，慈心善举，爱洒人间；立言，倪总非常谦和，过去很少说自己，直到最近，我们建议倪总把自己的经验分享给大家，不要把宝贵的财富藏着掖着，这才有了现在的《木匠浙商》一书；立后，倪总在完善提高自身的同时，培养好自己的后代，关心年轻人成长，为教育事业尽力，帮助大家更好地成才。明代王阳明先生说，人人皆可成圣人。倪良正先生是浙商队伍中杰出的代表，也是我们心目中的一位现代圣商。

同学们，中国发展进入了新时代，迎来了新的未来。我们要不忘初心，牢记使命。在你走向明天的时候，今天晚上就要好好记牢：所有美好的东西都是奋斗出来的。我们要想强大，我们的心就要更强大，同时去努力奋斗、长期奋斗。唯有今天的奋斗付出，才会有明天的精彩收获。

奋斗者，才会有精彩。

墨道良行：吴良行的企业经营之道

2017年11月18日，浙商发展研究院（浙商智库）联合《浙商》杂志社等单位在浙江美术馆隆重举办了以“文化浙商　精神传承”为主题的吴

良行书法艺术作品展暨《墨道良行》书法集首发式，作者受邀出席并致辞。

我很羡慕吴良行等浙商书法班的同学们，在笔墨修行的过程中相知相交，成为彼此“同桌的你”。人不论年长还是年轻，无论走到哪儿，只要有追求、有情怀，就会显得年轻。吴良行先生显得那么年轻，我想与他的事业、书法的追求是分不开的。

前不久的一次偶然机会，我接触到了吴良行先生和他的《墨道良行》书稿，发现他在兴办企业与书法艺术两个领域都颇有成就，是企业家中的书法家，书法家中的企业家，他把这两个身份完美地融合在一起了。

大家知道，吴良行先生是中马集团有限公司的董事局主席，浙江省第九届人大代表，获得过“新中国 60 年 60 位功勋企业家”、中国“企业改革十大风云人物”、中国“改革十大创新人物”、浙江省优秀企业家、首届“光荣浙商”等荣誉。由此可见，他是一位很成功的企业家。

但在我认识他之前，在没有了解他的书法作品之前，我怎么也想不到，作为与我们差不多年龄的企业家，他身上有那么多的情怀和追求。这让我思考，也带给我们很多的启示。

启示一：传承和弘扬中华传统文化是每一个华夏儿女的责任

中国共产党是中华优秀传统文化的坚定继承者、弘扬者和创新者。党的十八大以来，习近平总书记对弘扬中国优秀传统文化做了很多阐述，把文化自信和中国传统文化的传承作为党和国家重要的治国理政的战略目标和战略部署。继承和弘扬中华传统文化，我们作为中华儿女，人人有责，也是人人都可以做的。

书法艺术是中国传统文化艺术中的精粹之一。讲弘扬传统文化，讲文化自信，就要去拥抱我们的传统文化，去学习它、理解它、弘扬它、传承它，用我们的实际行动去做中国优秀传统文化的薪火传人。我们从吴良行先生身上，就可以看到他不但用行，还用手中的笔，用自己的情怀书写着中国的优秀传统文化。

大家可以看看，王冬龄先生提的“墨道良行”四个字，里面就充满着

中国传统文化的智慧，充满着中国传统文化的审美。大家可以对比英文、德文、法文等，也许世界上还没有其他一种文字可以写出这样出神入化的书法。从王冬龄、吴良行先生等的书法艺术中，我们无不处处受到中国传统文化、中国智慧的熏陶、感染。所以，人人都要学习、鉴赏、传承中国传统文化，为中华民族的伟大复兴尽心尽力。

作为政府官员，也许我们没有特别精专的艺术专长，但是我们同样有责任，而且更应该有义务去热情地学习、弘扬中国的传统文化，也更应该去关爱和支持那些为弘扬、传承中华传统文化而做出努力的人和事，尽我们所能为艺术家们的发展创造良好的条件，特别是为那些有水平、有追求但受现实条件限制的文化工作者、艺术家们提供更多的支持。

启示二：吴良行先生用笔墨书写企业创新创业的过程

据我了解，吴良行先生的书法作品在内容风格方面有一个很大的特点，就是他把企业走过的路、企业的经营发展过程用他的书法记录下来、表达出来；反之，他也把书法的理念融入企业的经营管理之中。

我以前还不太知道，原来书法艺术是可以用来治企、兴企的。的确，艺术对我们的事业是可以起到积极而具体的推动作用的，可以为事业的发展搭建一个舞台，打开一条发展通道，从而提升企业、促进发展。为什么习近平总书记强调“文化自信，是更基础、更广泛、更深厚的自信”？因为，文化是可以成为我们的脊梁，成为企业经营、事业发展、国家兴盛的灵魂力量的。书法是文化艺术的表现形式之一，从书法艺术中我们可以很直观、生动地感受到对祖国文化的高度自信。书法艺术早已转化为中马集团的文化自信。毫无疑问，在把书法艺术和企业经营的创造性结合方面，吴良行先生做得非常好，很有特色。

启示三：吴良行先生的书法艺术和人生追求相映生辉

文化是可以修身养性、安身立命的。吴良行先生把他的书法艺术作为自己人生的追求和境界，作为人生能够走得更长远，使人生不断得到提升

的一个大舞台。你看不出吴良行先生已经70多岁了，他身体很好，精神焕发，充满青春活力；企业经营稳健、发展业绩良好，事业步步高攀；与此同时，他的各界朋友也很多。我想，其中一个重要原因，就是得益于他对书法艺术的追求。我以为，在吴良行先生那里，书法艺术无论是对企业经营还是人生境界，都发挥了相得益彰、相映生辉的作用，这是十分可喜可贺的！

我相信，在吴良行先生对企业发展和书法艺术的追求中，我们还会得到其他更多的启示。我衷心地祝愿在未来的岁月中，吴良行先生无论在企业经营还是人生升华方面都能得到新的进步，创造新的奇迹。

开化根雕艺术：诗画浙江的金名片

2018年8月，由作者带领的省调研组一行走访调研了开化县根宫佛国文化旅游区（主要开发经营主体为衢州醉根艺品有限公司），并完成了调研报告《关于把开化根雕艺术园打造成我省大花园建设和文旅产业发展金名片的若干建议》。

开化根雕业的崛起和发展，使浙江省的传统“三雕”工艺（东阳木雕、乐清黄杨木雕、青田石雕）演化为“四雕”。根雕艺术因其精妙的雕刻工艺和具象的形态艺术以及厚重的文化底蕴，展现着独特的审美价值，具有强盛的艺术生命力，亦被称为“国之瑰宝”。同时，也因其取材于腐木而表现出“变腐朽为神奇”的生态发展效应，使根雕艺术更有着无穷的生命力。

浙江省开化根雕艺术早已名闻遐迩。近年来发展状况如何？未来前景怎样？省市县各级政府及社会各界能帮助做些什么？带着这些问题，我们走访了开化县有关部门，调研了开化根雕艺术园区的发展状况。我们深为根雕艺术园区的发展规模、气势和未来良好前景而鼓舞，认为加快建好开

化根雕艺术园区，对高质量推进全省大花园建设和文化旅游产业发展，聚力打造“诗画浙江”“文化浙江”，有着独特的重要意义。

为此，我们就如何加快把开化根雕艺术园区打造成浙江省大花园建设和文旅产业发展的金名片，提出了一些政策和工作建议。

一　开化根雕艺术园区的发展现状及优势

开化根雕历史源远流长，可追溯到唐武德四年（621 年）。但真正将开化根雕发扬光大，并使之成为浙江“第四雕”的，则是徐氏根雕传人、中国工艺美术协会根雕专业委员会主任、首批浙江工匠、浙江省传统工艺领军人物徐谷青。

1991 年，徐谷青创办了开化根雕厂。他博采众长，推陈出新，不断拓展根艺题材品种和发展空间。目前开化已形成了以徐氏根艺为主的根雕艺术创作群体。1997 年徐谷青先生注册了“醉根”商标，2001 年开化县被中国经济林协会授予“中国根雕艺术之乡”称号。

在开化县委县政府大力支持下，开化根雕艺术事业和根艺园区有了较大发展，如今已是国内规模最大、品种最多、影响力最强的根雕基地，并初步形成了独特的优势，走出了根艺与旅游互为促进的发展道路。其主要特点有：

（一）致力于与中国传统文化相映生辉

根雕是一种艺术形式和载体，其灵魂是反映什么思想、承载什么文化。精湛的根雕艺术与积极的文化内容有机结合，才是根雕业健康发展的康庄大道。

近 20 年来，开化根雕艺术园区实施了三期较大规模的景观开发。

2007 年，一期景观正式开园。园内有佛门祥光、云湖禅心、古木同春、青梅园、十二生肖文化长廊等景点。一期景观的艺术主题带有综合多元的特点。

2010 年，二期景观开园。主要景点有佛教文化根雕艺术博物馆，如大雄宝殿、五百罗汉根雕、醉根宝塔、醉根山房等。二期景观艺术主题突出了佛教文化，故以“根宫佛国”统称根雕艺术园。

2014年启动了总投资近30亿元的三期景观工程。主要景点有华夏文化根雕艺术博物馆、中国根雕博物馆等。已先后投资9.7亿元人民币。目前，华夏文化根雕艺术博物馆、童趣园、工匠文化园等景观即将建成开放。第三期景观艺术的最大特点是，以中华传统文化为核心，以“根艺”载中华“文道”，通过根雕艺术穿越古今，展示丰富深厚的中华文明，传播中华文化的正能量。

（二）致力于企业市场化运作与政府服务管理的结合

开化根雕艺术园区的正式名称，是“开化根宫佛国文化旅游区”。目前主要有一个开发经营主体即衢州醉根艺品有限公司，政府管理机构则是开化根宫佛国文化旅游区管委会（同时还加挂了根缘小镇管委会和钱江源省级旅游度假区管委会的牌子）。

衢州醉根艺品有限公司是一个公私混合型的股份制公司，由创始人徐谷青和开化县国资委下属文化旅游发展有限公司共同持有股份，比例约为70%和30%。现有员工800余名，专业技术人员200余名，下辖有衢州醉根酒店有限公司、开化根博园旅行社有限公司等十来家全资子公司。

衢州醉根艺品有限公司负责整个根雕艺术园区的开发建设和经营，是园区市场化运行的主体。而开化根宫佛国文化旅游区管委会，则是县政府派出机构，主要行使政府的管理服务职能。

由于根雕艺术是该园区或者说是该文化旅游区的支柱特色，衢州醉根艺品有限公司是该园区主控性的开发经营主体，从而形成了企业主体、政府服务、市场主导、社会参与的经营管理体制，具有职权利明晰、经营管理高效的体制优势。

（三）致力于根雕艺术与文化旅游的融合

开化根雕艺术园区在致力于开发根雕业的同时，着力发展文化旅游产业，坚持“根艺文化＋旅游”的发展理念，使两者相融相生、相互促进。

园区早在2001年就开始探索走根艺与旅游业的融合发展之路。

首先，根雕艺术品在突出艺术品位的前提下，从主题内容、空间布局到品种开发、造型设计，都兼顾到了旅游市场的需要。

其次，开发建设项目的配套设施与旅游业接轨，符合旅游业标准。各类设施建设功能齐全，标识标牌、交通、卫生、餐饮、游客中心、购物中

心等服务体系布局合理，并与国际化标准对接。同时，还注重旅游区整体景观及人文内涵相协调，具有鲜明的旅游区个性化特色。开发建设的名家创作基地慧根居、商务会务活动场所醉根茶楼、钱江源特色餐饮醉根坊，以及展销醉根艺品、醉根农产品、旅游工艺品的旅游购物中心，都突出了文化旅游功能。作为世界上唯一一家以根艺文化为主题的酒店——醉根山房，也于 2015 年正式开张营业。

再次，积极创建旅游品牌。2013 年根宫佛国旅游区由国家 4A 级景区晋升为国家 5A 级景区。

据统计，2017 年整个园区（公司）营业总收入为 0.8016 亿元，2017 年来园区参观旅游达 90.06 万人次。预计 2018 年可达到 110 万人次，旅游营业收入达到 1.2 亿元。

总的来看，根艺文化与旅游业融合发展，方向是对路的，前景也是可观的。

（四）致力于国内外文化资源的整合

目前，衢州醉根艺品有限公司已发展成为一家集生产销售根雕艺品、休闲旅游、酒店餐饮、养老产业、房产开发、文化创意、园林古建、特色装潢、城雕创作、民间工艺美术研究于一体的综合型企业集团。它是国内根艺规模最大的一家特色文化企业，也是国家 5A 级旅游景区、国家文化产业示范基地和国家生态文明教育基地。

开化根雕艺术园区（旅游区）积极开展各类文化活动，以扩大影响，增强国内外相关资源的整合能力。园区充分运用其独特的社会文化功能，不仅是中国雕塑院根雕创作实践基地，而且还建有中国诗歌创作基地、民间文艺家采风基地。多年来，先后举办了六届中国根雕艺术文化节、三届中国诗歌万里行采风活动、四届“醉根杯”中国根雕现场创作大赛、四届醉根诗会、“我有匠心”首届根缘小镇开化根雕邀请赛等全国性大型文化艺术活动，还成功举办了“一带一路”国际根艺文化交流周活动，初步建立了根雕文化交流、技艺创新的合作平台。

与此同时，开化根缘小镇成功申请建立了中国工艺美术协会根雕专业委员会，并永久落户开化，为根雕文化交流平台发展提供了专业性支撑。

（五）致力于创建“根缘”特色小镇

2015 年，按照浙江省创建特色小镇有关要求，依托根雕产业基础，开化县规划建设根缘小镇，并成功入选浙江省首批 37 家之一的特色小镇创建名单。经考核获市级排名第一，被评为市级考核优秀单位和示范小镇。

根缘小镇控制性详细规划获评 2015 年度浙江省优秀城乡规划项目三等奖，全省仅有两家特色小镇入选该奖项。2015 年度争取省用地指标保障 519 亩，2016 年获批省财政建设专项资金 1.2 亿元，获市级奖励资金 200 万元，2016 年获银行融资 4.5 亿元。

通过创建根缘特色小镇，一方面获得了省市相关政策的支持，另一方面又促使园区发展更有品位和规范，发展空间得到拓展，同时也带动了周边区域的协调发展。

（六）致力于打响根艺品牌

衢州醉根艺品有限公司注册的“醉根”品牌，是中国根艺第一个经营性品牌。经过培育，已打造成为浙江省传统民间工艺的保护名品、浙江省非物质文化遗产、浙江省著名商标、浙江省知名商号、浙江省名牌产品、中国驰名商标。

衢州醉根艺品有限公司先后开发出根艺品类 200 余种，年生产各类根雕艺品 20 万件 (套)，是目前国内规模最大的根雕艺术创作基地。

整个根雕艺术文化旅游园区占地面积 3.03 平方公里，目前已建成 1 平方公里左右，尚有较大发展空间。此外，开化根雕艺术园还实施“雕刻一件作品，种下三棵树”的做法，使根雕艺术深深扎根于可持续发展之中。

二　开化根雕艺术园区发展前景的初步设想

总体上讲，开化根雕艺术园区已成为国际国内规模最大的根雕艺术品的创作、营销、展示、交流中心，也是根艺人才、根材储备最为集聚的中心；开化根雕艺术驰名中外，初步打响了“世界根雕看中国，中国根雕看开化”的口碑；是目前国内乃至世界上唯一的一个以根雕文化为主题公园的旅游区。

可以说，开化根雕艺术园区初步累积了在更高层次上谋求新发展的资

源和优势，发展前景是广阔的。通过调研，我们认为，以第三期景观工程基本建成和投入使用为标志，开化根雕艺术园区（旅游区）已进入了一个新阶段，即主要由量的规模扩张向质的提升转变，今后应走整合资源的特色精品发展之路，未来可考虑重点打造“五个中心”。

（一）打造国内外根艺作品的市场交易中心

继续联手中国工艺美术协会根雕专业委员会等国内外有关组织，推动形成根雕作品的资质、价格评估体系和市场供需交易机制的创新，重点培育衢州醉根艺品有限公司等一批市场交易主体，加大国内外招商力度，提供线上线下良好的市场交易平台，创造优质宽松、交易成本低的服务环境，下功夫把开化根雕艺术园区打造成国内外知名的根雕作品集散、展示、流转、交易的市场集聚地，形成国内国际高度认可的根雕作品的市场交易中心。

（二）打造国内外根艺作品的创作交流中心

以“一节一赛一周”（中国根雕艺术文化节、“醉根杯”中国根雕现场创作大赛和“一带一路”国际根艺文化交流周）为主平台，采取更优惠政策，引导全球根艺创作人才会聚开化。可考虑年年举办根雕艺术节会活动，一年重点办好中国根雕艺术文化节暨“醉根杯”中国根雕现场创作大赛活动，下一年则重点办好“一带一路”国际根艺作品展活动，从而集聚人气，提升影响力，同时也可同步开展交流展示和拍卖交易活动。通过举办一年一度的国际国内两大节会平台，逐步把开化根雕艺术园区打造成具有国际影响力的根艺创作、交流中心。

（三）打造国内外根艺文化的教育培训中心

根雕艺术文化的培训教育，既是培养人才的需要，也有助于拓展产业链，而且市场潜力很大。可聚焦“保护传统根雕工艺、传承根雕文化、创新根雕技艺”三大主题，以普及根雕艺术文化和培养初中级根艺人才为特色，借助于中国工艺美术协会根雕专业委员会等社会团体、中国美术学院等高等院校以及开化本土根雕大师等人才力量，建立根雕工艺学校，培养多元化根雕人才。待以中华传统文化为主题的第三期建成开放后，也可作为大、中、小学的爱国主义、中华传统文化的教育基地。通过多种形式，努力打造具有影响力的根艺教育培训中心。

（四）打造国内外根艺的研发创新中心

虽说根雕属传统性工艺，但它的生命张力同样离不开创新，而且需要不断总结提高，使经验性的工艺上升为工艺艺术理论。开化根雕艺术要加强研发和创新，力争占据国内外根雕艺术的前沿，引领根雕行业创新发展。为此，可考虑通过与中国美术学院等省内外大专院校合作，专设根雕艺术研究院，开设根雕艺术研究专业，培养根雕艺术硕、博研究生；鼓励徐谷青等艺术名家著书立说，招收硕、博研究生；办好专业刊物；定期或不定期举办学术研讨会；引进杰出的根艺人才和专业团队等途径，积极创造条件，努力形成具有重要影响力的根艺研发创新中心。

（五）打造国内外以根艺为特色的文化旅游中心

开化根雕艺术的重要特色和优势，就是把根雕艺术与文化旅游相结合，着力做好"根雕艺术＋文化旅游"的文章，这也是未来提升市场化和产业化水平的基本方向。为此，要继续聚焦根雕工艺和旅游这两大核心元素，打造国家级工艺文化旅游中心。同时，还可尽力联动开发利用生态旅游等资源，形成县域市域省域相通相连的旅游网络，为浙江省大花园建设和文旅产业发展打造一个富有特色的大亮点。

三　开化根雕艺术园区现阶段的发展难题

开化根雕艺术园区要打造上述"五大中心"，虽有基础和优势，但仍需长期艰苦努力，而且目前还存在着诸多发展难题。

（一）发展目标定位有待进一步提升

开化根雕艺术园区目前正处于由数量规模扩张向质量精品、由开发建设向产业经营、由创特色向创品牌转型的时期；因而对当前和未来发展目标需要更精确定位，经营模式需要调整创新，理念思路也需要拓展完善，尤其需要明确新的发展战略目标和着力提高市场化运营水平。

（二）产业融资体系有待进一步扩宽

开化根雕艺术园区要进一步做大做强，实现可持续发展，离不开资本市场的支撑。目前，开化根雕产业的融资市场尚不成熟，产品资质和价值评估体系尚未破题，市场供需尚不稳定。如何实现根艺作品的标准化资质认定和价值评估，将其静态资产转化为流动性资本，如何借助市场化、证券化模式将园区中大量的根雕艺术作品盘活以支撑未来良性发展，是当前开化根雕产业发展中面临的一个主要难题。

（三）产业链延展有待进一步深化

开化根雕产业坚持“文化＋旅游”的融合性发展模式，成功打造了根宫佛国文化旅游区；但其产业链条延展度还不够深入，缺乏创新性商业模式，而使游客和景区之间的黏合性不够强。景区能否引进网红式旅游业态产品，将现代文化元素融入传统艺术型景区，以及如何将县域市域省域范围内的相关产业和旅游资源串珠成链，能否引进专业化运营管理团队等，这些都是需要深入谋划的经营性难题。

（四）产业政策扶持尚需进一步精准聚焦

在整个文化产业中，根雕艺术属于小众文化，因而在产业、政策扶持上局限性较大。在根艺人才的培养扶持方面，尤其是省级、国家级工艺美术大师及高级职称人才的评定方面，还需加大倾斜力度；在产业资金支持上，需要文化产业和旅游产业的双向支持；在景观建筑、仿古建筑和相应的安防等方面，目前还缺乏针对性强的行业标准的支持。

（五）景区知名度有待进一步提升

开化根雕在国内外根雕行业内享有较高的声誉。2001 年开化被授予“中国根雕艺术之乡”称号，2016 年中国工艺美术协会根雕专业委员会永久落户开化。但在整个文旅产业领域和社会知名度上，开化根雕艺术园区作为重要旅游景点，其影响力有待进一步提升，宣传营销力度也需要加强。

四　加快开化根雕艺术园区发展的若干建议

根据开化根雕艺术园区存在的发展难题和下一步打造“五大中心”的需要，我们认为，省市县各级政府部门应继续予以关心支持，并切实加大政策和工作力度，尽快把开化根雕艺术园区打造成浙江省大花园建设和文旅产业发展的一个新亮点、一张金名片。为此，我们提出以下若干政策和工作建议，供有关职能部门参考。

（一）省市县联手专题研究谋划整体发展规划

建议将开化根雕艺术园区的发展上升到县市省政府共同推动的层面上来谋划布局，进一步提升各级政府对开化根雕艺术园的重视程度，将其作为浙江省大花园建设和文旅产业发展的一个重要节点、亮点。建议由浙江省发展改革委员会牵头，经信委、旅游局、文化厅等部门共同参与，组织开展一次联合调研和讨论，指导其提出更明确可行的发展目标和规划。

与此同时，考虑到第三期项目以中华文化为主题以及未来根艺园区发展的需要，原来基于二期项目主题而命名的“根宫佛国”（“开化根宫佛国文化旅游区”）已无法涵盖整个园区的内容，建议重新命名为“中国（或类似其他的）根雕艺术文化园（旅游区）”之类的名称，以提升规格和品位，为更广阔、更高层面上的发展创造条件。

（二）省市县联手出台专项政策

建议各级政府把根雕产业发展上升至文旅产业发展的重点模块加以支持，可考虑省经信委、财政厅、文化厅、旅游局以及相关的产业主管部门更有针对性地出台支持根雕产业发展的专项政策，在税收补贴、专项资金补助、建筑用地指标等方面给予支持。

（三）省市县联手加大对大师名师和根艺人才培育扶持力度

根雕艺术的生命在于根艺人才。开化根雕艺术的开创者和灵魂人物是徐谷青大师，就其根艺专业水准、作品业内外影响力和行业发展的贡献，以及评定资格条件等方面讲，已具备了参评国家级工艺大师的良好条件，建议省有关部门重点支持徐谷青参与国家级工艺大师的资质评定。要进一步完善根雕艺术领域人才的引入机制，强化相关人才培养的扶持力度，建议相关部门出台根雕艺术领域专项人才引进通道和人才培养计划。

（四）省市县联手加强对根艺品牌的宣传推介力度

鉴于开化根雕艺术园区自身力量有限，为进一步提升其知名度和影响力，建议各级宣传文化主管部门牵头组织根雕艺术（包括项目、作品、人物、品牌、节会活动等）的宣传推介活动（可在一年一度的节会期间进行），强化对开化根雕艺术文化旅游区的宣传营销力度，支持开化县政府和中国工艺美术协会根雕专业委员会组织召开全国性的根雕艺术展览会。

（五）省市县联手帮助拓宽金融（资本）支持渠道

为拓宽根雕产业的融资渠道，搭建银企对接合作平台，建议相关政府主管部门帮助建立与金融机构之间的沟通协调机制，促进金融机构与开化根雕艺术园区的广泛合作，加快开化根雕艺术园区（公司）上市步伐，可考虑将开化根雕艺术园区（公司）纳入“凤凰计划”培育范围，给予重点支持。

（六）政企与院校合作共建根艺教育培训平台

建议中国美术学院、中国工艺美术协会根雕专业委员会、开化根雕艺术园区以及地方政府深度合作，建立根雕艺术教育培训学校，为开化根雕业和国内外根艺界提供持续的人才供给，同时也为相关美院提供良好的学习实践舞台。

总之，开化根雕业的崛起和发展，对浙江省传统工艺进步是有历史性意义的。目前，开化根雕业正面临转型升级、又一次迈向新的发展平台的关键时期，需要省市县共同指导和引领其健康发展，以形成合力，共同把开化根雕艺术园打造成浙江省大花园建设和文旅产业发展的又一张金名片。

50 年匠心：创新中传承军工血脉

2018 年 6 月 27 日，作者带队调研了浙江省机电集团下属的三家军工企业——浙江解放机械制造有限公司（926 厂）、浙江红旗机械有限公司（941 厂）、浙江新华机械制造有限公司（972 厂），一番参观座谈后，作者发表了感言。

今天我们来到三家军工企业调研，现场学习考察军工企业的生产经营情况，感悟“军工人”的情怀，体味军工文化。下面，我谈几点感受。

一 收获：一业多元谋发展，调整创新再出发

第一个收获是，对省机电集团有了更全面、深刻的了解。过去很多人包括我在内对这个集团并不了解。想当年，曾经的浙江省机械厅是一个很大的厅局机构，我在杭州大学政治系的本科毕业同学，就有分配到省机械厅工作的，是属于比较好的就业单位。厅下属还有很多分支机构。大家也知道，浙江大学的电机系是我国大学里创建最早的电机系之一，现在仍旧是很强的专业，学科地位也还是很高的。机电是制造业中非常重要的门类，有悠久的历史，是制造业发展的重要基础。

第二个收获是，了解到浙江省机电集团是一个产业多样的综合集团。没想到省机电集团下属有那么多的集团公司，有军工集团、职教集团、民爆（生产民用爆破产品）集团等，是一个综合性的集团。现在省直机关很多人只知道机电集团，不太了解集团多样、综合发展的特点，也不太会想到浙江万里学院（资产）是属于机电集团的。

第三个收获是，了解到省机电集团在承办大型工程、科技研发上成果斐然。没有想到省机电集团除了制造及贸易，还承办了很多大型工程项目和研发工作。比如下属的浙江运达风电股份有限公司，主要从事风电行业，这个行业目前也是比较前沿的，没想到集团早已涉足。我曾陪同张国宝同志走访过运达风电公司，知道这家企业在风电行业内在浙江省乃至全国都是首屈一指的。企业如果能够承办一些大型工程项目，就表明这家企业的综合实力是比较强的，而且附加值也会比较高。在高速公路和轨道交通方面，集团也发挥着重大作用。另外，集团还有二十几个研究所（室），在轨道交通、3D 打印、环保等许多方面，都在不断地投入研发。

第四个收获是，了解到王敏董事长是一位既严肃又风趣，且很有思想的企业带头人。没想到王董事长那么风趣，在我的印象中你经常是比较严肃的，而且很有想法、很有见解。刚才讲到了军工文化、企业文化，你说文化是中性的，物质和精神是相互适应的，人造就环境，环境造就人，这是互动的。你讲到与机器打交道，容易形成“齿轮式”的严谨风格，还讲到军工企业员工身上容易产生“傻子文化”。当然，这“傻子文化”并不

是贬义的，而是恰恰体现了一种忠诚坚守的情怀、一种严谨执着的精神。讲得非常生动有趣，大学里的教授恐怕是讲不出这样的感悟的。

第五个收获是，了解到省机电集团产业体系完备，有很好的发展前景。在经历一个阶段的调整之后，现在开始发力了，集团各项业务全方位地齐头并进，并且组建了新的集团，开拓了新的业务，包括现在正积极准备上市，发展势头非常好。

长期以来，省机电集团坚持一业为主多元发展战略，现在又在调整中创新，创新中前行。可以说，你们正处在一个新的发展阶段，将迎来新的发展机遇。

二　印象：五十载栉风沐雨，传承军工血脉

解放、红旗、新华三家军工企业给我们留下了深刻的印象。通过现场的参观学习，又听了专人的介绍，给我总体的印象是，这三家企业50年来历经风雨，坚持下来很不容易。

50年来，三家企业，四个发展阶段，一路走来，曾有过辉煌岁月，也有过低谷时期，有艰难的探索调整阶段，也有现在寻找创新发展面临新机遇的新时代。这三家军工企业从事的是小军工产品，产品种类不多，装备一般，规模不大，后来主要靠自我找市场求生存、求出路，才得以走到今天。所以，能存活下来实属不易。

我们浙江本身就没有什么像样的军工企业，集团为浙江省保存了生产标准军工产品的军工企业，保存了浙江的军工“火种”。可以这样讲，这三家企业是浙江之宝，是浙江军工之花，是浙江军工的血脉。据了解，目前在浙江省真正有代表性的军工企业，也就只有这三家企业了。

当然，从军民融合的角度讲，浙江省还有很多企业在运用军工的相关技术、材料，从事民用产品的制造，或者说生产供应军工产品，比如在航天、航空、航海等领域提供军用产品。但真正从事军工产品制造的，能够生产标准意义军工产品的，也许只有这三家了。

集团在总结经验时表示，首先，将始终坚守军工主业。王敏董事长很风趣地把这种坚守总结为“傻子”文化，但是引申开来，做任何事情都

不能朝三暮四，一定要有坚持和坚守的精神。当领导干部，也要坚持和坚守岗位，坚持把一项政策接力实施下去。当然，坚守也不是盲目的，不能墨守成规，原地踏步，有好的机会，也要抓住，不断地提升自己，这并不矛盾。

其次，坚持在创新中坚守。在事业上要不断地开拓创新，不创新就会被别人取代，不创新就会落伍被淘汰。这是一个普遍规律。做企业是这样，当领导也是这样。如果作为一个领导干部不坚持学习是难以进步的。“8 小时之外决定一个领导干部的命运”，说的也是要抓住一切时间学习求进步。8 小时的工作时间大家都是一样的，光用 8 小时工作时间学习努力是不够的，关键是下班之后看你是否还在学习求进步，长年累月，坚持数年，必见功力。经营企业也是这个道理，只有不断地研发、创新，才能行稳致远。

但是，创新中有变的也有不变之处。集团生产的有些产品是通过研发在不断地更新换代的，但有些产品又是比较稳定的。比如，我曾经当过兵的步兵连队，枪支种类较多，但如果枪管口径不统一，弹药的供给和使用就会出现很大的麻烦。在步兵连队，步枪、轻型机枪、冲锋枪的子弹一般是通用的。枪支造型、功能不同，但枪管口径一致，战场上使用起来就会方便很多。但不变的产品，其材料、结构和生产工艺却是可以创新求变的。

因此，不仅产品可以更新，而且生产产品的设备工艺等也是需要不断升级的。如果想要提高生产效率，扩大产量，就必须投入研发，或开发新产品，或更新设备，或提高工艺水平等。

如今，集团在不断地研发，并已形成了“研发一代、储备一代、生产一代”的三级研发体系，可以说是“嘴里吃一个，手上拿一个，脑子里想一个”。

总之，要在坚守中创新，在创新中发展，该坚守的坚守，该创新的创新，把坚守传承与创新求变有机结合起来，这样才能不断发展进步。

再次，坚持市场化经营。除了技术创新之外，还应根据市场环境的改变而坚持市场化的经营方向，市场经营的理念要越来越强化。如果我们的经营仍停留在计划经济时代的模式，那就真的完蛋了。集团生产的产品属于小军工产品，有些是军方或地方武装力量采购的，但基本上已经实行市场化招标了，而且原材料多数也是市场化采购的。所以，要跟上环境的变化和发展的形势，要在市场中求生存、找出路。

当然，集团已经在市场化的经营中动了很多脑筋，在军民融合的趋势下，也在进行许多民用产品的开发。在低谷时期，集团是通过生产电表、水表来维持企业生存的，当时如果没有这些民用产品的开发，企业就难以支撑到今天。今后仍然要适应市场化的发展，不断提高市场化经营水平。不仅是技术、产品，还有经营理念、企业管理等都要适应时代的发展。作为军工企业，在安全性、保密性、严谨性等方面的要求，普遍高于一般企业，但是无论怎样“严”，都需要向市场经营方面转化，不断拓展市场。

可以说，在坚守中创新就是打通前行之路的阳光大道，市场化就是生存发展的生命，军民融合发展就是生存发展的法则。

最后，重视提炼企业文化。集团这三家企业有着共同的企业文化，就是军工文化。军工文化的特点体现在哪里？对祖国的忠诚、对国防的情怀、对军工的坚守，几十年军工企业塑造了认真严谨、艰苦创业、工匠精神等文化特质。还有安全意识，集团对安全问题是特别敏感和重视的。对易燃易爆、零部件严格管理，包括生产的工艺也不能外泄。“傻子”文化，恰恰是我们需要弘扬的有特色的严谨、认真、忠诚、踏实、工匠、精细、专业、安全的精神，是一种很有特色和情怀的军工企业文化的独到总结。

三　建议：秉承军工匠心，在坚守中创新

第一，坚持创新并注重市场拓展。集团的产品只要坚持不断创新还是很有生命力的。但在坚守这些产品的同时，务必大力拓展市场。市场太小，意味着产品缺乏竞争力，就没有销路，就形不成规模和竞争优势。这里可能有生产管理、原材料成本、设备技术问题，但也与市场化经营水平高低有关。仅靠政府、军队的单一采购是不够的，要尽力开发与企业关联度高的民用产品，要多学习民营企业的营销模式，还要多培养和引进市场拓展能力强的人才。

第二，坚持资本化运作。企业的资本化运作也是一个大方向，要坚持资本化运作。上市是一个很有发展前景的战略举措。企业想要做大做强，

没有资本支撑是很难壮大的。集团生产的产品有比较厚实的科技力量，如果再加上资本市场的力量，就会比翼齐飞。现代经济发展的两个强大动力，一个是现代科技，一个是现代金融资本，并且这两个一定要很好地结合起来，才能成为现代经济体。

第三，抓住集团整合大机遇。军工集团刚刚成立，正处在整合的过程中，一定要抓住这个历史性机遇。经过 50 年的发展，走过四个大阶段后的今天，如果能加快军民融合，加快上市整合资源，企业就一定能够再上一个新台阶。集团这一轮发展正好与我们党和国家事业进入新时代同步，一定要只争朝夕，奋发作为，不负军工，不负时代。

第四，坚持市场细分，不断更新产品。市场总是细分的，小产品也有大市场，要牢牢抓住军工产品的生产制造，不断深耕细作。要在市场细分中占有一席之地，巩固和拓展自己的阵地，产品就必须有特色、有竞争力，即使是成熟定型的产品也需要有“新意”，因为总有可改进可提高之处。只有这样，才能不断提高产品的科技含量和附加值。

行走的汾酒：走出诗酒的灵魂

2018 年 8 月 14 日，一场以弘扬中国酒文化为主题的“行走的汾酒”——2018 汾酒文化大巡展在杭州举行，作者受邀发表主题演讲。

大家下午好！很高兴和大家相聚在杭州，一起参加由汾酒集团主办的“行走的汾酒”——2018 汾酒文化大巡展（杭州站）活动。

汾酒作为驰名中外的“中华酒王”，传承经典，万世流芳，盛世飘香，其背后流淌的正是华夏民族悠悠千载之文韵，我们为此感动自豪。下面，我围绕着“行走的汾酒”的“行走”这两个字，简单谈一些看法。

一 “行走的汾酒”：走出鲜活的生命

用“行走”这两个字来定位汾酒的文化或者特点，可谓十分精妙。

“行走”是生命活力的象征。我们最直接想到的可能是一个人喝醉了酒的“飘逸行走”，这种“行走”有时“你走他不走”“宇宙在动你不动”，不过，更多的时候是“你走他也走”“你动他也动”。这当然是指人醉酒时的“幻觉”现象。

在我看来，这个“行走”颇有哲学味、文化味、晋商味。

“行走”颇有点哲学味。从哲学上看，“行走”即“运动”，它是世间一切事物存在的基本方式和生命绽放的基本规律。茫茫宇宙在行走，多彩世界在行走，纷繁社会在行走，多愁善感的我们都在行走。“行”则在，则活，则新，则进，“行走”才有历史，才有文化，才有未来。我们的宇宙、社会无时无刻不处在“行走”之中。我们的个体也如此。有人说，生命在于运动，力量在于行动，灵魂在于飘动。如果没有了“行走”，我们可能就不复存在了。

所以，行走是种生命，是种力量，是种永不消失的灵魂！套用哲学史上的一句话——“我思故我在”，行走的力量可以说是“我行故我在，我走故我来”。

“行走”还有文化味、晋商味。

我们知道，古巴比伦、古埃及、古印度及古代中国，被誉为世界“四大文明古国”，其中，唯有中华文明传承至今，不曾中断，其核心就在于文化的传承与流动。有一种说法——“半个中华文明在山西”。从汾酒悠久的历史中，可见山西深厚的文化积淀。有文字记载的中华文明历史可追溯到5000多年前，而在6000年前，发轫于山西杏花村的中国酒文明就已存在了。

几千年来，汾酒已深深融入中国的政治、经济、生活中，成为中华文明大河中的一块重要的“活化石”。其经久不衰的精髓，就在于汾酒的“不间断行走”。可以说，汾酒一路行走，“走”出了悠悠6000年中国酒的漫长历史，书写了绵绵无尽的中国酒文化。

历史上，大禹从黄河流域治水，也许包括治理汾河到东海之滨的浙江。2018 年 8 月，作为中国酒文化、晋商文化的代表——汾酒集团举办的“行走的汾酒”活动，由汾河行至之江，可以说是穿越 6000 年历史而来，携黄河之水，汇长江之浪，融南北之文，显中华文明之璀璨。

二 “行走的汾酒”：走出宽广的新路

“行走的汾酒”，由汾河“行至”之江，使我们又一次相聚在钱江两岸，把酒论道，使“汾河”和“之江”再一次融通，共话发展。事实上，浙江与山西的这种交流和融通，历史上从未中断过。其最具代表性的便是山西和浙江两大地域的不断交往以及“晋商”和“浙商”这两大商帮的共融共通。

浙江与山西，一南一北，一江一河，都是中华文明的灿烂之地，古往今来，交往密切，都为悠久浩荡的中华文化做出了各自重大的贡献。比如，大禹治水，就使浙江与山西有着特别的联系。

又比如，江浙人的姓氏祖先，每每要寻根到山西——“借问故里在何处，牧童遥指晋阳地”。

再比如，汾酒和绍兴黄酒，一南一北，一白一黄，同为国酒，同样有着悠久的历史。汾酒有 6000 年历史，黄酒有 7000 年历史（河姆渡文化遗址）。另外，从发生学的意义上讲，黄酒与汾酒都从果米发酵而来，可谓同源同根。

还有，浙江缺煤缺矿，山西有着富足的煤矿资源，资源的互补使这两个地方古往今来不知演绎了多少缠绕不绝的情话故事。

更重要的还有，晋阳大地和吴越大地“走出”了两个对中国发展产生巨大影响的经商大群体——晋商和浙商。他们“行走”在不同时代，自然有不同的时代特征，但同为“商帮”，则有着更多的共同本性，尤其是他们的文化精神和生命灵魂。无论是驰骋行走商海 500 年今又崛起的晋商，还是发端于近代、兴盛于改革开放时期的浙商，都有着许多共同的特征。

其一，晋商和浙商都深受儒家文化熏陶，都讲究仁义礼智信。晋商有“信用”票号，而浙商提倡“真不二价”的诚信文化。近代浙商代表胡雪岩奉行著名的“戒欺”原则，他告诫属下：“凡百贸易均着不得欺字，药业关系性命，尤为万不可欺。”戒欺的理念反映在经营上，首推的是“真不二价”，即做生意讲诚信，老少无欺，贫富无欺，不能有丝毫掺假。

其二，晋商和浙商都具有强烈的区域群体性特征。晋商和浙商都是“行走天下，开放兴业”的“商帮”。这体现在晋商和浙商都具有相当规模而又结社抱团的发展模式上。晋商有一句话说：“凡有麻雀的地方，就有山西商人。”历史上，晋商的会馆、会所遍及全国甚至东南亚、欧亚等地，成为晋商群体的精神所在。如今庞大的浙商群体也可以说：“凡有太阳的地方，就有浙商。”今天的浙商规模人数已经达到 1000 万之多，其中大概有 600 万人在省外或者海外的世界各地，浙商的商会遍布全国各地。

其三，晋商和浙商都具有艰苦创业、以业立世的高贵品质。历史上的晋商通常十几岁就外出磨炼，而且不能与当地女人通婚，艰苦创业情怀刻入骨髓。浙商也有着晋商不畏艰难的精神，其中最令人称道的便是浙商在创新创业中沉淀出的“四千”精神：“走遍千山万水、说尽千言万语、想尽千方百计、吃尽千辛万苦。”“四千”精神反映了浙商的“苦经”，是浙商能够发展壮大、行稳致远的关键所在。

其四，晋商和浙商都是“以利为基，以义为本”，利义并举，情怀天下。

其五，晋商和浙商都具有“智慧创新，行走新路”的开拓精神，他们都充满经商行事的智慧。当年有晋商的票号开中国金融之先河，现有浙商的支付宝执互联网金融、电子化支付之牛耳。

三 “行走的汾酒”：走出诗酒的灵魂

在中国的文化中，诗与酒总是相伴相随的，全唐诗中，酒字共出现了 5000 多次。美酒激发了文人墨客的灵感，成就了很多文学史上的经典之作。比如“明月几时有，把酒问青天”。酒入诗魂，诗融酒魄，自古诗意与酒情、诗人与酒难解难分。

汾酒是中国白酒产业的奠基者，是国酒之源、清香之祖、文化之根，更是中华文化的传承者、见证者、同行者。支撑汾酒行经千年而不衰的，正是汾酒的诗酒之魂。

汾酒最具特色的品质是清纯、清香。汾酒的酒魂，我们可以把它比喻为优雅飘逸的清纯淑女。只有高雅灵秀的清纯淑女，才能配得上汾酒纯正清香的品位。

为此，我特赋诗一首，来吟唱汾酒之魂：

行走的清香

汾酒，汾酒，在行走，
六千年风雨岁月稠。
走千山，行万水
点点滴滴润九州。
豪杰多壮歌，
故土仍依旧。
敢问月宫有嫦娥，
杏花村里数风流。

汾酒，汾酒，在行走，
老白汾醉翁逍遥游。
左一壶，右一盅，
世间行者聚亭楼。
往事知多少，
杯中有故友。
且问君行几销魂，
一缕清香在樽俎。

汾酒，汾酒，
不停留，
再行走，
无数清纯淑女在前头。

小拉链：拉出一个大世界

2018 年 9 月 11 日，由浙商发展研究院（浙商智库）、杭州文广集团、杭州市朗诵协会、FM89 杭州之声、浙江杰凯控股有限公司共同举办的“勇立潮头，工匠杰凯——2018 金秋杰凯文化行”活动在海宁杰凯集团总部展开，作者受邀致辞。

我是第一次来到杰凯集团，虽然参观考察的时间不长，但企业的发展历程以及黄崇潘董事长的致辞，都给我留下了非常深刻的印象。

第一个印象，浙商是伴随着改革开放而成长起来的。2018 年是我国改革开放 40 周年。黄崇潘董事长是我们千百万浙商队伍中的重要一员，杰凯集团也是浙商企业群体中颇具特色的一个重要企业，其发展过程，可以说是我们浙江发展的一个缩影、浙商发展的一个缩影和中国改革开放进程中的一个缩影。我看到这个工业园区，看到厂房里面的机器设备，深深感受到浙商就是伴随着改革开放的历史进程而走到了今天，并且将豪情满怀地迈向新的明天。

第二个印象，浙商创业实在是很不容易的。大家想一想，就那么一个小小的拉链，企业要做成那么大的规模，现在有几亿元的产值规模，多么不易啊。看到这里的拉链，我就想到当年温州桥头镇的纽扣，一个小小纽扣能赚几厘钱呀！但我们从中可以发现浙商的一个宝贵精神，就是能小中见大，善于积少成多，不因小而不为，也就是善于兢兢业业地创业。从这个意义上来讲，黄崇潘正是从小中见大，从小做大，他把小小的拉链，变成一个大大的拉链世界。实在是可喜可贺，更是令人敬佩的。

第三个印象，再小的企业也是一个大家庭。杰凯集团占地面积 32 亩，办公楼房不算多，规模不算大，但是黄崇潘董事长把公司经营得很好，建立了企业党支部，党建成果也获奖了；还有他非常注重创新研发，非常善于学习。他说他一旦发现哪个国家的产品好，就会千方百计学过来，并进行开发创新，所以，黄崇潘董事长就是这样用世界的眼光来发展自己的产品的。同时，他对员工们也非常关心。礼堂的后面就是员工宿舍和食堂，积极为员工们创造比较好的生产生活条件，使员工们有凝聚力、向心力。一个企业行稳致远，还需要有积极向上的企业文化，企业核心价值观是凝聚人心、驱动企业长远发展的重要精神动力。杰凯集团的核心价值观也很有深意：和合共生、立志有为、卓越创新、精益求精。在我的印象中，黄崇潘董事长是十分朴实的，没想到也这么“高大上”，很有文化味，这个企业大家庭也“经营”得颇具特色。

通过短暂的接触交流，我发现黄崇潘董事长不但在事业上不断追求，不断去做大做强，更重要的是，他还努力追求得诸社会还诸社会，非常有仁爱之心、奉献社会的家国情怀。

第四个印象，小拉链可以创出一个大世界。拉链虽小，文章很大。希望黄崇潘董事长继续发扬浙商精神和工匠精神，把小小的拉链做精做透、做大做强，真正做到“小拉链，大世界”，打造一座在世界上都响当当的“拉链王国”，让全国人民都知道中国的拉链产业是由杰凯集团这样的企业担当起来的。小拉链可以创大业，创出一个新天地，创出一个新世界。小拉链可以做大文章，创造出繁花似锦的精彩世界。我们每个人似乎每天都要用到它，这是一个小产品又是一个大市场。

小拉链是可以大有作为的。而要打造“拉链王国”，的确需要“大视界”“大视野”。黄崇潘董事长说：“未来三年我们将在前道智能化、后道全面自动化、信息化等方面规划预算投入3000余万元，打造一座真正的智能化工厂，绿色生态、高效节能、和谐双赢。”这就是让企业转型升级了，向智能化迈进了。

我衷心地希望杰凯集团在当地党和政府部门的关心下，尤其是许村镇政府领导的继续支持下，越办越好。希望你们继续发扬创新精神和工匠精神，不断注重投入研发设计，不断开发新产品，不断创造新业绩。今后，我们到了世界各地，凡是有人的地方，都可以看到他们衣服上的拉链是来自于中国，来自于中国的杰凯集团，那时，我们将更为杰凯而深感自豪！

第二篇

超越：勇立时代潮头方显担当

“互联网 +”与“金融资本 +”

2015 年 6 月 26 日，在第二届中国（杭州）移动互联网大会暨互联网 +2015 浙江行动发布会上，作者围绕两个巨能的“+”发表演讲。

今天，我们在百年名校浙江大学最年轻的校区——紫金港校区，与大家携手站在“互联网 +”的风口上，共同感受我们这个变革时代的激情与梦想。下面我谈几点感想。

一　人类现代经济发展得益于“一体二翼三平台一核心”的动力结构

互联网技术与现代金融资本，正是驱动人类现代经济社会发展的两大基本动能。人类经济文明以机器为基本工具来组织生产制造后，就进入了所谓的工业化时代。自此，人类产业经济或说实体经济便得到了飞速发展，成为支撑人类文明进步的基本动力。但是，实体经济的自身发展还必须有相应的动力和条件。这就是我通常讲的现代经济发展的推动力（动力）问题。

我经过多年研究后认为：支撑现代经济快速发展的是一种“一体二翼三平台一核心”的基本动力结构，如同飞机起飞一样。“一体”是指实体经济，如同飞机机身躯体，但它要起飞，必须有赋予其动力的“二翼”（动力引擎），就是现代科技和现代金融。科技进步在经济社会发展中的动力作用，是早有共识的，但对金融的动力地位则往往被世人所忽视。“三大平台”就是城市化（机场跑道）、生态环境（飞行气候）和市场规则（飞行规则）。“一核心”就是人、人才（飞行驾驶员）。

这里，我们重点谈谈“二翼”，即现代科技，特别是现代金融问题。因为，对科技进步在经济社会发展中的动力作用，人们是早有共识的，但关于金融的动力地位则往往被忽视。

大家知道，工业化本身是建立在科学知识和技术进步基础上的，反过来，工业化大生产又极大地推动了科技的进步。工业化还极大地丰富了各类物质产品，从而快速推动了商品市场和市场机制规则的完善。工业化又促使集约化使用资源，使生产资料和劳动力迅速集聚，从而使城市化水平大为提升。然而，所有生产要素、经济活动资源的组织和流动中，最主要的要素和流动是资金，而且其他物化的资源和经济活动的价值，只有转化为货币、资金才能度量和进行市场化交换。但是，资金和其他资源一样，也有稀缺性、时空非对称性和权属的主体性，因而也是有价值的，也是可以经营的。生产规模越大、经济活动越活跃，就越需要更多的资金（金融）的流动。

这样一来，工业化等实体经济的快速发展，极大地推动了科技、金融、城市和市场（包括市场机制、规则）的发展，而科技、金融、城市和市场的进步发达，又迅速促进经济社会的新的更大发展。

近现代人类社会经济文明发展，其基本的动力结构就是“一体二翼三平台一核心”。哪个国家的这七大要素规模越大、结构越合理、组合机制越成熟，哪个国家的经济就越发达、越强大、越有活力。

对现代科技和现代金融在现代经济发展中的动力、杠杆的“起飞翅膀”作用，我们要有更深刻的理解。我们要撑开双手，热烈地迎抱“互联网 +”与“金融资本 +”及互动融合时代的到来。

二　为什么“互联网 +”是一次更为广泛深刻的大变革

包括现代通信技术、移动终端、云计算、物联网、大数据在内的现代互联网技术，已成为一种改变旧世界、创造新世界的泛化性技术。它在改变人类的经济运行模式，使生产模式、流通模式、消费模式的广泛变革成为可能；它正颠覆着各个领域特别是传统产业的运作模式，推动着产业转型升级；它改变了企业的技术线路、组织方式、运营方式；它也改变着世界（地球）的时空方式，世界是立体、平面化的了；而且它已成为一种资源、动能、能源；成为一种重新配置、分配、组合各类要素的市场机制大舞台；成为人们特别是年轻人的生活方式、文化形态、思维方式。

也就是说，现代互联网技术已经成为可以与世界上任何事物、各行各业接轨融合的泛在化的“万能性工具”。这就是“互联网 +”，这就是互联网技术带来的人类历史上又一次比蒸汽动力、电动动力、机器自动化革命更为广泛深刻的新的伟大变革。

中国在互联网技术运用方面已位居世界领先行列，拥有的市场也是世界上最大的，正成为中国新一轮发展的最广泛普化的技术和创新动力。互联网技术可以与各个领域对接，可以把一切东西“一网打尽”。你如果不想被时代边缘化，那你就要千方百计到这张无时不有、无时不在的网上去找到自己的对接点。只有这样，你才能生存和发展。

大家一定要认识到，现代互联网技术已成为“泛化”技术，已成为一种生产、生存、生活、生态、思维方式，已成为一种文化，它必将改变世界许多旧秩序，形成许多新制度、新体制、新规则。

三　相信“上帝总会公平的”

随着现代互联网信息技术的广泛运用，正在催发出一大批新业态、新模式、新经济的到来。“大众创业、万众创新”“互联网 +”行动已拉开大幕，“互联网 +”作为新一轮发展的强劲动力，已成为全社会的共识；新一轮的创新、创业、创富热潮正席卷中国大地。

我们有足够理由期待：一个互联网经济、大数据经济、智能经济、创富时代，已经开始跃出地平线而冉冉升起，曙光正照耀着萌动勃发创新创业热潮的大地。对创新创业者来说，这是一个美好的时代。互联网开放、共享的特色，使很多有创意、有想法，同时又有强烈兴趣、爱好、冲动，能把自己的创意想法转化为行动的人，通过与各个领域对接的互联网技术，创造出我们当下正在使用，或期待能够使用的各种“互联网 +”产品，并最终催生出无数新的产业，孕育出无数新的产品，造就出无数新的企业，成长起无数新的企业家。

中国新一轮发展的新经济正在萌动，创客群体正在迅速壮大，众创空间正在大量建立，政府支持创客、创业、创新的政策纷纷出台，创客文化生态环境正在形成。尽管创新创业异常艰难，失败者、淘汰者在所难免，但绝大多数成功者是从苦难中成长、从失败中走出来的。像你们这些爱学习、善思考、敢创新的群体，是走在时代最前沿的“先知先觉者”，是创造未来理想的开拓者，成功应属于你们，否则，“上帝也太不公平了”。

相信“上帝总会公平的”。只要大家抓住“互联网 +”“金融资本 +”的时代性发展机遇，并且把它们与实体经济、与自己从事的各个行业有机结合起来，就能把梦想化为现实，就能拥有更加美好的未来。

四　让我们百舸争流、网撒天下

朋友们，我们浙江省、杭州市在研发、普及、运用现代互联网技术，或者就“互联网 +”“金融资本 +”而言，有着比较坚实的基础，优势也比较明显。特别是电子商务更是起步早、发展快，诞生了像阿里巴巴、网易等一大批著名互联网大公司。

目前，浙江的电子商务不但向线上与线下深度融合发展，更向广阔的农村和世界各地扩展，正呈现风起云涌、百舸争流之势，我们热切地期望它们能席卷全球、网撒天下。

同志们，让我们携手共进，以满腔的激情、踏实的行动去拥抱“互联网 +”时代！

共享社交商业的新未来

2017 年 11 月 1 日，作者出席“定义共享社交商业的未来——2017 中国共享社交电商峰会”，并围绕“共享社交商业的未来”主题发表讲话。

大家知道，计算机的发明是为了更快地计算各类数据（信息），而互联网的发明则是为了交流信息。但基于计算机和互联网技术而引发的信息化变革正日益广泛地进入我们的所有生产生活领域，并正在波澜壮阔地改变着旧世界，也在创造着新世界。就互联网的主导功能讲，它由传输交流信息进入储存，再到搜索查阅信息（知识），进而又演变为展示表现（娱乐）再到创新创造新事物，直至今天进入智能智慧化阶段。共享社交电商是互联网功能日益泛化、强大和综合化发展的一个重要表现，也是一个重要的发展趋势。

2016 年年底，商务部、中央网信办、国家发展改革委三部门曾联合印发了《电子商务“十三五”发展规划》，明确提出我国政府倡导社交电商发展，“鼓励社交网络发挥内容、创意及用户关系优势，建立链接电子商务的运营模式……为消费者提供个性化电子商务服务，刺激网络消费持续增长”。这就意味着，无论是在互联网发展趋向层面还是在政策实践层面，共享社交电商在我国都已成为电子商务的重要组成部分。

党的十九大报告郑重宣告，中国特色社会主义进入了一个新时代，这意味着近代以来久经磨难的中华民族迎来了从站起来、富起来到强起来的伟大飞跃，迎来了实现中华民族伟大复兴的光明前景。习近平总书记指出：“我国经济已由高速增长阶段转向高质量发展阶段，正处在转变发展方式、优化经济结构、转换增长动力的攻关期。”① 我们必须“加快建设制造强国，加快发展先进制造业，推动互联网、大数据、人工智能和实体经济深度融合，在中高端消费、创新引领、绿色低碳、共享经济、现代供应链、人力资本服务等领域培育新增长点、形成新动能”②。

大家知道，我国经济正积极适应全球新一轮科技革命和产业革命态势，大力发展互联网经济、智慧经济、共享经济，依托现代信息技术和互联网平台对分散资源进行优化配置，进而为化解过剩产能、积聚发展新优势和培育壮大新动能创造新的机遇。

我们认为，在国家全面深化改革，积极发展“共享经济”、人工智能、网络强国、数字中国和智慧社会等战略和政策的指引下，社交电商作为一

---

① 习近平：《决胜全面建成小康社会　夺取新时代中国特色社会主义伟大胜利——在中国共产党第十九次全国代表大会上的报告》，人民出版社 2017 年版，第 30 页。

② 同上。

种新型的商业模式，有望成为“大众创业、万众创新”和培育发展新动能的一支不可忽视的力量。

浙江省是全国电商强省，电商经济走在全国前列。2017 年上半年，全省实现网络零售额高达 5350.74 亿元，同比增长 31.60%，中小企业上网比重、B2B 平台服务收入、C2C 综合交易平台交易额均居全国第一。多年来，浙江省大力推进电商产业发展，厚植产业沃土、积聚专业人才，据统计，电子商务及相关领域的创业项目数占全省创业项目数的一半左右。

希望通过此次活动的举办，进一步激发电商领域内的“大众创业、万众创新”，把握新一轮科技革命与产业变革中的发展机遇，把互联网的基因植入浙江经济，进一步推动发展方式和增长动力的转变，让电商创业创新的热潮汇聚成新常态下浙江发展的新势能，开拓发展新天地，引领发展新潮头！

“阿里云”里话“云计算”

2017 年 12 月 22 日，在《浙商》全国理事会组织的走进身边的好企业第五站的活动中，作者在座谈会上发表了感言。

我曾经为浙商写过一首长长的诗，即《飞翔吧，浙商》，其中有这样两句：“为浙商的精彩深情鼓掌，为华夏的腾飞放声歌唱。”这两句诗恰好可以用来表达对阿里巴巴的感叹：我们“为阿里巴巴的精彩深情鼓掌，为阿里巴巴的腾飞放声歌唱”。

为什么这么说呢？ 2000 年我在杭州市委工作。那时，杭州市已经有一批规模比较大的企业，如青春宝、娃哈哈、万向等知名企业。不过，当时杭州市委提出：除了这些比较成熟的知名企业以外，还要关注、扶持一批成长型、科技型的中小企业，哪怕这些企业规模还很小，只要走在发展前沿、代表未来发展方向的，也要特别予以扶持。那时我是市委秘书长，市委把这件事交由我去落实。后来，我们就筛选了一二十家成长型的科技企业，其中就有阿里巴巴。阿里巴巴公司当时就在文二街的西面，记忆中是在一个两层的厂房里。马云先生带领我们参观时，我看到的就只是几台服务器。那个时候，阿里巴巴还处于起步阶段。另外，还有其他十几家要重点扶持的成长型科技企业，记得有东南化工网，还有做软件的几家企业。虽然政府不能帮助解决这些企业的所有困难，但是这代表了杭州市委市政府对创新创业的支持与鼓舞，是一种姿态和导向。

如今，将近20年过去了，阿里巴巴已不仅是杭州的企业，而是成长为全球性的企业，成了我们中华民族腾飞的一个典型象征。

对于阿里巴巴来说，可以总结的经验实在太多，其中有一点是必须强调的：大家一定要有梦想，一定要去创业创新，这样才会有希望。希望就在脚下，要靠自己去开创。

讲起阿里巴巴的发展，为什么说它是我国发展历史进程中非常值得自豪的一个奇迹呢？

记得1995年的时候，中共中央组织部组织了一个领导干部培训班到美国进行为期15天的培训，我有幸成为第一批到英特尔公司培训的成员之一。

当时英特尔公司的奔腾芯片还没有研发出来，当我们即将离开时，该公司高管告诉我们奔腾芯片即将推出。让我们感受到电子技术的确按摩尔定律在快速发展。另外，当时在加州，在英特尔公司附近参观其他公司时，我们就发现美国有的企业已经在网上营销产品了，其实就类似于现在的网销网购。当然，美国网络营销起步早是值得称道的，而如今我国互联网技术在网销应用方面已经赶上并超越他们了。

目前，对于互联网前沿技术的研发还是美国最领先，但是在对互联网技术的开发应用，特别是市场化运用等方面，中国已经走到了世界的最前沿。自近代100多年来，中国终于在现代科技的一些重要应用领域方面，站在了世界的前头。这是一次历史性的机遇，是中国能够追赶发达国家的划时代大机遇。

下面，我将围绕现代信息网络技术这个主题，简要与大家交流几个结论性的“逻辑”。

一 当代世界经济发展的核心要素是现代金融、科技和人才

现代科技、现代金融和人脑（人才）是现代社会经济发展的基本结构（要素）。三者都至关重要，其中人是重中之重，但人要发挥作用，要有舞台，而科技、金融及其与产业的结合，是人才在现代经济发展中的最主要领域。这就是现代化经济体系发展的大结构、大要素、大动力。只有把握好这个大框架，将现代金融、现代科技、人才以及实体经济有机结合起来，才算得上是现代经济体系，也才能有持久性的发展动力。而互联网技术是当今世界现代科技发展最迅速、运用最广泛、改变我们生活作用最大的技术。

知道了现代经济发展的这个基本大框架的话，那么，不管“云”飞在哪里，不管你从事什么行业，就能咬定这个“青山”不放松，就知道往哪里去使劲，直至走向成功。

二 今天的“世界观”应是物理世界、精神世界、网络世界三足鼎立的“世界”

过去，我们讲的“世界观”是一个二维世界，即物质与精神。物理世界是看得见、摸得着的，是有形的；精神世界是看不见、摸不着的，也就是人的精神、心理活动。

但是，由于现代互联网技术的快速发展，近一二十年来，很快崛起了一个新兴的世界，这就是网络世界。可以说，网络世界日新月异、突飞猛进。这个世界要比物理、精神这两个世界还要丰富精彩，凡是物质、精神世界有的东西它都有，但它有的东西前两个世界不一定有，它的内容、信息正无限地扩展着，而且它正在无孔不入地改变着人类，改变着我们的生活，改变着“世界”，创造着新的世界。对网络世界的价值，我们目前还无法完全预测，它将对我们人类造成多大的改变也还无法知晓。

以色列作家尤瓦尔·赫拉利（Yuval Noah Harari）所著的《未来简史》一书中提到，由于现代网络技术等的发展，未来的人类自身结构都将被改变、被创造。也许未来的人可能拥有三只眼睛，四个鼻子，五个耳朵。这

当然是我的半开玩笑的话，但它一半也是可能的。因为，计算机、网络技术有可能发展、破解甚至修改人类的基因（DNA），人工智能、纳米技术、大数据、基因遗传学等科技的发展，完全有可能改变人类的生理结构。该书作者指出："如果某一天计算机强大到足以了解并克服衰老和死亡的机制，也很有可能强大到足以在任何任务上取代人类。"这样，我们人类就真的"有可能创造出超人类"来了。

三 在可预见的未来，网络世界仍将是奇迹中的奇迹

现在，人们已经以不同的方式、不同的层次广泛参与到网络世界之中。如今，离开了网络我们似乎有些难以生存了，起码是不太会有便捷、丰富、快乐的生活。特别是对年轻人而言，就更是如此。几年前我曾说过，"企业家要赶上互联网、大数据、云计算这趟技术快车"。只要能追赶上，任何时候都不算晚。要把我们的生活、企业尽快接入网络世界之中。

大家一定要牢记：互联网技术、大数据、云计算、智能化是发展趋势。为什么阿里巴巴能够如此起飞？就是因为阿里巴巴站在了现代科技发展前沿，驶入了科技发展的快车道。

大家还要牢记：网络世界已日趋泛化，人们也很快会见怪不怪，习以为常，会觉得平淡无奇了，但我相信，在可预见的未来，网络世界仍将是奇迹中的奇迹。大家去寻找、创造这些奇迹吧。

无论是企业还是个人，都要大胆地去想象，大胆地去假设，大胆地去创新，然后再去小心求证。我们做任何事情之前，首先不要去问可不可能，而要首先去设想可能、去行动。只有开始做了才会知道光明大道在哪里。

事实上，人类的创造性行为，都是在把不可能的事转化为可能，把可能的变为现实。这应该是我们做人做事、发展进步的一个基本逻辑。人生要出彩、要有意义，就请记住：逻辑起点就是要敢想敢做。

四 数据是资源，是财富

大家反复提到"无法计算的价值"这个概念。作为抽象的价值，是无

法计算和度量的。比如，我们说这件事的意义、价值是无法估量、不可用数字计算的，指的也是这个意思。

刚才，阿里巴巴公司吴总的演讲题目是“为了无法计算的价值”。他讲的是大数据具有无法计算的价值。的确如此，“数据”是一种客观存在的无限信息，因为宇宙间任何事物都有信息，都产生信号，也就是都产生着“数据”。

用哲学语言来说，宇宙是全息律的，宇宙是一个无限的过程，无限的事物会产生无限的信息。世界上任何事物都是有信息的。从这个意义上说，数据信息是无限的，的确是无法穷尽、无法计算的。

“数据信息”是事物运动过程中产生的功能、能量、时空轨迹等的反映（记录）。人类在发展进程中，正是根据由近及远、由此及彼、由易及难的规律去认识、运用这些“数据信息”，进而改变和创造事物的。比如，人类经济在发展的不同阶段，就有不同的支撑资源。原来是土地、电力、石油等资源，现在则是“数据”，并已越来越成为人类经济发展的重要资源，所以中央提出要加快建设“数字中国”。但是，数据资源越来越重要，它却永远不可能完全代替其他资源。人类发展资源是一个叠加的进步过程。

大数据、云计算作为一门科学和技术，重要的是把无限的数据有限化，把看似无法计算的数据转化为可计算的资源，从而把潜在的价值转化为现实的财富。这也是各位在座的企业家与阿里巴巴公司能够合作的逻辑前提，或者说是可以合作的前景所在。不管是阿里云也好，还是别的什么“云”也罢，本质上都在于把看似无法计算的数据转化为可以计算的数据。否则，这“云”那“云”也就没必要存在了。一切的技术都用在转化上，一切的文章都做在如何使大概率更准确上，从而打通可能与现实之间更优化的通道。

五　阿里巴巴已由网购时代进入数据时代

听了阿里巴巴公司两位专家对云计算的介绍，没想到阿里巴巴的云计算业务发展得这么快，甚至本身已经成为一个大技术、大产业门类了。这标志着阿里巴巴已由网购时代进入数据时代，阿里巴巴已掌握了很多网络技术、数据技术，而且迅速占领了很大的市场份额。

在座的很多企业家可能并不完全了解云计算这个概念。云计算的本义在于它的巨量的计算能力，而且意味着我们并不知道它们在哪里计算、巨量的数据不知道储存在哪里，它们就像天上的云彩一般，到处在飘。云计算尤其指把全球的计算能力优化使用、共同分享，也就是把人类各种计算能力联合起来形成一片片巨大的、多彩的云，这才是真正的云计算。我们正在一步一步地朝着这个目标推进。但现实中只能是有限的、局部的云计算，如阿里云或者别的什么云，都只能是内部自建自控的系统，充其量是一朵朵计算能力会越来越大的云。当然，要建立起全球完全统一共享的云计算，恐怕是很难完全实现的。但一个个云计算平台的建立且不断拓展，的确是星星之火可以燎原的，这为今后建立相互连接、覆盖全球的各类更大系统的云，创造着现实条件。

这说明，云计算能力是可以近乎无穷扩展的，云计算是一个由小范围共享平台向更大范围扩展的共享平台。阿里云也是一朵属于阿里的又为社会提供服务的且不断扩大着的共享平台的“云”。

因此，企业家们并不一定要自己去做云计算，云计算是一个共享性的公共平台、公共服务、公共技术，但要下决心、想办法去用好这类共享技术平台，要尽最大可能成为这个大“云”上的用户。

这里，我们希望阿里巴巴把云计算、大数据事业越做越大，如果把世界上其他更多的“云”都能契合或融合起来，那就更是不可估量的“云”了。

六　云计算可以降低“黑天鹅事件”发生的概率，但永远消除不了“黑天鹅事件”

我刚才讲网络技术、网络世界如何如何了不起，它们似乎无所不能，能让万物互联，“一网打尽”。但是，“一网打尽”的同时，总会有“黑天鹅事件”的发生。这是一个永恒的定律。我们希望阿里巴巴能利用大数据、云计算把“黑天鹅事件”发生的概率降得越来越低。假如你们能够准确地预测到美国2016年总统选举中，希拉里和特朗普到底谁能赢，那就不得了了，就减少了一个令全球人都纠结的“黑天鹅事件”了。

云计算或者大数据计算，本质上是一个统计学上的大概率问题，但它的大概率是用数字说话的，也就是有数字的客观依据的。可是，任何大概率也不能完全排除“黑天鹅事件”发生的可能性，但利用大数据、云计算的确可以降低“黑天鹅事件”发生的概率。

最后，我们希望阿里巴巴为中国现代化建设和人类进步事业做出更多的贡献。

拥抱“金凤凰”

2017年起，浙江省实施推进企业上市和并购重组的“凤凰行动”计划。2018年4月13日，作者在浙商智库助力“凤凰腾飞”专题研讨会上做了总结发言。

刚才，浙江省金融办的同志介绍了“凤凰计划”的实施情况，各位专家和为上市公司提供服务的银行、券商、会计事务所、律师事务所、媒体代表，围绕“凤凰计划”谈了许多好意见。下面，我谈几点想法与同志们交流。

一　欢天喜地拥抱“金凤凰”

我觉得“凤凰”这个概念非常好。“凤凰”（“凤凰涅槃”）这个概念是习近平总书记当年在浙江省工作期间，针对浙江经济结构、产业结构转型升级提出来的，他要求做好“两只鸟”的文章，就是“腾笼换鸟”“凤凰涅槃”，要求我们以壮士断腕的决心加快转型升级。

现在，用这个概念来形容企业上市，很好地体现了习近平总书记提出的理念，实际上是把习近平总书记的“两鸟”理论进一步深化、落地，进一步在浙江大地上生根开花结果。因为，企业上市实际上是企业和经济转型升级的重要途径。它可以真正把旧笼子打破，在更好的笼子里养更好的鸟，在资本市场经受“烈火洗礼”，使优质企业成为“金凤凰”。对企业而言，到资本市场拼打，的确是一场深刻的革命。

（一）金融资本是经济发展要素，更是经济发展大动力

这个问题说来话长。人类经济发展是有一定规律性的。大家了解一下金融资本市场是怎么形成的，证券市场是怎么形成的，股份制是怎么形成的，现代企业制度是怎么诞生的，就可以明白金融资本的本质和作用。

按我的观点，可以把现代人类经济发展的基本结构和动力，概括为“1231”的结构。党的十九大报告中对建设现代化经济体系和现代产业体系，实际上也是这样描述的：“推动高质量发展，就是要建设现代化经济体系，这是我国发展的战略目标。实现这一战略目标，必须牢牢把握高质量发展的要求，坚持质量第一、效率优先；牢牢把握工作主线，坚定推进供给侧结构性改革；牢牢把握基本路径，推动质量变革、效率变革、动力变革；牢牢把握着力点，加快建设实体经济、科技创新、现代金融、人力资源协同发展的产业体系；牢牢把握制度保障，构建市场机制有效、微观主体有活力、宏观调控有度的经济体制。”①

“1231”结构如同飞机起飞的飞行模型一样。

我这里重点讲一下其中的“2”，即两个动力翅膀，它如同一架飞机的两个翅膀。现代经济发展的两个动力，一个是现代科技，就是科技进步，经济的发展、企业的发展越来越需要科技的支撑。如美国、德国的科技进步对经济增长的贡献率已达到 80% 左右，我国近年来突飞猛进，也已达到 60% 左右。另一个动力是现代金融资本，没有现代金融资本就没有现代经济。现代金融在经济发展中的作用越来越强化，它是一个大杠杆，经济发展有了这个杠杆的撬动才能大腾飞。

做企业一定要有这个意识：首先资源要转化为资产，才能进入生产领域。资源如果没有转化为资产，没有进入经济运行中，就是死的，是缺乏

---

① 习近平：《决胜全面建成小康社会 夺取新时代中国特色社会主义伟大胜利——在中国共产党第十九次全国代表大会上的报告》，人民出版社 2017 年版，第 30 页。

现实价值的。一旦进入经济运行中，资源就转化为资产，就可以经营了。但也不能仅仅停留在资产层面，资产要转化为资本，才可以放大、增值。企业中所有的资产都要作为资本去看待、经营。无论是否上市，企业的资产都应被看作是资本。比方说，虽然杭州民生医药控股集团还没有上市，但在其董事长竺福江眼里，企业所有的产品、财富都是资本，都应该价值最大化。除了21金维他之外，民生医药还有很多其他药品，在竺董事长那里，肯定不会主要关注公司生产了多少瓶21金维他或其他什么药品的数量，而会更加关注公司全年的产值，企业资产运行收益多少、资本回报多少等，也就是把企业资产作为资本来经营的。

当然，让资本放大和增值，只停留在资本层面上还不够，还需要进一步放大资本的价值，这就是资本的证券化，进入资本市场。证券化是资本市场化的主渠道。所以，资源要转化为资产，资产要转化为资本，资本要再进一步证券化，一步一步让资本放大，使资本市场化、社会化。

当然，资本市场是多元化的，证券化仅仅是最主要的平台，还有很多其他形式的市场化。所以，竺福江董事长也许不一定非要急于上市，在资本市场还有其他直接的融资渠道。但无论如何，我们的企业家一定要认识到，搞市场经济，资产就要资本化、市场化，经济要走向现代经济，要高质量发展，很大程度上取决于金融资本在企业和经济发展中的地位和作用如何。

（二）金融资本是一个大产业，更是一个市场大机制

我们不能把金融资本仅仅看作“钱”，也不能把上市只看作融资问题。

其实，银行、金融、资本市场首先是一种社会制度。一个国家、一个社会的制度有很多种类，但人们很少将银行运行规则、资本市场看作一种社会制度。金融、资本市场也直接涉及经济运行调控、社会财富分配、资源资产配置、经济结构调整、社会效率与公平平衡，也有政府管理调控经济政治社会活动等方方面面，金融货币规则、资本市场秩序，实际上更是一种社会制度安排，也是国家调控经济、治理社会的政策工具。金融、资本制度设计得如何，不仅与企业有关，与我们每个人的日常生活都密切相关。所以政府、企业、公民就应该关注金融资本制度。

事实上，人们对老百姓相关的金融产品关注得还不够多。怎样让中国老百姓花几十年、几百年积累起来的财产，能在良好的金融制度安排中享受到应有的权益？真正对老百姓的财富负责，让老百姓手中的存量财富保值增值？假如不能建立起良好的、文明的金融制度，假如人们不进入这种制度安排，也假如人们只把钱放在银行和家里，那么，人们手头上的存量财富十有八九是要贬值的。曾几何时，人们的钱放在家里大贬值，放在银行里是慢贬值，放在股市里则基本被“泡汤”。我国是储蓄大国，一方面对我们的建设、发展有利，但反过来说明人们的理财观念还比较陈旧，金融资本知识还比较缺乏，这当然与现行的金融制度、资本市场还不完善有关。我们还是要大力提倡普惠金融。

因此，金融首先是一种制度，这个制度设计好了，可以激活财富、用好财富、创造新的财富，真正激活社会，造福百姓。

金融不仅是一种制度，也是一种市场机制。人类到目前为止，最有效的机制是市场体制，而市场体系中最关键的是金融资本市场。为什么说金融是现代经济的核心？因为金融资本是经济的血液命脉，是经济运行的“枢纽”“牛鼻子”。金融资本活则经济活。实际上，金融资本市场是最敏感、最有效的市场。所以，证券市场、资本市场有经济运行“晴雨表”之称。金融资本运作得好，就是“黄金万两”。当然，金融资本市场也是风险最大的“风口”，所以，近现代以来世界上几乎所有的经济危机，基本上都发端于金融资本市场。

金融不仅仅是一种制度、市场机制，它还是一个庞大的产业。世界上所有的产业谁比得过金融资本？中国2017年的GDP是82.7万亿元，而我国经济的整体宏观杠杆率——广义货币总量（M2）占GDP的比重，就高达250%左右。每天在股票市场、货币市场的交易量更是巨大无比，不知要超过实体经济多少倍。金融资本要服务实体经济，这是“毛”与“皮”的关系。但是，金融资本本身已经发展成一个非常大的产业帝国，它自身也在创造价值，也有一个产业的自我发展问题。我们与其他发达国家比，金融资本还有很大距离。我们要成为经济强国，就必须成为金融强国。目前，我国在科技、金融方面还落后于许多发达国家。我认为，我国对金融的开放应该是有序的，开放应加大力度，但必须可控，一下子完全放开，风险很大，可能会吃亏。

总之，国家要富强，就要积极发展金融资本市场；企业要做大做强做久，就要运用好金融资本市场；个人要使财富保值增值，也需要学会用好金融资本市场。

（三）要拥抱“金凤凰”，更要爱护“金凤凰”

浙江省助推企业上市的“凤凰行动”，是符合经济发展规律的重大举措，是抓准了现代经济发展的关键处，对浙江未来经济发展具有重要的引领作用。

这说明浙江省委省政府是很有前瞻性的，很有战略眼光的。现在和未来各个省之间的竞争，主要就在现代科技和现代金融两大方面。这两个方面或者说现代科技与现代金融的融合发展方面，哪个省走在前面，哪个省就有更强的竞争力。过去是乡镇企业、民营经济、股份制改革、“请进来走出去”的开放等方面，浙江省走在前面，创造了发展优势。现在，我认为，最主要的就是要在现代科技和现代金融及这两个方面的结合上“做大文章”，厚植发展新优势。这样，浙江省的发展会有更大的后劲。

浙江省推进企业上市工作力度是很大的。前几年，浙江省在杭州布局了“城西科技大走廊”“杭州湾金融港湾”，这也是两个战略大棋子。结合“六个浙江”建设，抓实抓好这两个事关杭州、事关浙江未来发展的战略布局，浙江省就可以继续走在全国前列。

此外，我们对浙江省“凤凰计划”的宣传，不要虚张声势，“让子弹再飞一会儿”，让实践再向前走一会儿。这是浙江省的百年大计，也是浙江省更好更快走上现代化的重要“密码”之一。

拒绝金融资本市场，就等于拒绝发展。我们要抓住这个大机遇，用好这个好机遇。企业要积极响应，行动起来，银行等中介机构要多主动服务，政府要积极创造条件。企业上市、资本市场的确是“金窝窝”“金凤凰”，企业上市之路是一条“金光大道”，我们要充满激情地去拥抱它、欢迎它、追求它。但是，我们不可用唯利主义、唯金主义、实用主义去对待它，不可糟蹋它、亵渎它、败坏它，而应该爱护它、珍惜它、善用它。

二　胸怀正念善用“金凤凰”

资本市场是个好平台、好机制。资产证券化、上市，对企业也是个好路径。

但我们要正确认识它、用好它。善待、善用“金凤凰”，主要有两层意思：一是要有“善心”；二是要用好资本市场去发展好企业，“善报”它。

对股票市场，大家千万不要局限于为了“钱”、为了“圈钱”，那样的话就走到歪路上去了。资本市场的形成，本身是为了让好的企业、好的企业家做得更好，用社会力量、社会资本去促进优质企业发展得更好，创造更多的财富，推动社会致富和进步。人家买你的股票，固然是为了把个人资产作为资本去经营而获取更好的收益，同时也承担风险的义务，但从整个社会角度讲，股票市场的本质，是用集聚的社会资源、资本去促进更高质量的产业、产品和企业的发展，是一种择优取优、优化配置资源、再分配财富的制度安排，也是一种优胜劣汰的市场竞争机制。所以，上市企业或想上市的企业，一定要有“正念”。

企业家要有很好的世界观、人生观、价值观，要有“正念”的企业观、资本观、经营观，用正确的理念去运用资本市场，去把企业做好，要念真经，不能念假经，更不能念歪经，对上市要有利国、利民、利股东、利员工的“正念”“正果”。企业一定要想清楚为什么去上市，上市以后干什么？

中国的资本市场还不健全、不成熟，念“歪经”的人和事很多。再说，现今中国股市本身就有许多先天不足，资本市场上的“妖怪”“野蛮人”也不少。所以，我专门写了一本《金融资本文明论》。当然，我是从金融资本的历史进步意义上讲的：它的产生是人类发展史上巨大的文明成果；它将极大地创造新的文明成果。正因为如此，要防止、拒绝“野蛮的金融资本”，而金融资本一旦“野蛮”“妖魔”起来，将会酿成灾难性的后果。

防止金融资本“野蛮化”的最根本办法，就是让资本市场和实体经济很好地结合起来，让它们“结婚生子”。所以，企业要主动去资本市场找“新娘”，资本市场也要更好地服务于实体企业。当然，资本市场早已成为一个独立的巨大产业，而且自身也还在不断地发展。从企业的角度讲，一定要用好这个平台。

我当年在绍兴市担任市长时，就提出绍兴要打造上市公司板块，这在全省也是比较超前的。国家证监会原副主席史美伦曾到绍兴调研考察，在欢迎晚宴上，我用半个小时讲上市的好处，他们听了很感动，说为什么我作为一个基层领导对企业上市能讲得这么多、这么深？当然，我事先也是备了一点课的。我讲的目的是希望中国的资本市场发展得更大、更健康，希望绍兴能多几家企业上市。

那么，企业为什么要上市？

第一，上市之后企业家一定是要做事的，而且要做更多更大的事，要结出更多更好的“正果”。上市企业压力会很大，晚上真的会睡不着觉。大家都会盯着你，一有风吹草动就备受关注。记得我在绍兴工作期间，有一家上市公司发生了群体性事件，老板急得要命，因为当时停产了，损失不少，社会舆论压力也很大。老板急得团团转，希望恢复开工，我说对不起，从全局看，社会稳定是千金难买的。的确，企业一上市，就会处于非常敏感的位置，企业怎么样，企业家的情况如何，一天到晚都有人盯着、监督你，逼着你干事。

第二，上市的好处还在于，逼着企业组织、制度、管理更加规范，推动家族企业向现代企业转变。

第三，上市能推动企业不断向前走，不断有新业绩，不断有新项目，从而促进企业做大做优做强，向可持续方向发展，打造百年企业、千年品牌。股市就有这么一个机制，它不断地迫使你往前走，上市如同上了大海“远航的船”，你只能前行，不能回头。回头就是死路一条，前行也许风高浪急，但总有“柳暗花明又一村”的希望。

第四，企业必须要有新目标、新项目，上市后能提供企业足够的发展资金，而且大大减少企业资金和运营成本，也分散了经营风险。

第五，上市可以推动企业转型升级，跨入一个新的发展平台，促使企业走在行业前列。对一个区域来说，还能带动产业结构调整升级，在企业家群体中起示范引领作用。

归根结底，上市是为推动企业在更高的平台上发展，使企业成为一个持久的百年企业。

上市对企业家来说，只会更辛苦，压力会更大，社会责任也更重。辅导企业上市的时候，一定要跟企业家讲清楚，如果是纯粹为了“圈钱”，就不要引导它们上市，社会不需要这样的企业，上市反而会害了它们。证券市场是要起到推动企业、推动经济发展的作用的，是为了把有限的资源、老百姓的血汗钱用在好的企业、好的企业家身上的，是为这样的优良企业、优势企业家提高好平台的。

所以，我们要善待“金凤凰”、善用“金凤凰”，用“金凤凰”生出更多的“金蛋蛋”，再孵化出、打造出更多更美丽的“金凤凰”，这样才对得起资本市场、证券市场，对得起老百姓。

三　义无反顾创造“金凤凰”

企业上市了就没有了退路，不能心猿意马，而必须义无反顾地做好企业，实实在在地创造出更多的“金凤凰”。

企业上市如同万里长征的第一步，是一个关键性的转折点，从此也进入了一个新的更高的平台。就像红军长征中的遵义会议，是一个转折点。上市是企业发展的转折点，未来的路更长。上市的企业可以说是一只“金凤凰”，但怎么保证企业永远是“金凤凰”，怎样保证这只“金凤凰”飞得更高，飞得更远，在资本市场上能够创造出更精彩的故事？

朱从玖副省长曾提出，上市是对接资本市场的上半场，并购重组是下半场。上市公司不能只靠讲故事吃饭。一定要让企业明白，仅仅靠讲故事是行不通的。虽然我们不反对讲故事，但一定要讲“金故事”，讲“好故事”，讲有实实在在含金量的“故事”。同时，我们更要明白，重要的是要创造出好的“故事”、结出好的“正果”。上市之后要有好的项目，要经营好项目。据说，有的公司上市后钱用不掉，或者说用歪了，拿着“金凤凰”没有产生“金效益”。这样迟早是会出事的。

建议政府部门帮助企业上市，助推“凤凰腾飞”，凤凰不仅要飞到资本市场，更要飞得高飞得远，要永久飞下去。这里就有很多文章可以做。上市公司就是要不断打强心剂、兴奋剂，就是要不断地往前走，注入新的动力。

现在政府的规划、理念、政策、环境、服务都非常好。当然，企业上市的基础、关键还是靠自身的实力和努力。

开展“强鹰行动”

企业是经济发展的主体，而科技进步是经济社会发展的主要推动力，因此，把企业打造成科技型企业的“强鹰”，对培育发展新动能、推进高质量发展，具有长远的战略意义。为此，作者就浙江省组织开展科技型企业的“强鹰行动”计划提出了决策建议。

为加快推进“四个强省”和“两个高水平”建设，浙江省制订实施了包括“培育发展新动能”在内的富民强省的“十大行动计划”。“凤凰行动”计划旨在推动企业上市和并购重组，自 2017 年 10 月实施以来，得到企业界积极响应，引发社会各界的广泛好评。

与此同时，我们建议在全省范围内还可考虑开展科技创新的“强鹰行动”计划，以期与“凤凰行动”计划一起，共同成为浙江全省“培育发展新动能行动计划”的两个主要战略性举措和抓手。

“强鹰行动”侧重于助推浙江省企业的科技创新活动，建议以“数字技术”和“数字经济”为主题，在全省范围内开展创建高新技术企业和规模以上企业创建“科技型企业”（可以按不同标准、不同类型，或可以运用“互联网 +”的共性技术）的活动，使数字浙江、数字经济“一号工程”有更明确、更具体的抓手，从而与“凤凰行动”比翼齐飞，共育新动能，共植新优势，共助传统产业转型升级，共促高新产业蓬勃发展，大力推动习近平总书记提出的“凤凰涅槃”“腾笼换鸟”和培育更多“俊鸟”的要求在浙江大地上开花结果。

“强鹰”就是“俊鸟”，“强鹰行动”也可以叫“俊鸟行动”。

一　科技和金融是现代经济发展的两个主引擎

经济发展是社会各种要素综合运行的结果，或者说是“全要素”投入的产出值。但在经济发展的不同历史阶段，总存在着一些不同的主导要素并起着主导的作用。

进入工业化中期及中后期以来，现代经济发展的主导结构及动力，可以概括为“1231”的结构模型：“1”是实体经济；“2”是现代经济发展的两个动力翅膀，即现代科技和现代金融资本；“3”是三个发展平台、环境，即城市化、生态环境和建立在市场经济基础上的现代法制、现代制度规则；最后的“1”是核心，就是人。

浙江省在实施金融创新“凤凰行动”的同时，如能开展科技创新的“强鹰行动”，就更明确地抓住了现代经济发展的两大主要动力引擎，对浙江省经济长远发展将产生极具战略意义的影响。

二　落实习近平总书记新时代经济思想的重大举措

习近平总书记在党的十九大报告中指出，“我国经济已由高速增长阶段转向高质量发展阶段，正处在转变发展方式、优化经济结构、转换增长动力的攻关期，建设现代化经济体系是跨越关口的迫切要求和我国发展的战略目标”。必须“着力加快建设实体经济、科技创新、现代金融、人力资源协同发展的产业体系”①。

习近平总书记反复强调指出：发展是第一要务，创新是第一动力，人才是第一资源。“创新是引领发展的第一动力，是建设现代化经济体系的战略支撑。”“金融是国家重要的核心竞争力”，“金融是现代经济的核心”。

习近平总书记在浙江省工作期间，十分形象地提出了“凤凰涅槃”“腾笼换鸟”的“两只鸟”理念，强调浙江经济结构要进行战略性调整，增长方式要进行根本性转变，为此必须痛下决心，拿出壮士断腕的勇气，摆脱对粗放型增长的依赖，重点养好“两只鸟”，加快自主创新能力、科技强省和品牌大省建设，实现产业和企业的浴火重生、脱胎换骨，“培育和引进吃得少、产蛋多、飞得高的‘俊鸟’”。

加快推进科技创新和现代金融发展，是习近平新时代中国特色社会

① 习近平：《决胜全面建成小康社会　夺取新时代中国特色社会主义伟大胜利——在中国共产党第十九次全国代表大会上的报告》，人民出版社 2017 年版，第 30 页。

主义经济思想的重要组成部分，是我国形成现代产业体系、推进高质量发展以及加快建设现代经济体系的重要方向，也是贯彻落实习近平总书记治国理政新理念新思想新战略和浙江省发展要继续走在全国前列要求的重要举措。

三　推进数字经济“一号工程”的重要抓手

互联网、云计算、大数据、信息化等数字技术已越来越广泛地应用于经济社会生活，数字经济发展迅猛。

省委书记车俊多次明确指出，要把数字经济作为全省的“一号工程”来抓。2012 年 12 月召开的省委经济工作会议上，他又强调，要“统筹实施质量提升大行动，把数字经济作为‘一号工程’来抓，深化数字浙江建设，联动实施培育发展新动能和改造提升传统产业行动计划，分类实施凤凰行动、小巨人培育行动和小微企业提质行动，坚定不移推进‘三去一降一补’，深入推进供给侧结构性改革”。

2018 年 4 月，在浙江省科学技术奖励大会上，袁家军省长也明确表示：浙江要下决心大干科技创新，加快打造高质量发展的创新引擎，在全国率先建成创新强省，加快打造新经济大省。要把数字经济作为“一号工程”，大力发展互联网、物联网、大数据、人工智能等新技术新产业和一批重量级未来产业，力争成为“领跑者”，积极争创国家数字经济示范省，加快构建以新经济为引领的现代化经济体系。

组织开展科技创新的“强鹰行动”，突击发展互联网、大数据等新技术新产业，以数字浙江、数字经济为主攻方向，使“一号工程”有具体抓手，得以落地。

四　形成与“城西科技大走廊”“杭州湾金融港湾”相匹配的点面结合的工作布局

几年来，浙江省在杭州布局了“城西科技大走廊”和“杭州湾金融港湾”两个战略性的大棋子。这也说明浙江省委省政府是很有前瞻性，很有战略眼光的。现在和未来各个省区市之间的竞争，主要就在现代科技和现代金融两大方面。在这两个方面，或者说在现代科技与现代金融的融合发展方面，哪个省走在前面，哪个省就有更强的竞争力。过去是乡镇企业、民营经济、股份制改革、“请进来走出去”的开放等方面，浙江走在前面，创造了发展优势；如今，最主要的就是要在现代科技和现代金融以及这两个方面的结合上“做大文章”，厚植发展新优势。这样，浙江发展会有更大的后劲。

“城西科技大走廊”“杭州湾金融港湾”，可以说是浙江省重抓现代科技和现代金融两大发展引擎的空间表现，这属“点”上载体。组织开展“凤凰行动”和“强鹰行动”，则可成“面”、成“势”，成为指导、推动全省范围的整体工作布局。

结合“六个浙江”建设，抓实抓好现代科技和现代金融这两个事关杭州、事关浙江省未来发展的战略布局，浙江经济发展就可以创造新的优势，继续走在全国前列。

五　打造全国、全球性的“金融科技中心”

经济发展越来越取决于科技和金融的进步，而科技与金融的融合发展更是至关重要的战略制高点。

所谓金融科技，有狭义和广义的理解。狭义的是指金融领域里的科技应用，实际上是金融的技术支撑，是金融的基础设施。广义的金融科技主要是指科技产业与金融产业的融合。在当代，经济发展越来越依靠科技推动，而科技产业发展则同样需要金融的强力助推。

科技与金融的融合发展，正是当代经济发展的重要趋势和最前沿高地，它对高新产业和企业发展尤其重要。高新科技企业通常从事的是高风险的产业、产品，融资需求又比较大，因而更需要科技产业与金融产业高效快捷的融合。

浙江省发展规划研究院《决策咨询》（2018 年第 6 期）刊发了有关我国著名经济学家高尚全、巴曙松等建议“杭州打造‘全球金融科技中心’”的报告，这是值得浙江省、杭州市关注和考虑的。这份建议报告认为：近年来，金融科技产业在全球范围内迅猛发展。目前，香港、伦敦、纽约、北京、上海、深圳等国际性大都市均将发展金融科技作为重要战略，着手打造金融科技创新高地。2018 年 1 月，中国银行、雄安新区与英国有关公司共同签署《关于雄安新区金融科技城项目战略合作协议》，建设具备“世界眼光、国际标准”的金融科技中心。据麦肯锡研究统计，2016 年，全球金融科技产业规模达 18 万亿美元，其中中国约 2.2 万亿美元，预测 2020 年将增至 6 万亿美元。

报告还认为，从城市风险投资额比较来看，北京、上海近五年吸引的风险投资额分别为 43 亿美元、13 亿美元，而“杭州仅 2016 年融资已超 50 亿美元，已具有较强的竞争实力。金融科技是杭州建设金融中心城市的重要载体，是全面驱动杭州金融产业升级、提升国际知名度和影响力的有效突破口，建议杭州利用互联网、金融、科技等产业优势，以建设钱塘江金融港湾为龙头，抓住历史性的机遇窗口，加快将杭州打造成‘全球金融科技中心’”。

报告分别从发布“全球金融科技中心评价指标体系及指数”，打造一批高端化、智能化的“金融科技产业园”，成立“金融科技产业基金”以推动金融科技产业发展，抓住机遇整合全球范围内的金融科技资源等方面，提出了一些有价值的思路性和政策性建议。

笔者认为，这一建议对杭州乃至浙江经济发展都是具有前瞻性意义的，省市有关部门可以做更为深入具体的调研，为省市决策提出可行性建议。

数字浙江　浙商先行

2018 年 6 月 7 日，在第 15 届浙商（投融资）大会暨 2018 数字经济峰会上，作者以“发展数字经济　浙商冲浪先行”为主题发表演讲。

中国改革开放 40 年来，浙商是民营经济、市场经济的冲浪者、先行者，展望未来发展，浙商任重而道远，要继续做创新发展的冲浪者、先行者。而其中关键的一个问题是，要积极敏锐地把握住经济和科技的发展大势。

一　现代经济发展的“飞机起飞”模型结构

我经过多年研究，特别是在研究发达国家经济发展的历史进程后，于2011年概括了现代经济发展的基本动力支撑。那是在“2011创领未来·嘉兴国际青商投资嘉年华暨第四届中国长三角青商论坛”上的演讲中首次做了概述。后来，做了进一步的充实和完善。

我认为，人类近现代以来经济发展的最基本的动力结构，可以概括为“1231”的动力结构。这是经济社会进入工业化中期及中后期以来所形成的一个结构。这个结构，我把它形象地称为飞机起飞的结构模型：“1”就是实体经济，它如同一架飞机的机身；“2”就是现代科技和现代金融资本，它如同一架飞机的两个动力翅膀；“3”就是三个发展平台、环境，即城市化、生态环境和建立在市场经济基础上的现代法制、现代制度规则；最后“1”是核心，就是人，类似飞行员。

现代经济发展的基本动力结构，实质上就类似于一架飞机的起飞原理：飞机机身是主体，两翼是动力，机场跑道、天气气候、飞行规则是平台，驾驶员是核心。谁能把“一个主体二个动力三个平台一个核心”这七大要素组合得好，谁的发展动能就强，谁就有更多的发展“话语权”和竞争优势。

运用“1231”结构模型思考，你就能进行大致的判断。为什么中国改革开放和现阶段发展那么快、机会那么多，就是因为这“七大要素”处在大释放、大变革、大组合“快速增长”阶段。企业家们不管到哪个国家投资或者说到哪个地区投资，你就要判断一下这个地区、这个国家，上述七大要素发育进展情况怎么样，它的发展潜力怎么样，它的统筹组合能力怎么样。就像飞机起飞一样，一个飞机的机身（实体经济），两个动力翅膀（现代科技和现代金融），三个平台（城市化、制度规则和生态环境），最后是驾驶员（人才），这七大要素能否很好地组合。能够很好组合的，飞机不但能安全飞行，而且能飞得高、飞得远，还能较好地抗风险。

大家也可以看看党的十九大报告中关于经济方面的论述，我们国家要建立的现代产业体系，就是要形成实体经济、现代科技、现代金融和人力资源相互配套、协同发展的产业体系。应该说，这是符合人类现代经济发展基本动力结构和趋势的。

二 最重要的是英俊小伙与美丽少女要“恋爱结婚”

但在上述七大要素中，最关键的内容是现代科技和现代金融的结合。

现代科技就像充满着神奇活力的年轻英俊的小伙子；现代金融就像充满着无限魅力的美丽的小姑娘。英俊的小伙子和美丽的小姑娘结合了，就会诞生类似于独角兽这样的科技型、成长型的企业。

但企业家们需要注意一个特点，就是科技和金融的发展规律有很大的不同：科技的进步它是累加的，是不断往前滚动的发展，现在比过去进步，未来比今天更加进步；而金融的发展它不是累加的，它发展得好可以成为你发展的巨大动力杠杆，如果出现风险的话，整体经济很可能会出现倒退，所以一旦有了金融危机以后，它会使你的经济倒退5年、10年，甚至20年都有可能。

因此，小伙子找小姑娘的时候，一定要注意，姑娘非常美丽、非常有魅力，但是她具有她的特点，她可能比较敏感、比较多变，也可能有美丽的陷阱。所以，你要花更多的时间和精力去与现代金融很好地融合一体，要进行高质量、高效率、高效益、高平台、高品位的“恋爱结婚”，当心神话式、泡沫式的“婚姻”。

如今，各地的竞争，实际上已到了科技创新、金融资本市场及其融合发展的新阶段。发展的新高地，新优势也在这里。在这方面，浙江省总体上也是走在前列的，包括城西的科创大走廊和钱塘江金融港湾这两个空间上的布局，都有重大战略意义。

2017年浙江省又实施了一个“凤凰行动”，助推企业上市，让企业在金融资本市场上实现“凤凰涅槃”。现在，省里又加大实施以“数字经济”为引领的“一号工程”，通过科技创新助推企业“腾笼换鸟”，推动经济转型发展。抓好了现代科技和现代金融的结合，就能两翼齐飞，“两鸟”共强，飞向新的远方。

这里再补充一个观点：接下来，中国的对外开放以及中美贸易、经济摩擦，将主要集中在金融和科技领域。

三　现代信息技术是当代科技发展大潮流

要讲数字经济，就不能不讲现代科技发展潮流，而信息技术、网络技术就是当今人类的科技发展大潮流。

数字经济是以数字技术为基础的。不过，我们要注意的是，今天讲现代科技进步，不能仅仅讲数字技术和数字经济，其实，现代科技发展还表现在如新能源、新材料、新技术等各个方面。目前作为全球研发投入最集中的领域，如信息网络、生物科技、清洁能源、新材料与先进制造等，正共同孕育着一批具有重大产业变革前景的颠覆性技术。

但是，在所有新技术、新进步当中，到目前为止最泛化、最成熟、最普遍的技术，就是我们讲的基于现代通信技术而形成的信息网络技术，即数字化技术。我们今天讲数字技术、信息技术、网络技术、人工智能，其实它的范围已经很广，如果用更加科学的语言来说，数字技术也就是在现代通信技术基础上所形成的现代网络技术。

信息技术、网络技术、人工智能或者说数字技术是现代人类科技发展的主流，它是最泛化、最普及的，也是最成熟的。因为它已成为人类活动最普及、最便捷、最有效率的基本工具。但是它绝不是唯一的。这就像我们过去讲的“钱不是万能的，但是离开钱是万万不能的”一样。

大家一定要牢记：今天人类的发展，尽管网络数字技术不是唯一的，但是各行各业如果离开了数字技术，那就可能寸步难行。这也就是我们通俗讲的“互联网 +”，它几乎可以无限地“+”下去，这就是互联网技术、数字技术的泛化性、普遍性，也是它“改天换地”的威力所在。我们为什么反复讲数字技术、信息技术正在改变我们人类？因为它正在破坏一个旧的世界，也在创造一个新的世界；它在改变我们的生产方式、生活方式、思维方式。它极具普遍性、泛化性，它渗透到人类生活的方方面面。这是现代信息技术的威力所处。

大家想一想，围绕着这一现代科技发展所催生的新生事物、新产业、新行业、新产品、新经济等，该有多少啊？！

四　数字经济面面观

基于现代科技进步而形成的新产业、新业态、新经济是多方面的，但是在新经济中数字经济是主流。

我们今天似乎已经把所有的新技术、新业态、新经济都概括为数字经济，所以从广义上讲，数字经济包括所有的新的经济了。

现在，我们讲数字技术、数字经济时，实际上是统称现代通信技术、电子技术、信息技术、网络技术、人工智能技术等，数字经济也是广义的了。

如果比较确切地给数字经济下一个定义的话，那么，数字经济就是以数字化的知识和信息为关键生产要素、以现代信息网络为重要载体，通过大数据、人工智能等技术的广泛应用，并与各类经济活动深度融合而产生的经济。这是基于现代新的互联网技术、数字技术而产生的经济，所以我们说它是一种新的经济。

我认为，数字经济有广义和狭义之分，所谓的广义不一定很科学准确，它把所有的新的经济都概括为数字经济，但它恰恰抓住了现代科技和现代经济发展的最主流、最核心的东西，所以广义地把数字经济看作是甚至等同于新经济，也是有道理的。

数字经济主要是由三大部分构成的。

一是现代信息、网络技术，也就是我们讲的现代通信网络技术，它本身就是一种产业和经济。比如说现在讲的各种芯片，手机，通信等，本身是产业化的，这种技术本身就是一种产业。

二是运用现代信息、网络技术而形成的各种延伸的经济现象，包括我们今天讲的“互联网 +”。现代信息技术，它的运用在今天恰恰是最为关键的，因为它的广泛运用，产生了各种各样新的产业拓展，孵化催生了丰富多彩的经济现象。

三是狭义的数字经济。当我们狭义地讲数字经济的时候，实际上将它理解为在现代信息网络技术上形成的数字（信息）及其应用，也就是我们讲的数字产业化。

因此，数字经济就是：数字技术本身；产业的数字化（数字技术的运用）；数字的产业化（对数字本身的加工运用）。

真正的数字经济是指最后这个部分，是以数字为要素来进行加工的数字产业。

五 离开数字经济我们吃不好饭

有的人说，数字将会取代土地、石油等而成为最主要的生产资源，这是有一定道理的，但是不能绝对化。石油等可能会被其他的能源，比如再生能源所取代，但数字不能取代所有东西，今后，土地资源、提供动力的能源照样会存在，但地位、功能、意义、价值会改变。

我认为，狭义的数字经济它会越来越发展，通过对数字进行储存、加工、挖掘，会成为一个越来越重要的产业和经济现象，也将越来越成为人类新的资源竞争领域，但它不是唯一的，它不可能代替所有东西。

今后我们不可能完全靠数字来吃饭，但是离开了数字肯定吃不好饭。数字经济不可能成为唯一，但我们不能离开数字经济，我们要吃好饭，还是要大力应用数字技术和数字经济。

我们今天讲的数字经济，实际上最关键的是指第二部分的产业的数字化，是数字技术应用所产生的新经济，也就是数字技术与各行各业的广泛而深度的融合。

但是，数字技术的发展是前提和基础，所以科技的基础研发和自主创新，特别是核心技术的研发是带有长远的根本性意义的。而以数字为要素来进行加工的数字产业，即狭义的数字产业化，则是大势所趋，势在必行，具有战略导向意义。

因此，国家、政府层面应“三管齐下”，不可偏废。但对绝大多数企业来说，则应侧重于数字技术的应用。

六 数字经济是发展大趋势

人类实现了农业文明、工业文明到信息文明的飞跃，数字经济正深刻地改变着世界、改变着社会、改变着生活。

习近平总书记指出，“中国数字经济发展将进入快车道”，“要建设网络强国、数字中国、智慧社会，推动互联网、大数据、人工智能和实体经济深度融合，发展数字经济、共享经济，培育新增长点，形成新动能”。

数字经济充满活力、潜力，代表未来主流的新经济。

从世界范围来看，2016 年美国、中国、日本、英国等国数字经济规模分别达到了 11 万亿、3.9 万亿、2.3 万亿和 1.43 万亿美元，占本国生产总值的比重分别约为 59.2%、34.8%、45.9%和 54.5%。

再看中国的现状，随着网络强国战略、国家信息化发展战略、国家大数据战略、“互联网 +”行动计划、电子商务系列政策措施等一系列重大战略和行动的实施，中国数字经济发展进入了快车道。

2017 年，中国数字经济规模达 3.37 万亿美元。电子商务交易额达 3.92 万亿美元，年均增长 30%，约占全球的 39.2%；移动支付交易规模超 12.2 万亿美元，位居全球之首；共享单车用户规模过亿。

让我们再来聚焦浙江的情况，截至 2017 年年底，我们浙江省的数字经济占 GDP 比重是 37%，我们国家平均是 30% 左右，浙江高于全国水平 7 个点左右。如果从定性的角度来说，现在我们浙江总体上是位居全国第四位，也就是说在广东、北京、上海之后就是浙江省。

据最新的消息，在数字经济领域，杭州在全国所有城市中的排名是第六名。

由此可见，数字经济越来越成为整个经济发展的主流，可以预测，未来数字经济在浙江省、中国及至全球的发展地位会越来越突出。数字经济已成为中国发展的新动能。据有关机构推测，到 2035 年，中国数字经济将达到 16 万亿美元。

2018 年年初，我曾给浙江省领导写了一个“关于组织开展数字经济‘一号工程’为引领的科技‘强鹰行动’的建议”，内容涉及科技方面，省委省政府的主要领导都做了批示。浙江省要大力促进现代科技发展，最主要的是信息技术、数字技术、人工智能的发展。

企业家们一定要拥抱“互联网 +”，拥抱数字经济，抢占数字经济的先机，赶上这一波时代发展新潮流。

七　中国创新发展的四大历史阶段

浙商要有情怀，要了解我国科技创新的大致情况。现在，中国总体上也许还不能说是创新发展的引领者，自主创新之路还很漫长。

当然，改革开放以来，中国的创新发展有了历史性的重大进步。其历史进程，总体上讲有以下三个阶段。

第一个阶段是欧美创新，或者说以美国为主导，美国先创新，中国主要是引进。这是在改革开放的早期，大约 20 世纪七八十年代。

第二个阶段是欧美创新，中国模仿。这大约在 20 世纪八九十年代。

第三个阶段是欧美创新，中国应用。这大约在 21 世纪一二十年代。现在中国的创新发展，总体上仍处于以欧美创新为引领，中国主要是在应用方面。

未来，中国将逐步进入自主创新为主的时期。

八　所谓“新四大发明”是一个误导

到目前为止，中国的创新发展总体上仍处在第三阶段，是以应用性创新为主。所谓高铁、移动支付、网购、共享单车“新四大发明”，并非是真的“发明”，而只是应用性的创新，但意义也十分重大。

高铁是日、德发明的，但中国过去十年所建的高铁里程数超过了世界其他国家之和，未来要超过其他国家 2 倍。

移动支付是美国发明的，但中国使用人数已超过美国的 50 倍，未来无现金支付发生在中国是大概率的事件。

机器人也是从美国发端的，2018 年年初美国机器人有 3.8 万个，中国却已经有了 14 万个。

电动汽车是美国发明的，比现在的汽油汽车发明还要早，但有人预测，到明后年（2019 年、2020 年）中国市场上的电动汽车的销售量，将会大大超过美国，甚至会达到全球的总和。

电商也是美国发明的，但是现在我国的市场规模早已超过了美国。

互联网也是美国发明的，但目前在应用方面，中国也大大赶超了美国。

人工智能目前是由美国引领发展的，但有人预测，中国未来完全有可能超过美国的人工智能，我们浙江也可能成为中国人工智能方面的一个先行区。

区块链的技术也应该是美国人的发明，比特币的发明者叫中本聪，他是日裔美国人，但是目前中国是全球区块链技术最火爆的国家。

总的来说，中国目前总体上正在开始步入自主创新阶段，但就科技进步讲，其实中国最厉害的主要还是科技成果的市场化应用，中国有着巨大的市场优势。我们中国完全能抓住千载难逢的“互联网 +”即数字技术、数字经济崛起的历史性机遇，为实现中华民族的伟大复兴打下坚实的基础。

九　任正非为什么说华为进入了无人区的困境

企业家要不负时代机遇，不负民族振兴重任。

2016 年，任正非在人民大会堂向中央领导汇报时讲到科技创新，他说，华为已经进入了无人区，处在无人领航、无既定规则、无人跟随的困境。

他的企业发展已经处于同行业最前沿了，在他的前面没有人领着他走，在他的后面跟随者也不多，所以他很孤独，他非常迷惘，非常痛苦。

为什么痛苦呢？长期以来，华为花了很多的钱，组织了很多的科学家队伍，但是，华为的创新仍然停留在工程应用创新方面，而没有或者说一时无法达到基础性的自主创新阶段，基础理论研究方面想突破却没有大的突破，所以，任正非说，他到底往哪里走很孤独、很迷茫。

但是，他也非常高明，他是一个有战略思维的企业家。我们知道，现在华为的手机总体上是组装的，不过，他也搞了一个“备份”芯片，万一出现人家卡脖子意外的话，他自己的芯片还能顶上去。尽管这个芯片不一定最先进，但也能顶得上用。中兴事件发生后，我问过比较了解情况的一位行家：华为到底有没有自主创新？他说华为是有创新的，但是它不是目前世界上最先进的创新。并且说，即使华为有创新，但很难进行市场化的应用，因为市场上要考虑性价比问题。

我认为，任正非先生能看到发展困境，能有“备份”意识，已经很不容易了。他是一个有战略远见、有民族担当情怀的企业家。

十　企业家要做坚定清醒务实的理想主义者

美国制裁中兴通讯事件，给中国上了一堂具有时代警醒性的课：中国应该坚定清醒、负重务实去自主创新。

这堂课的代价实在太大了。但它有必然性，迟早我们要完成这个历史答卷。有迹象表明，今后美国将会千方百计地拖延我们的创新步伐，将会千方百计地限制我们学习美国的科技进步成果。中国的创新会是一个艰难的过程。

浙商应该承担起时代的责任，你有实力了，你就在创新方面多投入；尽管对绝大多数企业来说，现在只能做到运用方面为主的创新，很难做到自主创新，但即便如此，我们还是要千方百计在运用现代科技成果方面舍得投入，坚定地走创新发展之路。

浙商要有远见、要有情怀、要有责任，要为中国的创新发展做出贡献。但是，我们也要脚踏实地，不要以为我们已经很有钱了，很了不起了，更不要盲目自大，以为很有实力、很先进了。其实，我们企业规模再大，但没有几个企业真正拥有自主创新的核心技术，商业模式、经营模式是一种创新，但它们不等于科技创新。我们的自主创新任重而道远。浙商还是要扎扎实实地做好企业，一步一个脚印地推进自己的创新发展。

中国电商迈入 2.0 时代

2018 年 12 月 25 日，在“新动能、新零售、新消费——2018 中国社交电商节”上，作者以“中国电商 2.0 时代”为主题发表演讲。

2018 年 10 月 12 日，我们已经在丽水市举行过一场探讨社交电商的活动，当时的话题是“社交电商、赋能农村”。据说，丽水是中国农村电商的重要发源地，而多年来专注社交电商事业的顺联动力，就是从山清水秀的丽水走出来的。

今天，“2018 中国社交电商节”，在有着“中国电子商务之都”之称的杭州召开，也许有些意味深长。因为，“社交电商”这几年异军突起，长期被淘宝、京东两大巨头争强称霸的电商领域，如今终于出现了新风新雨，在那块近乎被淘宝、京东耗光流量红利的土地上，终于在微信生态圈的土壤里重新出现了新局面。有人统计，目前微信生态中拥有 10 亿月活跃用户，占据了用户 55% 的在线使用时间，这里有大量传统电商未能有效覆盖的用户群体。近年来，社交电商似乎集中爆发，众多社交电商模式兴起，甚至一些传统电商或者传统快消品公司也纷纷入局，这说明社交电商领域有着巨大的商机和发展潜力。因此，近年来社交电商的悄然兴起，很有可能成为中国移动互联网的一大风口，并迎来发展的重要增长机遇期，成为新经济、新消费、新零售的重要推动力量，恐怕是有客观依据的。2018 年，被认为是社交电商爆发式发展元年，也不是空穴来风。

在这样的背景下，顺联动力公司（以下简称“顺联动力”）联合《浙商》杂志共同打造“2018 中国社交电商节”，试图作为国内首个社交电商领域的节庆活动，以此引导行业未来发展走向，并进一步确立顺联动力在社交电商领域的先行地位。这也是我们大家共同乐见的好事。

顺联动力有志于社交电商，并经多年探索拼搏，终于有了令人鼓舞的收获和业绩。此前，我曾对顺联动力提出过两点期望：第一，要在可能的情况下尽快布局全国，线上线下同步推进，因为互联网行业的竞争特点是广泛的网络化，“流量”应是“信流”与“物流”的统一；第二，要积极探索与创新标准化建设，因为这是竞争的制高点。顺联动力在这两个方面都做了不少努力。据了解，目前顺联动力已在全国成立农创服务中心24家，服务站500余家。顺联动力还非常重视行业规范建设。我国的第一个《社交电商经营规范》，也于2017年6月9日由商务部审批通过。这一行业标准的出台，对规范社交电商行业健康发展将产生积极的运营指导意义。

大家知道，电商1.0时代，主要解决去哪儿买、怎么买的问题，由此形成了支付、平台、物流、售后等一系列产业链现象。在电商2.0时代，面对的是服务驱动+消费升级所带来的用户新需求，主要满足“为什么买”“买得好”“买得高兴”“快乐买”的问题。这样，移动社交电商便迎来了新的发展机遇。再说，近年用户购买的价值取向也开始发生了新变化，在追求使用价值外，对“美好事物”和“社交货币”有了更多的需求。未来，社交电商可能会更加多样化，短视频、游戏、直播等新“流量黑洞”的出现会让行业更具多彩、“好玩”。但无论渠道和营销形式如何变化，要想让社交电商真正成为一种极富生命力的商业模式，就需要将商品、信息和用户三者真正“好而快”地连接起来，让电商销售终端无处不在，连通消费者生活的各个角落。

为此，我建议大家共同来探讨和做好三件事。

第一，对接新动能，打好供应链功底。社交电商探索出了一条创新式的流量获取路径，但“流量”应包括信息流和物品流才是完整的。作为虚拟化的流量只是手段、工具，根本的还在于它能否“带货”，完成流量的实物转化。社交电商平台本质上如同高速公路，车少了是放空，无流量，而车多了但只是空车多了或者“垃圾货车”多了，不但白白占了流量，而且无效低效使用资源。所以，归根到底还是要“内容为王”。这就需要把极具性价比的精选商品实现流量转化，需要有扎实的供应链功底。顺联动力所关注的“三农”领域，对供应链的要求也许更高。如何将我们现在经常提到的机器人（人工智能）、智能化、大数据、物联网等新技术、新手段、新动能，运用于顺联动力在全国各地的农创服务中心、服务站，实现对整个供应链的全流程把控，是顺联动力下一步需要重点研究的课题。

第二，依托新零售，升级消费者体验。个性化生产和消费是市场的重要发展趋向。平台对消费者的识别精准度是社交电商能否适应消费者体验升级的重要基础。如何使平台更“懂”你，甚至比“你”更懂“你”，而不只是“你们”“他们”，也不只是“从前的你”？毫无疑问，平台吃透用户的心思，最终也能回馈平台的另一端——供应链。以用户为中心，以用户需求为驱动的新零售，可以实现供应链由传统囤货式向扁平化管理转变，以销定产，按需供应。顺联动力关注的“三农”领域农产品过剩、乡村民宿冷热不均，是一块普遍存在的短板。依托新零售，这些短板就能在很大程度上补齐，或者说有望大为缓解。

第三，跟上新消费，加速全行业蜕变。新消费的概念很大程度上取决于消费升级的具体情况，尤其是电商和零售业如何收获中产阶层的红利。当然，“00后”越来越是新消费的先锋部队。很多社交电商走的是“农村包围城市”的路线，直到目前，他们大部分的生态圈仍扎根在三四线城市。这很重要，但也很不够。他们最终还是要更多关注城市这块市场的，那里的中产阶级、“00后”正酝酿出一个宽广的消费新蓝海。中产阶级更倾向于个性化消费、信息消费、绿色消费、时尚消费、品质消费等，如何抓住这波红利与趋势，加速全行业“乡村”气质向“城市”气质的蜕变，对当下的社交电商而言至关重要。不过，从事农产品为主的社交电商，如何把乡村消费文化与城市消费文化融合对接，更是一个大难题，但也许正是在这里，风光无限美好。

在上述三个方面，顺联动力已提前迈出了步伐。与其他一些将边缘产品销往农村市场形成区别的是，顺联动力是将高品质的农产品销往城乡高端市场。就是这种定位，让眼下顺联动力比其他社交电商平台更靠近蓝海，也更接近新的市场天地。不过，需要注意的是，中国早已不是短缺市场，而是过剩市场，加之国际市场风雨飘摇，去产能任务艰巨，而我国又着手培育强大的国内市场，因而功夫要花在引领市场、创新市场上。社交电商满足于交流交易模式创新是不够的，重要的还要以适当方式进入供给侧、进行新产品生产的创新。

我相信朝着这些方面去努力，中国社交电商会得到更健康的发展，顺联动力也会越来越好。

企业家朋友们，社交电商正处于崛起的十字路口，行业竞争也刚刚拉开序幕。在一个全球最强大的中国市场阔步向我们走来的新时代，社交电商有着令人期待的发展前景。

风吹有声，花开有形。

我们祝愿顺联动力不负时代，谱写出一曲社交电商奋进的新凯歌！

5G：改变社会，引领未来

2019 年 6 月 13 日，第 16 届浙商（投融资）大会暨 2019 5G+ 峰会主报告会在杭州举行，作者出席大会并做主题演讲。

对 5G 这样的前沿科技，我也是属于被科普的对象。但我们都有一个共同的认识：人类历史上每一次重大新科技的产生，都将深刻地改变社会。有人说，5G 技术可能类似于历史上的电力革命。对此，我们今天也许尚难完全定论，但 5G 技术及其广泛应用，的确会带来许多革命性的影响。

5G 不仅仅是通信技术，它也是普适的、泛化的通用技术。在相当长的一个时期里，虽然 5G 不是万能的，但离开 5G 是万万不能的。

也正因为 5G 能改变世界，引领未来，美国当局就对华为公司大开“杀戒”，进行极限打压。如今的中国华为，已经在信息技术领域走在了世界前沿，尤其 5G 技术，居然领先美国若干年。大家都明白，这不是华为的错，也不是 5G 的错。谁的错呢？你懂的。世界上的多数老百姓也懂的。

一　5G 技术及特点

通俗一点讲，5G 就是第五代移动通信技术，它是在固定电话基础上发展起来的。但它是无线、无绳的，是可随人移动的电话。

（一）1G 和 2G 开启移动、数字通信的时代

本来没有 1G 和 2G 的说法，只是出现 3G 的时候，大家才倒过来划分出了 1G 和 2G。

1G 就是“大哥大”时代，它是模拟方式的移动通信，虽然也叫移动电话，但与固话比较就只是少了一根线。“大哥大”实际上是一部可以移动使用的市话，不能到处漫游，也不能收发短信。但是，从有线到无线，看似只少了一根“绳”，却是很伟大的“无”，它开启了无线的、移动电话的新时代。

到了 2G 时代，以 GSM 为代表的全球数字移动通信时代诞生了。它用数字方式通信，从而使电话彻底改朝换代，移动电话自己也独立组网了，并且可以在全球范围内移动使用。另外，它还多了两个通道：一个是短信息通道——手机之间可以互相传递文字信息；一个是低速数据通道——手机之间可以进入特定功能的互联网终端。

2G 的革命性变革开辟了数字化移动通信时代，而且向文字等多功能和互联网方向发展。

（二）3G 和 4G 开启移动智能化、网络化的时代

到了 3G 时代，主要变革是手机数据通信速率的快速提升，从而使手机具备了视频通话能力。2007 年，苹果又推出了智能手机，使手机真正有了类似电脑的操作系统，可以在操作系统之上开发各种应用（APP）。智能手机通过加载应用软件的方式实现功能扩展（软扩展），使其大有万能之功力。只要你能想到的，手机几乎都能做到。因此，3G 给消费者的革命性变革，实际上是手机操作系统智能化的大变革。

2G 手机只是“功能手机”，3G 手机就是智能手机了。于是，手机换代，苹果迅速打败了摩托罗拉、爱立信、诺基亚的“功能派”。而且同样具有颠覆性的是，手机网络功能全面升级，可以像电脑一样直接上网了。这样，从 3G 开始，移动电话和互联网就正式“结婚”，并永远在线。手机随时随地可以接入互联网的梦想，终于成了现实。

4G 技术在 3G 基础上使手机数据通信能力彻底互联网化，它已不用考虑语音通信和短信功能，主要考虑如何高速接入互联网的问题。这样，高

速率、低时延的数据通信能力成了4G变革的重心，尽管用户手机的使用界面几乎没有变化，但手机的数据通信通道更换了，彻底互联网化了。

（三）5G将开启万物互联的新时代

按照3GPP和ITU的权威规定，5G网络速率（实际使用体验）至少满足100Mbps（每秒100兆比特）下载速度、50Mbps上传速度，时延不超过4毫秒，支持终端最高移动速度为500千米/小时，对无人机、数字电视广播、物联网、车联网C-V2X(Cellular Vehicle-to-everything)都做了规定，并且定义了三大主场景。

eMBB（增强移动宽带）：让VR、超高清视频、无线宽带等大流量业务成为可能或体验更好。

URLLC（超可靠低时延通信）：满足无人驾驶、工业自动化等需要的低时延、高可靠连接业务。

mMTC（大连接物联网）：可承载大规模、高密度的物联网业务，每平方公里支持100万个设备连接。

简单地说，5G网络速度更快、时延更短、容量更大。不难看出，在5G的三大场景中，除第一个与个人消费者直接相关外，第二个和第三个则更多的是与垂直行业应用相关，也就是与物联网相关，而这正是1—4G从未出现过的。

由此可以看到，5G虽然是一种移动通信的新技术，但这个通信不只是人与人之间的通信，而是万物之间的通信，是一种完全智能网络通信技术了。

由此我们通俗地把5G技术的主要特点，概括为“多快好省”：

“多”就是大宽带、大容量、大密度、广覆盖、多切片（个性化）等。通常5G要比4G的道路宽（多）20倍，当然还有天线多、基站多等特点。

“快”就是上下传递速度快，低时延也是快。世界电信联盟对5G时延的远景展望是要做到1毫秒，甚至低于1毫秒，这样一个反应速度，现在的网络和技术都做不到。为什么要低时延？因为这关系到5G应用下的可靠性、安全性。比如无人驾驶等场景就需要快捷反应，否则就会因延时而误事。人说话声音传递时间大概是140毫秒，而5G下的反应速度要比人的声音传递快140倍。

“好”就是质量高，图像清晰，虚拟逼真，安全可靠，用户体验好。

“省”主要是省电，低功耗。希望以后成本也省些。

（四）5G的“五个如果”

第一个“如果”：如果1G是掉了“一根线”，从此电话家族有了有线与无线两大类，那2G就干脆自立门户，告别模拟，走数字通信，而且开了文字短信和接入特殊互联网的两个小通道。3G不但可听可说可写，而且可看可视，手机实现了智能化变革，完全成长为“大人”了。4G干脆告别老家，变换数据通道，远走高飞，去完全拥抱互联网了。那5G呢？5G就是用“多快好省”来装备自己，再转过身来，去全方位地拥抱整个世界（万物）了。

第二个“如果”：如果把1G比作走路，2G比作自行车，3G就是摩托车，4G是汽车，那5G就是高铁。5G手机和4G手机看起来也许没什么大的区别，但速度却比4G快得多，下载一个1G左右的高清视频，只需要几秒钟。5G的峰值理论传输速度是每8秒1GB，比4G网络的传输速度快数百倍。

第三个“如果”：如果说，前4G主要围绕手机在“跳舞”，那么5G的终端设备重点就不在手机，而在物联网终端、传感器等领域了。这意味着它的重点不在人，而在人之外或者说人之上的外部世界。

第四个“如果”：如果说3G开启了移动端流量的大门，4G开启了移动视听时代，3G、4G技术升级的主要目的是为手机等移动设备服务，那么，5G技术的本质并不只是让我们可以获得更快的网速，而是通过低时延、高稳定性、海量设备接入等一系列性能提升，让我们得到3G、4G所不具备的能力。这是一种手机等移动设备之上、之外的新能力，也是一种改变事物的能力。这叫速度的量变引发了功能的质变，形成了一种新的动量、新的力量。

第五个“如果”：如果说4G改变了生活，那么5G将改变社会。

总之，5G除了不断提升手机的数据通信能力之外，更重要的是开启万物互联时代，从而改变社会。

二　5G何以能改变社会

很少有像移动通信产业这样，能从各个层面如此广泛深刻地改变着人类的活动。而5G的到来，将迎来一个万物互联的时代，将人类的活动和社会发展提升到一个崭新的高度。

业内人士把4G比喻为"修路"，把5G看作是"造城"。由于5G将带来随时随地身临其境的极致体验——医生通过屏幕就可以实时、全景地看到远在千里之外的救护车上的情景，并直接进行心电图检测；人们家中的冰箱可以根据用户的购物习惯，自动向超市购买生鲜食物；汽车可以在复杂天气下正确识别路标并始终精准导航；工厂里的每个设备变得可感知、可控制、可灵活调控，从而使生产活动无人化、智能化、柔性化，大幅提高生产效率；城市运行和管理精准化、动态化、智能化……总之，如果说4G修了一条越来越好的"路"，那么5G则使万事万物互联，构筑了一个"新城"，创造了一个新的世界。

从1G到4G，主要解决的是人与人之间的沟通，而5G将解决人与物、物与物之间的沟通，5G将成为网络时代重要的基础设施。据介绍，5G具有高速率、大容量、低时延的特性，这使得5G技术在物联网、智慧家居、远程服务、外场支援、虚拟现实、增强现实等领域得到广泛应用。更高的速率和更好的业务体验，为各行各业的数字化转型提供了技术前提，5G将真正实现移动信息化与社会各行各业的深度融合。

我们尤其要再次强调一下：5G是我们生活的重要设施，更重要的是它将成为产业互联网的基础设施。它不只是2G、3G、4G的进化，而是未来所有产业网络化、所有社会活动的新的技术、新的基础设施。

5G将改变社会，因为它开启了一个万物即时、智能互联的新时代。万物智能互联，是5G与4G最大的不同。5G将把人类信息交互的速率再次提升几十倍甚至上百倍，信息化程度的飞速提升将大大促进经济社会发展，生产和生活方式将发生令人惊叹的大变化，智能社会呼之即来。

5G将为各行各业进入数字化、智能化提供基础，也将重新更新改造社会，更重要的是，将迎来一个万物互联的智能社会。

因此，我们有足够的理由可以说，5G将改变社会！

三　5G将在哪些方面改变社会

那么，5G将从哪些方面改变社会呢？这也许是难以一一列举的。因为，5G与社会各个领域、各行各业都有直接或间接的关联性。这里，我们可以从哲学层面做一些“推演”。

在我们看来，5G技术至少将会引发这样一些重大变革，使我们有可能迎来这样一个新的时代。

（一）万联时代

5G将移动技术拓展至万事万物，使得万物互联，而且是智能的互联。5G将赋能无人驾驶、物联网、车联网、工业互联网等，推动众多行业数字化转型，催生万亿级规模的数字化市场。人与万物、万物与万物互联在一起，不就形成了一个新的世界吗？这个新世界叫什么？是否可以叫“人的世界”“物的世界”？或可否叫“天人世界”“数字新大陆”“智能新大陆”？我想，叫“万联世界”，也许更有想象力。

（二）智能时代

将出现广泛而深刻的智能化社会，形成一个万物有身份证又能说话的世界。在智能化社会，“智能”也许不再唯人所独有了。

（三）万生时代

万物互联意味着各种资源将重新分门别类，重新聚合，重新配置，进而发生各种可能的新变革，产生各种可能的新材料、新事物。大家想一想，有形无形市场空间对社会资源带来的配置作用有多大？ 5G作为一种泛化、共性的技术，类似于万能化的技术工具，而且是可以自主决策的智能化技术，把它广泛运用于各个领域，无疑将催生无数的新的可能，产生新的材料、新的技术、新的产品、新的动能，引发新的研究领域，催生一批批新的事物。如同一生二、二生三、三生万物一样，5G可能催生一个万物互联、万物互生的时代。

（四）效能时代

这是一个由速度牵引变化的“加速度”时代，这意味着可能迎来一个新效率变革，也可能使万物存在的时空结构发生变革。提高产业效率，让各行各业获益。5G 革命将支撑产业互联网的发展，当所有产品都能被 5G 连接的时候，将大大提高产业效率，同时也使整个社会效率大为提升。一个新的效能时代即将诞生。

（五）规则时代

每一次重大技术变革，最后都会形成无数有形无形的标准规则，领先者制定规则，后者随之。5G 技术、网络本身有标准规则，它也将智能产业、智能社会形成一些标准规则。标准规则是一种制度，是一种“接入口”，是一个“制高点”。

（六）重组时代

每一次重大技术变革，都是社会新陈代谢的过程，在市场化、产业化过程中，充满竞争，新旧迭代。这就是企业重组变革的时期。有哀鸿遍野，也有高歌猛进。摩托罗拉走了，苹果笑哈哈而来。5G 时代谁来谁走？现正狼烟四起，战火纷乱，尚未定局。可以肯定的是，5G 将带来企业竞争力的重塑，将出现重组分化的加速时期。

（七）未知时代

5G 无疑将带来各个领域的重大变革，移动互联网将从改变生活到改变社会，进而可能引发人类认知的一场新革命，大量不可知的领域将变为可知，新的可知带来一个未知的新世界。知者不知，不知者知也。知与不知，智者。

（八）变局时代

每一次重大的技术变革，都是各国国际实力、国际竞争力的重要转变关头。“在信息时代，无线技术领先世界的国家会取得胜利的。”美国白宫副首席技术官迈克尔·克拉西欧斯（Michael Kratsios）在 2018 年 10 月 25 日的声明中表示，“为了保持美国的优势，我们必须加速 5G 的开发和部署。美国已经是 4G 技术的全球领导者。正是由于在 4G 方面的领导地位，仅在 2016 年，美国就增加了 1000 亿美元的 GDP，创造了更多的就业机会，降低了消费者成本，并开发了更先进的应用程序”。克拉西欧斯还表示，美国不能承担在 5G 领域落后于其他国家的风险，美国必须保持无线领域所带来的经济和安全上的优势。

如何保持优势？不行就先打压你。美国无线通信和互联网协会（CTIA）发布报告称，美国在5G技术上已整体落后于中国。而当一个国家在无线领域失去全球领先地位时，就业机会也会随之减少，并且这些工作机会和技术都将更快地流失到海外。这正是美国政府所担心的。白宫科技政策办公室的报告显示，无线技术每年为美国经济贡献4750亿美元，并提供近470万个高工资且稳定的就业岗位。如果未来在通信领域美国处于落后地位，那么美国的整体经济必将受到严重影响。

美国人老谋深算。他们不只担心经济、就业，更重要的是还认为中国5G技术的快速发展对其军事国防、世界霸主、美国优先可能构成严重威胁。目前，5G技术方面中国开始走在了世界的领先地位。美国认为，新一轮的全球政治经济军事人才文化博弈开始了。的确，5G作为一项颠覆性的技术，在许多方面可以改变当下的游戏规则。作为领先者的中国有可能参与制定新的规则，这是美国的战略思维所不能容忍的。看来，5G已经撬起一个国际竞争的新时代，一个国际新变局的时代。

总之，5G将引发人类各个领域的许多新变革，将释放出无穷的想象空间。万物互联、万物智能，可能催生出新的万物。因此，5G将改变社会，引领新的未来。

四 无限商机在前头

艾瑞咨询在《5G时代商业模式变革趋势研究报告》中写道：5G最表象的变化就是通信速度的提升，但是当通信速度提升到一定程度，用户的需求和关注点就会发生新的改变。

找到用户的需求点，就是找到了商机。

5G是革命性的，在未来若干年内，人们将会看到其对社会各个生态系统将产生巨大的影响。而对于企业来说，商机也是巨大的。

业内专家表示，如此巨大的市场将带来庞大的商业机会和各类新应用，“5G蛋糕”自然会成为市场热点。

（一）与网络、通信相关的产业产品将成为新热点

伴随5G商用而来的将是通信行业的转型变革，创造巨大的经济产值。

整个5G产业链，上游的移动通信基础设施，中游的移动通信运营服务商，下游的终端以及应用场景，都将因5G的快速发展而受益。

（二）物联网将成为竞争新高地

5G时代物联网终端市场将会如新星般涌现，物联网应用市场将是一个全新市场，市场霸主地位仍未定论，像无人驾驶、车联网、远程医疗、VR/AR、智能家居、机器人等市场，虽有不少公司在冲刺，但市场仍未成熟，一时难见分晓。

（三）创造新生活新体验（新零售）中的新商机

在大容量、低时延、大连接的5G技术下，“浸入式”的购物体验将具备实现的可能。5G可以从用户主导和用户体验出发，构建新的零售业生态。

比如，嫌送货速度不够快？“5G无人机”来帮忙。快餐订购配送时间不到10分钟，就可以把热气腾腾的饭菜送到买家手里。不仅是快递、外卖，今后，急救物品等都可以通过无人机、无人车送到人们手上。

再比如，5G能传输更大流量，带动更多设备，从而让智能家居真正智能起来。5G远程文艺直播可以为观众带来跨越空间的新体验。

5G丰富的应用场景，必然带来生活方式、生活内容、消费需求的无限变化，孕育出许多新市场、新商机。

（四）升级产业、智能制造成为应用的新福地

5G技术是一种普适性技术，是经济社会发展的基础设施，它将带来各类产业的新提升、新发展。5G对物联网、车联网和工业互联网的应用和支撑，使它能够对国民经济基础设施，对互联网拥抱实体经济产生非常重要的赋能作用。

5G使农业、畜牧业向精准方向发展，工业生产更精准、更安全，助推生产方式转型升级，数字经济、智能经济蓬勃兴起。无人化将降低成本，远程实时生产控制将提高安全性，生产的柔性化、个性化水平大为提高。5G带来了更顺畅的全自动化操作，带来效能的新变革。5G为实现无人控制系统提供强大的基础设施，使无人驾驶汽车、无人机、无人设备破土而出。

（五）5G将与文化产业融合而碰撞出无数新火花

5G可以大规模应用于教育、文化、体育等公共事业，极大丰富人们的

文化生活。数字文化将异军突起，推动文化产品和业态的创新。

随着5G时代的到来，如果把传统文化与动漫、网络游戏等现代文化形态相结合，将会在融合中产生一些意想不到的新业态。如今，动漫游戏、网络文学、网络音乐、网络视频等数字文化产品已拥有广泛的用户基础，与百姓生活越来越密切。随着5G技术的应用，以及虚拟现实（VR）、增强现实（AR）、8K视频等技术的发展，这些数字文化产品无论在形式还是内容方面，都将呈现出一副崭新的“面孔”。

近年来，文化与互联网、旅游、体育等行业融合发展，跨界融合已成为文化产业发展最突出的特点。数字内容、动漫游戏、视频直播等基于互联网和移动互联网的新型文化业态成为文化产业发展的新动能和新增长点。

（六）优化社会治理的好平台

5G将助力社会治理水平的全面提升。比如，“城市大脑”全面普及后，可以把城市的每一条道路、每一个井盖、每一块草地，都接入网络来管理。

5G智能巡检机器人可以实现自主导航、自主避障、自主充电，有例巡、特巡、遥控工作模式，具备人体、人脸、车辆、车牌智能识别和火灾、气体等异常检测功能。它不仅可以在平整路面上自如工作，且具有一定的越障能力，适用于室外厂区巡检、园区巡逻、周界巡防、教育实训等应用领域。

借助5G网络，可以使用AR进行各种巡检。工作人员戴上AR设备，眼前可直观看到相关区域的动态，仿佛装上了一双“透明眼”，在地面就能完成实时数据采集与常规巡检，还可根据异常提示快速定位问题，确定解决方案。

5G正在提升政府的社会治理能力。一架搭载VR全景摄像头的大型无人机起飞，在5G网络下拍摄实时画面，画面清晰流畅地显现在安防管控中心的监控大屏幕上。智能探头还可以精准捕捉每一个路人的面部特征，从而帮助公安机关实现对重点人员、嫌疑人员的布控。无人机还可以完成对交通路况实时监控、交通违章抓拍以及交通基础设施巡检等辅助工作，预警敏感区域及周边的人流、车流情况，有效避免踩踏。发生交通拥堵、交通事故等突发状况时，无人机能够第一时间抵达现场拍摄取证，并可以及时进行交通疏导。

（七）优化政务服务的好帮手

5G与电子政务、办事中心相结合，将有力推进决策科学化，社会治理精准化，提高行政效能。在25个试点省份中，5G正走进越来越多的公共服务领域，不断提升政务服务水平。

（八）智慧医疗远程操控微创手术走上前台

5G大宽带、低时延、大连接的优势，与手术机器人相结合后，实现信号实时互联互通，可以打破空间限制，给远程外科手术提供可能性。

总之，5G技术可以应用于各行各业，5G的普及应用将赋予经济增长新动能，支撑智慧社会新发展，拓展民生福祉新内涵，为经济发展、社会进步和民生改善提供强有力的支撑。同时，对企业来说，将意味着无数的发展商机。

五　浙商们要勇立5G新潮头

5G登场，将带来百倍于4G速率的提升，并衍生出移动无线VR、自动驾驶、智慧城市、智慧工厂、智能家庭等新兴产业。同时，人们熟悉的家居、家电、电网、城市建设等都将随着5G时代的到来而发生巨大的改变。

5G为产业深度融合提供了坚强支撑。中国信息通信研究院发布的《5G产业经济贡献》预计，2020年至2025年期间，我国5G商用直接带动的经济总产出将达10.6万亿元，直接创造的经济增加值将达3.3万亿元。

据美国高通公司发布的报告预测，到2035年，5G将在全球创造12.3万亿美元的经济产出。

在2018年上海世界移动大会上，作为国内主流通信设备厂商的大唐，发布了《5G业务应用白皮书》。《5G业务应用白皮书》显示，移动通信行业与垂直行业的融合发展生态正加速5G商用时代的到来。围绕5G三大典型应用场景，《5G业务应用白皮书》选取了与5G结合点较强的十大应用领域，包括赛事/大型活动、教学培训、景点导览、视频监控、网联智能汽车、智能制造、智慧电力、无线医疗、智慧城市和产业园区。

业内人士认为，5G 对企业级市场的影响力或将远远超过消费级市场。5G 最先应用的行业是制造业，所有工厂都会因为 5G 而插上翅膀。大量传统的行业设备，例如工厂机床、医疗设备，都将有可能实现智能化改造。中国制造业应充分抓住 5G 产业机遇，大力发展以智能物联网为代表的创新技术，释放更多的“效率红利”“5G 红利”“智能红利”，推动中国经济的高质量发展和社会全面进步，向现代化强国迈进。

现在，5G 应用才刚刚起步，它的成熟和深度应用还有漫长的路要走，但它是一种变革性的通用技术，更是一种发展进步的新资源，尤其是它可能会催发出无数可能的新世界，让我们去憧憬和想象。把 5G 技术与各行各业深度融合，无数美妙的可能将会变为活生生的现实。

致敬，5G！ 5G 将改变社会，将引领时代！

致敬，伟大的祖国！中国人几百年来终于第一次在通信技术领域站在了世界最前沿，终于在 5G 技术方面领先于世界！

致敬，华为人！致敬任正非！数风流人物还看今朝。18 万华为人正在 5G 最前沿决死奋战！

致敬，勇立发展潮头的浙商们！让我们继承勇立时代潮头的浙商精神，以我们浙商特有的智慧和胆识，去勇敢地拥抱 5G！

5G 尚未普及，6G 研发拉开序幕。6G 可能会来，但现在还是用好 5G。先用 5G 技术去改变当下社会，用 5G 引领好未来 5 至 10 年这个极富颠覆性的时代。

一万年太久，只争朝夕！

浙商们，继续努力吧！

第三篇

奋进：向着宽广的未来远航

不忘初心，砥砺前行

2017年1月9日，作者受邀参加东盟—云南（10+1）浙商论坛暨云南省浙江商会成立15周年纪念大会，并以“不忘初心　砥砺前行”为主题发表致辞。

浙商在云南省有一支40多万人的庞大队伍，在云南创业时间长的已经有30多年，短的也有几年的时间了。云南省浙商商会成立15年以来，在融入云南、发展云南、服务云南方面；在拓展自己的事业，进行创业以及发展自身方面；在服务商会的会员方面；在提升浙商在云南的影响力、拓展浙商的品牌方面；在加强我们浙江和云南两省的经济、文化交流等方面，都做出了积极而卓有成效的贡献。

浙商在外地创业，无论是在云南还是在其他地方，其所取得的成绩有浙商自身的辛劳汗水和拼搏贡献，与此同时，也与当地的党委、政府、人大、政协，及各级领导干部、各个部门对其关心、厚爱和支持是分不开的。云南不但有一个良好的生态环境，而且也有一个非常好的发展环境。

参加这次会议，我得到了一个非常重要的启示：我们一定要响应习近平总书记的号召，要努力打造并形成良好的“亲”“清”的新型政商关系。没有这种良好的“亲”“清”政商关系，无论对政府、对当地发展，还是对我们企业的持续健康发展都是不利的。所以，我们应该身体力行地来推动、来形成这么一种良好的“亲”“清”的新型政商关系。

浙商的成长是离不开党和国家，离不开浙江、全国各地的政府和人民的厚爱和支持的。同样，一个地方的持续健康发展，也离不开企业的参与、配合和贡献。在我们国家的市场经济发展进程中，企业是经济发展的主体，政府则起主导性作用。没有建立在法制道义基础上的“亲密合作”而又“清爽干净”的新型政商关系，我们就建不成中国特色的社会主义市场经济，实现不了经济的持续健康发展。

为了研究浙商到底是个怎样的群体问题，我在网上进行了查询，打进去“浙商”两个字，结果跳出来的定义是：“浙商就是一群在东海之滨特别会赚钱的群体。”这句话引起了我的思考。你说它错吗？也没错。你说它完整地阐释了浙商的定义吗？我看远远不够。

我们要深入思考，要响应浙江省委、省政府的号召，进一步了解浙商、学习浙商、研究浙商、宣传浙商、提升浙商，要不断深化对浙商的新认识。

那么，浙商到底是一个什么样的群体？到底是一支什么样的队伍？我认为其内涵是非常丰富的。

第一，浙商是一支有千军万马、规模巨大的队伍。据不完全统计，在浙江省内、省外和世界各地，已经形成了一支规模达到1000万人左右的浙商大队伍。当然，这包括个体工商户在内。对浙江省来说，在5000多万的人口当中，有一支1000万人规模的浙商队伍在从事工商业经营活动。那是一支浩浩荡荡的大队伍，是一股巨大的力量。浙江省的发展离不开浙江企业和浙商们的支撑作用。

第二，浙商是一支非常有敏锐性、有觉悟的队伍。浙商来自钱江两岸，他们是一支沐浴着党和国家改革开放的春风成长起来的队伍。他们在政治上对党和国家的路线、方针、政策都有自己的切身体会，有自己的坚定信念。如胡季强先生（编者注：浙商总会常务理事、新丝路民间经贸国际交流中心理事长、康恩贝集团有限公司董事长）刚才回答提问时说：难道我们企业家不应该关心国家大事吗？不应该融入国家的发展大局吗？这就是政治意识、这就是大局意识、这就是宽大的胸怀和大智慧。随着实践的发展，今天浙商已经不再是当年那种只讲赚钱的浙商，早已是素质越来越高并且是有品位的浙商了。在中国，一定要学好做好政治经济学这篇大文章。除了政治敏锐性之外，浙商当然还要有捕捉商机、市场动向的敏锐性。这是浙商的优势所在。

第三，浙商是一支特别能吃苦、特别敢创业的队伍。这一点，众所周知的“四千”精神已经很好地阐释了。如果没有浙商当年、现在和今后的那种吃苦耐劳精神，那么就无以谈浙商。科技再怎么发达，时代再怎么进步，都离不开人最基本的素养和品行。

第四，浙商是一支特别肯学习、善创新的队伍。他们始终追寻着时代前进的步伐，追寻着改革开放和现代科技。不断地超越自我，充实提高自己，不断地创新发展。在今天这个时代，没有创新就不可能有新的发展，就可能很快会被淘汰。

第五，浙商是一支兼具物质财富和精神文化财富创造的队伍。今天的浙商身上具有丰富的知识和智慧，具有不断提高的文化素质和品德素养。他们在创造着物化的社会财富的同时，也创造着精神文化财富。文化是支撑浙商持久发展的内在支撑力。所以，浙商总是不断地在充实自己、超越自己，而且为形成中国特色的工商文明、民营经济和市场经济文化，贡献着自己的聪明才智。

第六，浙商是一支秉持浙江精神，干在实处、走在前列、勇立潮头、知行合一、义利并举的队伍。浙商是一支有家国情怀的队伍。他们作为企业，当然要赚钱并且要让自己的企业发展好，但他们同时也关注社会，有大爱的精神。也就是说，浙商们也在不断地回报社会、善行天下。

正因为这样，改革开放近 40 年来，我们浙商逐步由小到大、由大到强，不断地转型，不断地发展，不断地提高。当我们了解了浙商发展的历史，当我们看到浙商成长的过程和发展的经验之后，我们就会从内心深处由衷地敬佩浙商。我们为浙商的精彩而欢欣鼓舞；我们为有浙商这支队伍而感到骄傲。浙商是浙江一张宝贵的金名片，是浙江非常好的一个大窗口，是浙江一道亮丽的风景线。

“不忘初心，砥砺前行”主题非常好，体现了大局意识，体现了继往开来的胸怀。那么，浙商应怎样做到不忘初心，砥砺前行呢？

第一，不忘初心，砥砺前行，希望你们把自身融入我们党和国家不忘初心的大局中，也就是实现中华民族的伟大复兴和富民强国的大局当中。把党和国家的不忘初心融入我们浙商身上，把我们自身发展好，使我们国家尽快地实现中华民族的伟大复兴，实现中国的现代化，实现我们祖国的繁荣富强。浙商的“不忘初心”与我们党和国家的“不忘初心”要同呼吸共命运。浙商们心中应该有这个大格局和大胸怀。

第二，不忘初心，砥砺前行，希望你们行稳致远，了解世界大势，了解我们国家发展的大势。世界发展大势要讲的话有很多，但我就讲一句话：今日之世界，全球化正由第二波向第三波转型，“逆全球化”抬头，新的全球化尚未形成，目前正处在转型的“烦恼”时期。所以，未来世界不会太安宁。你们要有这个思想准备。但这其中也会有很多商机，因为世界秩序、很多发展要素都会重组。至于我国发展大趋势，大家要按照习近平总书记讲的我国经济发展进入新常态的大逻辑、稳中求进的主基调去理解和把握，并认真谋划、布局好自己企业的发展。

第三，不忘初心，砥砺前行，希望你们秉持、传承、弘扬浙江精神和浙商精神。浙商精神过去有老的“四千”精神，2008年国际金融危机后又提出了新的“四千”精神，不管怎么提，浙商之所以是浙商，是因为浙商千辛万苦地创业，千方百计地创新，就是特别能创业、特别能创新。大家都在创业，大家都在创新。问题的关键，就在于浙商特别能吃苦拼搏、特别会创新创业。这种精神你们要继续发扬下去。同时，随着时代的进步，要不断地去充实和丰富浙商精神。

第四，不忘初心，砥砺前行，希望你们立足当地，还要回报家乡。浙商的根在浙江，浙商的魂也在浙江。不管你们走多远，不管你们在外面如何顺风顺水，或者有多少风雨挫折，浙江的各级领导干部、家乡的父老乡亲始终都记挂着你们。不管你们离开家乡走多远，有家的路才是可以丈量的远航；既然你们离开了家乡，那么乡愁始终是你们心中的行囊。我们鼓励你们跳出浙江发展浙江，也希望你们立足当地反哺浙江发展。这两个方面要很好地结合起来。浙江是有胸怀的，能开放式地对待省外境外的浙商发展。我们鼓励浙商到全国各地、世界各地去发展，同时也在不断加大力度做好浙商的回归工作。

第五，不忘初心，砥砺前行，希望你们立足中国，走向世界，走向全球。今日之浙商，是浙江的、是中国的，也是世界的。到全国各地去发展，到世界各地去发展，这是浙商的风采。今天的浙商应该有这样一种宽阔胸怀、这样一种大气和担当，也有这么一种智慧和能力，去更多地融入世界怀抱，参与更激烈的世界竞争，实现更精彩的发展。但是，这个发展归根结底首先是为了中国的发展、为了中华民族的繁荣富强，所以，我们必须立足中国，发展中国。这就是我们安身立命的家国情怀。

浙商要不忘初心，牢记使命，不断负重前行，去赢得更加美好的未来。

新时代，你好！

2017 年 12 月 7 日，由浙商发展研究院（浙商智库）指导，《浙商》杂志、世界浙商网联合主办的 2017（第十届）《浙商》年会在杭州举行，作者围绕主题“新时代、新使命”致辞。

党的十九大报告郑重宣告，近代以来久经磨难的中华民族，经过艰苦卓绝的奋斗，今天终于迎来了从站起来、富起来到强起来的伟大飞跃，进入了一个实现伟大复兴的新时代。

浙商为浙江、为当代中国的改革开放、市场经济、小康社会和现代化建设做出了自己的贡献，进入决胜全面建成小康社会和开启全面建设社会主义现代化伟大征程的新时代，浙商要一如既往地承担起时代的使命。今天的浙商是浙江的浙商，也是中国的、世界的浙商，应该比过去更有信心、更有能力去承担起自己的责任。

由此，我想和大家一起，去共同感悟，今天的中国是一个多么汹涌澎湃的新时代。

（1）这是一个中国人民对中国共产党、对中国特色社会主义事业、对中华民族伟大复兴无比自信的新时代。浙商是在我国改革开放政策指引下成长起来的，应该成为讲理想、讲政治，不忘初心，牢记使命，永远跟党走的先进的社会群体。中国共产党从南湖红船上起航，浙商同样是“红船精神”的传承者。中国的民营经济从钱江两岸起航，浙商是中国改革开放大潮的冲浪者。

（2）这是一个转型发展的新时代。目前，我国经济已由高速增长阶段转向高质量发展阶段，正处在转变发展方式、优化经济结构、转换增长动力的攻关时期。浙商应该在转型发展方面走在前列。

（3）这是一个创新发展的新时代。创新引领未来。科技和人才是创新发展的核心支撑，质量变革、效率变革、动力变革是创新发展的立足点。浙商应该成为创新发展的生力军。

（4）这是一个共享发展的新时代。不但共享经济成为当代和未来经济发展的一个重要趋向，而且城乡、区域、行业、群体之间更需要统筹协调和共建共享。浙商也已经完成了财富积累，正走向承担更多社会使命的新阶段。

（5）这是一个中国正昂首阔步走向世界中心舞台的新时代。中国的开放发展和国际影响力日益成为引领世界发展的强劲力量。如今，站在世界舞台上的浙商，已经拥有更宽阔的全球视野和全球发展资源的整合能力。浙商从过去的产品“走出去”到企业“走出去”，从被国际企业悄无声息地收购转变为大张旗鼓地去海外并购国际企业，浙商应该更积极主动地成为开放发展的先行军。

（6）这是一个建设美丽中国的新时代。生态兴则文明兴。绿色发展、循环发展、可持续发展是当今人类发展的趋势，也是发展的难题。绿水青山就是金山银山。浙商应成为坚持人与自然和谐共存、推进生态文明、建设美丽中国的践行者、先行者。

（7）这是一个共创美好生活的新时代。我国已经解决了十几亿人的温饱问题，总体上实现了小康，人民美好生活需要比以往任何时候都更为广泛，不仅对物质文化提出了更高要求，而且在民主、法治、公平、正义、安全、环境等方面的要求也日益增长。我国社会的主要矛盾已经转化为人民日益增长的美好生活需要和不平衡不充分的发展之间的矛盾。这是一个战略性的重大判断。我国人民的生活消费正由小康水平向中高端消费阶段转变。这将孕育许多发展新机遇，也同时意味着浙商要承担起为满足和引领人民群众美好生活创造条件的职责。

（8）这是一个文化自信的新时代。文化是一个国家、一个民族的灵魂。没有高度的文化自信和自觉，就不可能实现中华民族的伟大复兴。浙商在实践中创造了丰富的物质财富，也形成了伟大的浙商文化、浙商精神，有了自己独特的精神情怀和文化表达。浙商应成为文化的浙商、有品位的浙商，成为利而不俗、富而不奢、贵而不骄的浙商，做追求义行天下、上善若水、厚德载物、知行合一、心身合一、人我合一、天人合一的新时代浙商。此外，还有一个重要任务和使命，就是要培养、扶持新一代、少壮派的新浙商，使他们成为浙商的薪火传人、继往开来。我曾经讲过，希望浙商成为立业、立德、立言、立后的"四立"浙商。"立后"就是指培育后来人、培养好后代。

浙商要担当好自己的时代使命，需要有思想、精神的指引。新时代产生新思想。习近平新时代中国特色社会主义思想是我们这个时代的伟大产物，是引领新时代发展的行动指南。我们必须认真学习领会，并予以指导自己的实践，在时代发展、国家发展的大局中定好自己的位，履好自己的职，做好自己的事，写好自己的新故事。

同志们！使命呼唤担当，使命引领未来。浙江省委书记车俊在第四届世界浙商大会上强调指出，新时代呼唤新时代浙商精神。他提炼了六点：要弘扬坚忍不拔的创业精神、弘扬敢为人先的创新精神、弘扬兴业报国的担当精神、弘扬开放大气的合作精神、弘扬诚信守法的法治精神、弘扬追求卓越的奋斗精神。这是对中央提出的要弘扬企业家爱国敬业遵纪守法艰苦奋斗的精神、创新发展专注品质追求卓越的精神和履行责任敢于担当服务社会的精神的贯彻落实，是对浙商过去"四千"精神的传承，更是对新时代浙商们的新期待、新要求。中国的企业家需要也必然会创造出中国版的企业家精神，新时代的浙商需要也必然会孕育出新的浙商精神。

拥抱新时代，永远跟党走

针对党的十九大报告中提到的新时代"新"在何处、新时代现代化经济体系如何建设、新时代如何更好地跟党走三个问题，作者特写作此文加以说明和分析。

党的十九大报告是我们党和国家事业继往开来、走向更加光辉灿烂未来的政治宣言，是引领中国历史发展进程进入一个波澜壮阔新时代的行动纲领。不仅深刻地影响着中国的未来，也与每个地方、每个企业、每个人的前途命运息息相关。

中国共产党是我国各项事业顺利发展的坚强领导核心，党的崇高使命就是始终为人民谋幸福、为中华民族谋复兴。当代中国步入中国特色社会主义新时代，意味着近代以来久经磨难的中华民族迎来了从站起来、富起来到强起来的伟大飞跃，迎来了实现中华民族伟大复兴的光明前景。但中华民族的伟大复兴，绝不是轻轻松松、敲锣打鼓就能实现的。我们必须付出更为艰巨、更为艰苦的努力。浙商是沐浴着党和国家改革开放、鼓励支持民营经济发展的阳光雨露而成长起来的群体，进入新时代，浙商更是深切感受到，只有不忘初心、永远跟党走，不断创新创业，才能勇立潮头，开创新的发展天地，永远飞向新的蓝天。

一　中国发展进入新时代的标志及历史意义

中华民族有五千多年的文明历史，创造了灿烂的中华文明，为人类做出了卓越贡献，成为世界上伟大的民族。但鸦片战争后，中国陷入了内忧外患的黑暗境地。为了民族复兴，无数仁人志士不屈不挠、前仆后继，进行了可歌可泣的斗争。实现中华民族伟大复兴是近代以来中华民族最伟大的梦想。经过近 200 年中国人民特别是中国共产党人的艰苦卓绝的不懈奋斗，我们终于迎来了比任何时期都更接近、更有信心和能力实现中华民族伟大复兴目标的新时代。

这个新时代，是承前启后、继往开来，在新的历史条件下继续夺取中国特色社会主义伟大胜利的时代。

这个新时代，是决胜全面建成小康社会，进而全面建设社会主义现代化强国的时代。

这个新时代，是全国各族人民团结奋斗，不断创造美好生活，逐步实现全体人民共同富裕的时代。

这个新时代，是全体中华儿女勠力同心，奋力实现中华民族伟大复兴中国梦的时代。

这个新时代，是我国日益走近世界舞台中央，不断为人类做出更大贡献的时代。

这是一个中华儿女追梦奋斗、期盼已久的时代，是中国艰难崛起、富强起来的时代！

中国特色社会主义进入新时代，具有重大而深远的历史意义和世界意义。

中国特色社会主义进入新时代，意味着近代以来久经磨难的中华民族迎来了从站起来、富起来到强起来的伟大飞跃，迎来了实现中华民族伟大复兴的光明前景。古老的中国终于迈向现代化强国之列。这是对我们中华民族历史进程的伟大意义。

中国特色社会主义进入新时代，意味着科学社会主义在21世纪的中国焕发出强大生机活力，在世界上高高举起了中国特色社会主义伟大旗帜。马克思主义、社会主义经过数百年的传播和实践，终于在中国生根开花，显示了新的生命力。马克思主义、社会主义将进入新境界、新高地、新胜利。这是对马克思主义、社会主义理论学说及实践运动历史进程的伟大意义。

中国进入新时代，意味着中国特色社会主义道路、理论、制度、文化不断发展，拓展了发展中国家走向现代化的途径，给世界上那些既希望加快发展又希望保持自身独立性的国家和民族提供了全新选择，为解决人类问题贡献了中国智慧和中国方案。中国用具有中国特色的社会主义的方式实现民族的伟大复兴，建成社会主义现代化强国，说明后起的发展中国家可以走独立自主的赶超型现代化发展之路，也证明人类实现现代化目标的路径、方式是多元的，而不是单一的。这是对人类文明发展道路、发展形态的伟大意义。

新时代实践催生新思想，新思想引领新时代。

习近平总书记是新时代的引路人。我们要对习近平总书记的历史地位有更深刻更广阔的认识：他既是带领中华民族实现伟大复兴、建设社会主义现代化强国的领导核心，也是21世纪世界马克思主义、社会主义的思想家、理论家、战略家，同时还是引领当代世界发展的大国领袖和世界领袖。

习近平新时代中国特色社会主义思想是新时代的灵魂。这个思想理论体系全面回答了新时代怎样坚持和发展中国特色社会主义问题，解决了新时代举什么旗、走什么路等一系列基本问题。主要有：

一是明确坚持和发展中国特色社会主义，总任务是实现社会主义现代化和中华民族伟大复兴，总目标是在全面建成小康社会的基础上，分两步走，在21世纪中叶建成富强民主文明和谐美丽的社会主义现代化强国。

二是明确新时代我国社会主要矛盾是人民日益增长的美好生活需要和不平衡不充分的发展之间的矛盾，必须坚持以人民为中心的发展思想，不断促进人的全面发展、全体人民共同富裕。

三是明确中国特色社会主义事业总体布局是“五位一体”、战略布局是“四个全面”，强调坚定道路自信、理论自信、制度自信、文化自信。

四是明确全面深化改革总目标是完善和发展中国特色社会主义制度，推进国家治理体系和治理能力现代化。

五是明确全面推进依法治国总目标是建设中国特色社会主义法治体系、建设社会主义法治国家。

六是明确党在新时代的强军目标是建设一支听党指挥、能打胜仗、作风优良的人民军队，到2035年基本实现国防和军队现代化，到21世纪中叶把人民军队建设成为世界一流军队。

七是明确中国特色大国外交要推动构建新型国际关系，推动构建人类命运共同体。

八是明确中国特色社会主义最本质的特征是中国共产党领导，中国特色社会主义制度的最大优势是中国共产党领导，党是最高政治领导力量，提出新时代党的建设总要求，突出政治建设在党的建设中的重要地位。

二　建设新时代现代化经济体系

中华民族、中国特色社会主义事业进入新时代，具有十分广泛而丰富的内容，实现新时代的历史使命，需要各个领域、各行各业和每位中华儿女的共同努力，但我们要牢记的是，经济发展是实现我们复兴梦想的根基。

党的十九大报告中的第五部分，重点讲经济发展问题。标题是“贯彻新发展理念，建设现代化经济体系”。新发展理念就是创新、协调、绿色、开放、共享五大理念。那么，如何贯彻新理念和建设现代化经济体系？习总书记分别从六个方面做了阐述和部署：（1）深化供给侧结构性改革；（2）加快建设创新型国家；（3）实施乡村振兴战略；（4）实施区域协调发展战略；（5）加快完善社会主义市场经济体制；（6）推动形成全面开放新格局。

其中，我们要认真领会和把握的一些重大论点和部署是：

（一）建设现代化经济体系的基本要求

（1）创新、协调、绿色、开放、共享的新发展理念是我国建设现代化经济体系的基本指导原则，是现代化经济体系的内在灵魂，是经济现代化的本质特性。

（2）现代化经济体系是我国整个国民经济的完整系统。这个体系不能仅从狭义的微观产业体系角度去理解，它是由微观、中观、宏观三个层面共同构成的国民经济发展目标和体系，它是涉及产业结构、生产与流通、消费（供需）结构、创新动力、城乡发展结构、体制机制改革、国际与国内发展的完整体系。有些人仅仅从经济要素或产业结构层面理解“现代化经济体系”是远远不够的。

（3）建设现代化经济体系正处于历史性的战略机遇期。党的十九大报告指出，我国经济发展进入了攻关期。近十年来，我国经济已由高速增长阶段转向高质量发展阶段，正处在转变发展方式、优化经济结构、转换增长动力的攻关期，建设现代化经济体系是跨越这个转型关口的迫切要求，也是我国经济社会发展的基本战略目标。

（4）现代化经济体系的基本要求。必须坚持质量第一、效益优先，以供给侧结构性改革为主线，推动经济发展质量变革、效率变革、动力变革，提高全要素生产率。

（5）现代化经济体系的产业体系。产业结构的现代化是现代化经济体系的基础，也是基本内核所在。因此，要着力加快建设实体经济、科技创新、现代金融、人力资源协同发展的产业体系。实体经济是现代产业的主干，科技创新和现代金融是现代产业、现代经济发展的基本动力和途径，而人力资源是现代产业、现代经济发展的基本要素和核心竞争力。

（6）建设现代化经济体系重要内容和目标还体现在体制上。没有经济制度、体制的现代化，就建不成现代化经济体系。经济发展的各种要素及其运行只有在一定的体制中才能实现。因此，必须继续深化改革，着力构建市场机制有效、微观主体有活力、宏观调控有度的经济体制，以不断增强我国经济的创新力和竞争力。当然，这个创新力和竞争力归根结底是一个国家的体制创新力和竞争力。

（二）深化供给侧结构性改革

建设现代化经济体系，必须有主干、有主体，要落地，落到生产、流通、消费的各个环节上。一个国家经济体是不是现代化，最基本的是看生产过程，即经济供给侧结构是不是现代化。这是基础性、主导性的。所以，建设现代化经济体系，必须把发展经济的着力点放在实体经济上，把提高供给体系质量作为主攻方向，显著增强我国经济质量优势。

那么，如何推进供给侧——产业、生产、制造端的现代化水平呢？

（1）要加快建设制造强国，大力发展先进制造业。

（2）要大力运用现代科技进步成果，积极推动互联网、大数据、人工智能和实体经济深度融合。

（3）要在中高端消费、创新引领、绿色低碳、共享经济、现代供应链、人力资本服务等领域培育新增长点，形成新的发展动能。供给侧结构的调整改革与流通、消费需求侧的调整改革不是对立而是统一的，是互为促进的。

（4）供给侧的结构性改革应瞄准国际市场，要积极促进我国产业迈向全球价值链中高端，培育若干世界级先进制造业集群。

（5）要支持传统产业优化升级，加快发展现代服务业。

（6）加强水利、铁路、公路、水运、航空、管道、电网、信息、物流等基础设施网络建设，这既是现代化经济体系的重要组成部分，也是为制造业、产业经济发展创造条件。

（7）供给侧结构改革的要义，就是发展优质的，淘汰落后的。因此，要坚持去产能、去库存、去杠杆、降成本、补短板，优化存量资源配置，扩大优质增量供给，实现供需动态平衡。

（8）供给侧结构性调整和改革，归根结底要靠人和人的素养、技能。因此，要积极营造有利于企业家健康成长的环境，激发和保护企业家精神，鼓励更多的社会主体投身创新创业。要下大功夫去建设知识型、技能型、创新型劳动者大军，弘扬劳模精神和工匠精神，营造劳动光荣的社会风尚和精益求精的敬业风气。

（三）加快建设创新型国家

建设现代化经济体系，关键的路径是不断改革创新，其中重中之重是科学技术和科技运用的创新。产业的转型升级、经济结构的优化调整，市场供需结构的提升，发展动力结构的转换，都直接依赖于创新活动。因此，创新是引领发展的第一动力，是建设现代化经济体系的最基本、最重要的战略支撑，我们必须加快建设创新型国家。

那么，如何加快建设创新型国家呢？

（1）要瞄准世界科技前沿，强化基础研究，实现前瞻性基础研究、引领性原创成果重大突破。加强应用基础研究，拓展实施国家重大科技项目，突出关键共性技术、前沿引领技术、现代工程技术、颠覆性技术创新，为建设科技强国、质量强国、航天强国、网络强国、交通强国、数字中国、智慧社会提供有力支撑。建成了科技强国，经济发展就有了现代科技支撑。在科技落后的国度里，无疑是建不成现代化经济体系的。

（2）加强国家创新体系建设，强化战略科技力量。要建设科技强国，谁去建？或谁去奋斗呢？国家的战略目标，必须落实到各行各业各个单位，更具体地还要落到个人头上。这就需要深化科技体制改革，建立以企业为主体、市场为导向、产学研深度融合的技术创新体系，还要加强对中小企业创新的支持，促进科技成果转化。

（3）特别要在社会倡导创新文化，强化知识产权的创造、保护和运用。

（4）要培养造就一大批具有国际水平的战略科技人才、科技领军人才、青年科技人才和高水平创新团队。

只有这样，才能实现科技强国、科技兴业和建设创新型国家的目标，从而加快建设起现代化的经济体系。

（四）实施乡村振兴战略

中国的现代化经济体系，自然是一个更应体现社会共享、城乡统筹发展理念的经济体系。当然，这是需要长期奋斗才能逐步实现的。也是我们建设现代化经济体系的重点、难点之所在。实施乡村振兴战略，是党的十九大报告中一个很重要的亮点。

那么，如何加快实施乡村振兴战略呢？

（1）必须坚持把“三农”问题放在重中之重的地位。农村、农业、农民问题是关系国计民生的根本性问题，必须始终把解决好“三农”问题作为全党工作的重中之重。这是中国的最大国情。中国的城市化率在相当长时期内会不断提高，但农村不会消失。中央提出要实施乡村振兴战略，意味着一方面要推进城市化，另一方面也要使农村长期生存和发展下去；同时还意味着，现在的乡村发展有边缘化或凋落化现象，需要警醒，采取更得力的举措加快农村发展，真正落实农业农村优先发展的总方针。

（2）乡村振兴的目标和要求。就是“产业兴旺、生态宜居、乡风文明、治理有效、生活富裕”。

（3）乡村振兴的社会体制保证。要按照上述乡村振兴的目标和要求，建立健全城乡融合发展的体制机制和政策体系。这样才能城乡一体地加快推进农业农村现代化。城乡融合需要一个大制度、一个大格局、一套大政策。中国农业农村能否顺利实现现代化，关键在于能否建立起城乡统筹融合发展的制度和政策体系。当然，这个融合发展应尽快更多地以城镇化、工商等社会资源以及体制政策去辐射、带动农村发展，而不是走过去长期以来那样的以更多损耗农村资源来支持城市和工商业发展的旧路子。

（4）乡村振兴的农村基本制度。要振兴农村，首先还是要巩固和完善农村基本经营制度，同时必须进一步深化农村土地制度改革，完善承包地“三权”分置制度。一方面，要继续保持土地承包关系稳定并长久不变，第二轮土地承包到期后也要再延长 30 年，这是乡村振兴的根基；另一方面，要深化农村集体产权制度改革，既保障农民财产权益，又能壮大集体经济。乡村振兴不是撤销已有体制重整山河，而是继往开来，在已有的根基上布新。

（5）要实现乡村振兴，必须坚持一个基本战略前提。那就是确保国家粮食安全，把中国人的饭碗牢牢端在自己手中。这是中国国情决定的。脱离或背离这个基本国情，农村的一切“振兴”都无从谈起。

（6）乡村振兴的农村基本发展格局。就是构建现代农业产业体系、生产体系、经营体系，完善农业支持保护制度，发展多种形式的适度规模经营，培育新型农业经营主体，健全农业社会化服务体系，实现小农户和现代农业发展的有机衔接。促进农村一、二、三产业融合发展，支持和鼓励农民就业创业，拓宽增收渠道。

（7）乡村振兴的社会治理体系。就是进一步加强农村基层基础工作，健全自治、法治、德治相结合的乡村治理体系。

（8）乡村振兴的干部保证。就是要培养造就一支爱农村、懂农业、爱农民的“三农”工作队伍。

（五）实施区域协调发展战略

中国幅员辽阔，是社会主义大国，建设现代化经济体系必然有一个区域协调发展的格局问题。这也可以说是现代化经济体的空间结构形态。如何加快形成区域协调发展的体系呢?

（1）建立科学有效、分类推进的区域协调发展机制和格局。要加大力度支持革命老区、民族地区、边疆地区、贫困地区加快发展，强化举措推进西部大开发形成新格局，深化改革加快东北等老工业基地振兴，发挥优势推动中部地区崛起，创新引领率先实现东部地区优化发展，建立更加有效的区域协调发展新机制。

（2）要以城市群为主体，构建起大中小城市和小城镇协调发展的城镇格局，加快农业转移人口市民化。这里既涉及城镇发展格局，又涉及城乡发展格局，明确了我国今后城镇化水平还要提高，农业人口要进一步市民化。

（3）推进区域协调发展的重点战略之一：以疏解北京非首都功能为“牛鼻子”推动京津冀协同发展，高起点规划、高标准建设雄安新区。

（4）推进区域协调发展的重点战略之二：以共抓大保护、不搞大开发为导向推动长江经济带发展。

（5）推进区域协调发展的重点战略之三：支持资源型地区经济转型发展。

（6）推进区域协调发展的重点战略之四：加快边疆发展，确保边疆巩固、边境安全。

（7）推进区域协调发展的重点战略之五：坚持陆海统筹，加快建设海洋强国。

（六）加快完善社会主义市场经济体制

完善的社会主义市场经济体制，是现代化经济体系的重要组成部分，甚至是最重要的核心内容，因为，经济社会资源的流动整合、经济运行的秩序、发展要素的激活、发展前景的预期等，都必须有制度、体制、法治的保障。

（1）完善社会主义市场经济体制的基本目标和要求。我们的经济体制改革，必须以完善产权制度和要素市场化配置为重点，实现产权有效激励、要素自由流动、价格反应灵活、竞争公平有序、企业优胜劣汰。

（2）完善社会主义市场经济体制当前的重点任务之一：要完善各类国有资产管理体制，改革国有资本授权经营体制，加快国有经济布局优化、结构调整、战略性重组，促进国有资产保值增值，推动国有资本做强做优做大，有效防止国有资产流失。

（3）完善社会主义市场经济体制当前的重点任务之二：要深化国有企业改革，发展混合所有制经济，培育具有全球竞争力的世界一流企业。

（4）完善社会主义市场经济体制当前的重点任务之三：要全面实施市场准入负面清单制度，清理废除妨碍统一市场和公平竞争的各种规定和做法，支持民营企业发展，激发各类市场主体活力。深化商事制度改革，打破行政性垄断，防止市场垄断，加快要素价格市场化改革，放宽服务业准入限制，完善市场监管体制。

（5）完善社会主义市场经济体制当前的重点任务之四：创新和完善宏观调控，发挥国家发展规划的战略导向作用，健全财政、货币、产业、区域等经济政策协调机制。

（6）完善社会主义市场经济体制当前的重点任务之五：完善促进消费的体制机制，增强消费对经济发展的基础性作用。

（7）完善社会主义市场经济体制当前的重点任务之六：深化投融资体制改革，发挥投资对优化供给结构的关键性作用。

（8）完善社会主义市场经济体制当前的重点任务之七：加快建立现代财政制度，建立权责清晰、财力协调、区域均衡的中央和地方财政关系。建立全面规范透明、标准科学、约束有力的预算制度，全面实施绩效管理。深化税收制度改革，健全地方税体系。

（9）完善社会主义市场经济体制当前的重点任务之八：深化金融体制改革，增强金融服务于实体经济的能力，提高直接融资比重，促进多层次资本市场健康发展。健全货币政策和宏观审慎政策双支柱的调控框架，深化利率和汇率市场化改革。健全金融监管体系，守住不发生系统性金融风险的底线。

（七）推动形成全面开放新格局

现代化经济体系必然是开放型的，是国内国际统筹协调发展的，不参与国际经济体系及其全球发展治理，就不可能是现代化经济体系。开放带来进步，封闭必然落后。中国开放的大门不会关闭，只会越开越大。

（1）我国推动形成全面开放新格局的战略重点，是以“一带一路”建设为重心，坚持“引进来”和“走出去”并重，遵循共商共建共享原则，加强创新能力的开放合作，形成陆海内外联动、东西双向互济的开放格局。

（2）我国推动形成全面开放新格局的重点任务，是进一步拓展对外贸易，培育贸易新业态新模式，推进贸易强国建设。

（3）我国推动形成全面开放新格局的体制政策保障，是实行高水平的贸易和投资自由化便利化政策，全面实行准入前国民待遇加负面清单管理制度，大幅度放宽市场准入，扩大服务业对外开放，保护外商投资合法权益。凡是在我国境内注册的企业，都要一视同仁、平等对待。

（4）我国推动形成全面开放新格局的国内区域化任务，是进一步优化区域开放布局，同时要重点加大西部的开放力度。

（5）我国推动形成全面开放新格局的一个主攻探索的方向，是赋予自由贸易试验区更大改革自主权，积极探索建设自由贸易港。

（6）我国推动形成全面开放新格局的一个新的重点任务，是要创新对外投资方式，促进国际产能合作，形成面向全球的贸易、投融资、生产、服务网络，加快培育国际经济合作和竞争新优势。

三　浙商永远跟党走

浙商是当代中国规模最大、实力最强、知名度最高的企业家群体。浙商是时代的产物，是浙江的骄傲。浙商是党领导下的中国改革开放的实践者，特色社会主义的建设者。浙商心向党，浙商感恩党和人民，浙商永远跟党走！

（一）中国共产党是为中国人民谋幸福、为中华民族谋复兴、始终走在时代前列的先进政党

我国各族人民热爱党、信任党，永远跟党走，首先是由中国共产党的先进性决定的。中国共产党是我国各族人民的主心骨，是我国各项事业的坚强领导核心。浙商永远跟党走是1000万浙商的坚定信念和自觉追求。

中国共产党以先进的马克思主义理论为武器，追求中国和人类社会最崇高最美好的目标理想。

中国共产党是一个具有崇高使命的政党，一经诞生，就义无反顾肩负起为中国人民谋幸福、为中华民族谋复兴的历史使命。

中国共产党是一个富有崇高信念和革命精神的政党，在革命实践中锤炼出来的开天辟地、敢为人先的首创精神，坚定理想、百折不挠的奋斗精神，立党为公、忠诚为民的奉献精神，成为鲜明的红色本色，激励全国各族人民进行艰苦卓绝的奋斗。

中国共产党是一个不断追求满足人民日益增长的更美好生活需要、奉行社会主义先进制度的政党，确立社会主义基本制度，推进中国特色社会主义事业，不但为当代中国一切发展进步奠定了根本政治前提和制度基础，而且实现了中华民族近代以来由衰落到扭转命运、持续走向繁荣富强的伟大飞跃。

中国共产党是一个富有改革创新品格的政党，顺乎时代发展潮流和人民意愿，勇于改革创新，勇于破除阻碍发展的一切思想和体制障碍，使党和人民事业始终充满奋进的强大动力，使中国大踏步赶上时代，走向世界舞台中心。

中国共产党是一个勇于追求真理、敢于面对曲折、善于修正错误的政党，从而确保其永葆旺盛的生命力和强大的战斗力，攻克了一个又一个看

似不可攻克的难关，创造了一个又一个彪炳史册的人间奇迹。

中国共产党是一个极富政治领导力、思想引领力、群众组织力、社会号召力的政党，在应对国内外各种风险和考验的历史进程中始终成为全国人民的主心骨，在坚持和发展中国特色社会主义的历史进程中始终成为坚强的领导核心，正带领全国各族人民为决胜全面建成小康社会、进而全面建设社会主义现代化强国、奋力实现中华民族伟大复兴中国梦、推进人类命运共同体建设而拼搏奋斗。

永远听党的话、跟党走，我们的事业就会越走越宽广，浙商就能为国家和人民做出更大的贡献！

（二）牢记习总书记亲切教诲，勇做中国特色社会主义事业的建设者

习近平总书记对企业家群体始终予以亲切的关爱，有许多重要论述。比如，2014年，习近平总书记在亚太经合组织工商领导人峰会开幕式上的演讲中指出："我们全面深化改革，就要激发市场蕴藏的活力。市场活力来自于人，特别是来自于企业家，来自于企业家精神。"习近平总书记在浙江工作期间，对浙商的重要地位和作用给予充分肯定，对浙商的健康成长倾注了大量心血，提出了殷切希望。

在2004年2月，习近平总书记就指出，在过去的20多年里，浙江省经济总量在全国的位次从第12位上升到第4位，从一个"资源小省"迅速发展成为"经济大省"，重要原因之一就是民营经济的快速发展。他说，浙江的民营经济是与改革开放和市场经济相伴而生的，是推动对外开放和建立社会主义市场经济体制的重要力量。浙江原来是一个陆域资源缺乏、工业基础薄弱的农业省份；改革开放以后，从农村工业化起步，大力发展乡镇集体企业和个私经济，逐步形成一批在全国具有较强优势的产业、企业和产品，发展成为一个工业大省。同时，民营经济的发展也有力地推动了人口、资金等要素的流动和集聚，促进了城市第三产业的发展和城市基础设施建设，加快了浙江省的城市化进程。

他指出，民营经济的发展，促进了大量农村剩余劳动力从第一产业向二、三产业转移，解决了一大批城镇居民的就业问题，成为增加就业的主渠道，促进了城乡居民收入水平的大幅提高。民营经济的发展还大大加速了浙江省广大农村和一些贫困山区脱贫致富奔小康的进程。

他鲜明地指出：没有民营经济的快速发展，就不可能有浙江改革开放和经济社会发展的辉煌成就，不可能有今天浙江经济的勃勃生机和强劲活力，民营经济在浙江省富民强省建设中功不可没、居功至伟。

在 2005 年 6 月举办的“浙商论坛”上，习近平同志亲临大会并发表重要讲话。在 2006 年 6 月 3 日召开的浙商大会暨浙商论坛上，他又深刻地指出，一部浙江改革开放的历史，很大程度上是一部浙商敢为人先、勇立潮头的创业史。在浙商身上所体现的创业精神和商业智慧，集中反映了与时俱进的浙江精神，展示了浙江人的良好形象。浙商是中国特色社会主义事业的建设者，是发展先进生产力和先进文化的实践者，是参与国际经济合作与竞争的开拓者，是人民群众实现共同富裕的贡献者，是浙江人民的骄傲和自豪。他认为，在社会主义市场经济大潮中培育和成长起来的浙商群体，已成为浙江发展中的一支十分活跃的生力军，同时也成为全国最活跃的企业家群体。

2006 年 6 月 16 日，习近平同志在《浙江日报》发表了《“浙商文化”是浙商之魂》的重要文章。指出：“浙商是在社会主义市场经济的大潮中诞生并壮大起来的创业者和企业家群体。长期以来，浙商不仅创造了大量的物质财富，也形成了一种独特的‘浙商文化’。从文化渊源上看，‘浙商文化’传承于浙江深厚的文化底蕴。从实践基础看，‘浙商文化’形成于广大浙商的创造性实践，是支撑浙商开拓进取的精神动力。浙商的新飞跃，需要‘浙商文化’的支撑。”他殷切希望广大浙商争做“科学发展的实践者、和谐社会的建设者、改革创新的先行者”，“使‘浙商文化’成为发展先进生产力的重要力量，成为民营经济实现新飞跃的重要支撑”。

他殷切期望，浙商要继续弘扬与时俱进的浙江精神，不断开拓进取，不断发展壮大，努力实现新的飞跃。浙商要做科学发展的实践者，浙商要做和谐社会的建设者，浙商要做改革创新的先行者，浙商要做文明经商的模范生。要求广大浙商积极适应新的形势，努力提升自身素质，推动技术创新、制度创新、管理创新和企业文化创新，在市场经济的大潮中完成浙商转型，使浙商群体真正成为具有现代化、市场化、国际化素质的企业家群体。总之，广大浙商要争做优秀的中国特色社会主义事业建设者。

进入决胜全面建成小康社会和开启全面建设社会主义现代化国家征程

的新时代，广大浙商要怀着无比深厚的感情去学习领悟习近平新时代中国特色社会主义思想，倍感亲切地重温和领悟习总书记对浙商的重要论述，不忘习近平总书记对浙商的亲切关怀和厚爱，不负习近平总书记、党和人民对浙商的殷切希望和要求，永远跟党走，勇做实现中华民族伟大复兴和中国特色社会主义事业的建设者，为实现中华民族伟大复兴中国梦贡献力量。

（三）浙商是一个有家国情怀的先进企业家群体

浙商是一个听党的话、跟党走的有家国情怀的企业家群体。

浙商是沐浴着改革开放的春风成长起来的一个具有特别情怀、特别素养、特别风范的市场经济活动主体。浙商对党的路线、方针政策有着独特的认知，对党和国家改革开放、鼓舞民营经济发展更有着特殊的感情，对中国共产党的先进性质、地位、作用和当代中国的社会制度同样有着深刻的认识和高度的自信。

浙商是一个在市场经济大海中打拼又是具有强烈社会担当和使命感的企业家群体，他们超越了只讲赚钱、只讲物利的局限，具有了更高的理想价值追求，乐于去承担更多的社会责任和义务。

浙商是一个讲政治、遵法循纪、诚信守德、有组织有纪律的企业家群体，全省全国全球的浙商商会组织和自律章程以及商会的党群组织，就是很好的证明。

浙商是一个有文化、有灵魂、有脊梁、有品位的企业家群体，过去有自己的“四千精神”，即走遍千山万水、说尽千言万语、想尽千方百计、吃尽千辛万苦的创新创业精神，就非常形象生动又高度概括了过去几十年来浙商身上的精神特质。

进入新时代，浙江省委省政府根据党的十九大精神和国际国内发展的新形势新要求，按照中央有关营造企业家健康成长环境、弘扬优秀企业家精神、更好发挥企业家作用的重要意见，结合浙江发展和浙商群体特点，又提炼出了“六句话”的新时代浙商精神：坚忍不拔的创业精神，敢为人先的创新精神，兴业报国的担当精神，开放大气的合作精神，诚信守法的法治精神，追求卓越的奋斗精神。这一概括既是对中央有关要求的贯彻落实，又是对过去“四千精神”的传承光大，更全面、更深刻地揭示了浙商群体的特质和价值追求，对浙商素养的提升和作用的发挥，提出了新要求新期待。

浙商要行稳致远，不忘本来，不忘初心，不断提升进步，不断实现新飞跃，创造新业绩，更好地承担起新时代新使命，就要永远听党的话，永远跟党走，沿着党指引的发展方向，在实现中华民族伟大复兴的中国梦和建设现代化强国的伟大实践中，争做优秀的中国特色社会主义的建设者。

新时代，新浙商

2018 年 9 月 7 日，新时代·新动能·新变革“走进浙大”高峰论坛在青岛市召开，作者出席大会并围绕“新时代 新浙商 浙商精神”做主题演讲。

习近平总书记强调指出，改革创新最关键的是要激发市场所蕴藏的巨大活力，而市场活力来自于人，特别是来自于企业家，来自于企业家精神。换句话说，新旧动能转换也好，经济发展也罢，改革也好，创新也罢，最根本的在于市场主体活力，特别是企业家活力和企业家精神的发挥。

一 习近平总书记在浙江工作期间对浙商发展的关怀和重要讲话精神

习近平总书记在浙江工作期间就曾对浙商寄予厚望，要求浙商“做中国特色社会主义事业的建设者”。现在中国发展进入了新时代，浙商要参与和引领新时代的经济发展，要勇于开拓创新，继续走在发展前列，以不辜负习近平总书记的厚望。

习近平总书记对浙商的论述有很多，这里简要介绍一下他的主要观点。

（一）浙商群体是浙江发展的生力军，是全国最活跃的企业家群体

在2006年6月召开的浙商大会上，时任浙江省委书记习近平指出，在社会主义市场经济大潮中培育和成长起来的浙商群体，已经成为浙江发展中的一支十分活跃的生力军，同时也是一个全国最为活跃的企业家群体。

在中国甚至在世界各国，有如此规模、如此活跃的企业家群体，可能是绝无仅有的现象。

2007年9月，时任上海市委书记习近平在与前来考察的浙江党政领导一同看望在沪浙商代表时说，在社会主义市场经济大潮中培育和成长起来的浙商群体，是全国最活跃的企业家群体。浙商已不只是一个经济概念，同时也是一个文化概念了。

习近平总书记在浙江工作时，每次带领领导干部到各省区市考察的一个必备活动，就是都要安排时间看望、接见当地的浙商代表，跟他们座谈交流，鼓励浙商发展。他十分关心浙江企业家的成长。

比如，早在2003年8月，习近平率浙江党政代表团考察新疆期间，就专门召开浙江企业家座谈会。会上他指出，浙江商人走遍千山万水，吃尽千辛万苦，说尽千言万语，想尽千方百计，才有了今天的发展成就。他要求在西部创业的浙商们，要以诚信为本、以民间商会为家、以贡献为荣、以情谊为重，实实在在地为推动西部经济建设和社会各项事业做出新的贡献。

（二）浙商、民营经济已成为国民经济的重要支柱

2004年2月，习近平就指出：浙江省经济总量在全国位次从第12位上升到第4位，从一个“资源小省”迅速发展成为“经济大省”，一个重要原因，就是民营经济的快速发展。浙江是民营经济的大省，早已是国民经济的重要支柱和主要发展力量。习近平总书记高度关注民营企业和民营经济的发展，经常深入企业调研，指导民营经济积极健康发展。

（三）浙商、民营经济已成为改革开放的重要参与者和推动者

浙商不但是浙江经济发展的重要支柱，更是浙江改革开放的重要参与者和推动者。今天我们关注浙商，也不仅仅是因为浙商创造了多少经济财富和物质价值，更重要的还在于，浙商群体是伴随着中国改革开放而诞生

并成长起来的，在中国改革开放40年的历程中，他们是市场经济的弄潮儿，是市场经济的推动者。中国40年改革开放的发展成就中有我们浙商的血汗、智慧和贡献。浙商伴随着改革开放而诞生，伴随着改革开放进程而成长，他们用自己的方式和轨迹推动、创造着这个时代。

（四）浙商、民营经济已成为工业化、城市化的生力军

习近平总书记多次指出，浙江原本是一个陆域资源缺乏、工业基础薄弱的农业省份。改革开放以后，从农村工业化起步，大力发展乡镇集体企业和个私经济、民营经济，逐步发展成一个工业大省。个私经济、民营经济和工业经济的发展，带来了人口、资金等要素的流动和集聚，促进了城市第三产业的发展和城市基础设施建设，加快了城市化进程。

（五）浙商、民营经济已成为就业和城乡居民收入增长的最大来源

民营经济早已成为浙江居民就业和城乡居民收入增长的最大来源。习近平总书记指出，民营经济的发展，促进了大量农村剩余劳动力从第一产业向二、三产业转移，解决了一大批城镇居民的就业问题，成为增加就业的主渠道。同时，民营经济的发展，促进了城乡居民收入水平的大幅提高。民营经济的发展还大大加速了浙江广大农村和一些贫困山区脱贫致富奔小康的进程。个私经济、民营经济是繁荣城乡市场的主体力量，在方便人民的生活，解决人们日益增长的多层次、多元化需求方面发挥了重要作用。

目前，民营经济为我国贡献了50%以上的税收、60%以上的GDP、70%以上的技术创新、80%以上的城镇劳动就业、90%以上的新增就业。在浙江，民营经济的贡献率更是大大超过了这些数字。

习近平同志深刻地总结道：没有民营经济的快速发展，就不可能有浙江改革开放和经济社会发展的辉煌成就，不可能有今天浙江经济的勃勃生机和强劲活力，民营经济在浙江省富民强省建设中功不可没、居功至伟。

（六）浙商要跳出浙江发展浙江

2005年3月21日，习近平在《浙江日报》“之江新语”栏目发表题为《跳出浙江发展浙江》的短论。文中指出：“跳出浙江发展浙江”，这是浙江经济发展的必然要求，也是浙江在高起点上实现更大发展的战略选择。

同时他也指出，“跳出浙江，发展浙江”与“立足浙江，发展浙江”是紧密相连的；浙商源于浙江，根在浙江；我们既鼓励和支持浙商走出去发展，也支持在外浙商积极返回家乡，踊跃回家乡投资，参与家乡建设，在更高层次上实现更快更好的发展。

这是非常重要的开放理念。我们反复听了习近平总书记的教诲，体会到，浙商一定要胸怀全国、胸怀世界，不局限在浙江的“一亩三分地”上。浙商要做大做强就要跳出去，在更大的舞台上，在全国范围、世界各地去寻找发展机会。跳出浙江发展浙江是习近平总书记阐述比较多的一个重要观点。

当然，不管你发展得怎么样，浙商的根总在浙江。所以一方面要鼓励、支持浙商往外走，另一方面也要鼓励、支持浙商返回家乡，参与家乡的建设发展，两者是相互依存、相互促进的。

（七）浙商对全国各地经济发展也有突出贡献

习近平同志不仅关怀浙商，而且在重要时间节点上勇于站出来为浙商撑腰，澄清是非。比如，在 2005 年 6 月举办的“浙商论坛”上，习近平亲临大会并发表重要讲话，高度评价浙商对浙江省及全国各地经济发展的突出贡献，针对当时有些地方和媒体称浙商为“炒家”的问题，给予了正面澄清。他说，现在有一些地方，动不动就认为浙商对某地、某个领域的投资是“炒”，这是不正确的。我们不排除浙商中有一小部分人有一些不健康的投资行为，但是浙商到各地去投资创业，绝大多数是诚信守法的，是尊重当地各种规定、规则的，是为当地做出贡献的。他说，最终实现的是双赢，这种“双赢”是在市场经济规律、价格规律作用下实现的，而不是靠所谓“炒”就能“炒”出来的。

在外地创业的浙商听到这些话后，无不感动万分，深受鼓舞，有的甚至泪流满面。这种精神的力量是强大的。习近平每次到外省区市考察接见省外浙商时，他都要勉励浙商坚持以诚信为本、以贡献为荣，实实在在地为推动各省区市经济建设和社会事业做出应有的贡献。

（八）浙商文化是浙商的灵魂

2006 年 6 月 16 日，时任中共浙江省委书记习近平在《浙江日报》发表了《“浙商文化”是浙商之魂》的重要文章。文章指出：“长期以来，浙商不仅创造了大量的物质财富，也形成了一种独特的‘浙商文化’。……‘浙商文化’形成于广大浙商的创造性实践，是支撑浙商开拓进取的精神动力。浙商的新飞跃，需要‘浙商文化’的支撑。”

“浙商文化”不但是对浙商现象的提炼概括，更是对浙商品质的提升，是对广大浙商的充分肯定。这表明，浙商不仅创造了物质财富，还创造了精神财富。浙商经过40年的发展，在伟大的实践中是有自己的文化积累的，也是有自己的精神标识的。浙商文化和浙商精神就是浙商的灵魂、脊梁，就是浙商行稳致远的动力。

2011 年 10 月，首届世界浙商大会在杭州召开，时任中央政治局常委、国家副主席习近平向大会发来了贺信。他希望浙商群体审时度势、抓住机遇，深入传承浙商文化、大力弘扬浙商精神，为全面建设小康社会和创新型国家，为实现中华民族伟大复兴建功立业。

（九）争做中国特色社会主义事业优秀的建设者

习近平对广大浙商寄予厚望，希望浙商在新的历史条件下继续弘扬与时俱进的浙江精神，不断开拓进取，不断发展壮大，努力实现新的飞跃。

2006 年 6 月，习近平亲自出席以“创新·合作·发展”为主题的浙商大会暨浙商论坛。他强调指出，在新的形势下，浙商要牢固树立科学发展观，继续弘扬与时俱进的浙江精神，争做科学发展的实践者，和谐社会的建设者，改革创新的先行者和优秀的中国特色社会主义事业的建设者，努力实现浙江民营经济新飞跃，为实现浙江又快又好发展共同努力。

这是对浙商群体的高度肯定，也是对浙商群体的殷切期望，为广大浙商指明了发展方向。

（十）浙商是浙江人民的骄傲

在 2005 年 6 月举办的“浙商论坛”上，习近平发表了重要讲话，对浙商给予了高度评价。他指出，一部浙江改革开放的历史，很大程度上就是一部浙商敢为人先、勇立潮头的创业史。在浙商身上所体现的创业精神和商业智慧，集中反映了与时俱进的浙江精神，展示了浙江人的良好形象。

“浙商是中国特色社会主义事业的建设者，是发展先进生产力和先进文化的实践者，是参与国际经济合作与竞争的开拓者，是人民群众实现共同富裕的贡献者，是浙江人民的骄傲和自豪。”

每次学习习近平总书记对浙商的这些论述，都让我们十分感动和兴奋。同志们，我们今天的浙商规模有1000万人左右，其中在全国各地有600万，在世界其他各地有150万左右。每五六个浙江人中就有一个是经商办企业的，这个比例在全国各省中是少有的。浙商群体不仅规模大，而且素质高，其创业创新精神是其他区域的企业家群体中少见的。习近平总书记当年用建设者、实践者、开拓者、贡献者来高度评价浙商、要求浙商，是对广大浙商的厚爱和期待，浙商要不辜负习近平总书记的期望。浙江人民为能培育、造就这样一支千军万马的浙商队伍而感到自豪。今天的浙商已经成为浙江的品牌，是浙江发展的宝贵财富。浙商已经成为全国各地都很看好的资源和力量。未来的浙商不但会在中国的大地上继续创造新的辉煌，还将在世界舞台上做出新的更大贡献，为中国增光。

目前，浙商到世界各地去投资、去创业的数量越来越多，但到境外发展一定要注意与我们国家发展的政策、产业导向相一致。应该抛弃那些虚幻的、对中国产业发展没有好处的“花样操作”。我们到国外投资，首先需要将重点放在实业方面，尤其是高科技方面的发展。

二　新的时代：与时俱进的浙商精神

改革开放的阳光雨露、奔腾澎湃的历史进程，造就了一个伟大的从商群体——浙商；1000万浙商，以其磅礴气势、特有的韧性和高超的经商智慧，锻造出了惊天地泣鬼神、可歌可泣的浙商精神；浙商不仅创造着丰厚的物质财富，而且为塑造当代中国的工商文明、企业家精神和现代文明都做出了特有的贡献。

从一定意义上讲，我们这个时代在发展过程中需要、实际上也催生了与时代相适应的工商文明和企业家精神。

关于企业家精神，2017年9月，中共中央、国务院专门发布了《关于营造企业家健康成长环境　弘扬优秀企业家精神　更好发挥企业家作用的意见》，用“三句话九个方面”做了提炼概括。在整个世界历史发展进程中，以一个执政党和国家政府的名义，专门就企业家精神进行界定并发布文件，恐怕是前所未有的，是世界上任何一个国家都不太可能会有的。这至少说明了两个问题：第一，企业家和企业家精神在我国现代化建设中具有特别重要的地位和意义；第二，我们党和国家对企业家队伍非常重视、非常关心。这是我们国家特有的政治、制度优势。

企业家精神有着丰富的内容。中央提炼的三句话是：爱国敬业遵纪守法艰苦奋斗的精神；创新发展专注品质追求卓越的精神；履行责任敢于担当服务社会的精神。

这三句话的内容是很丰富的，也是需要仔细领会的。

第一句话，爱国敬业遵纪守法艰苦奋斗的精神。这种精神是企业家们应有的，但对当代中国公民、领导干部、党员、公务员来说，也同样是要做到的。所以，这一要求适用于每个公民。这说明，企业家必须具有对普通公民的要求。

第二句话，创新发展专注品质追求卓越的精神。这种精神揭示了人类企业家群体的本质特性，是企业家精神的核心要素，也是当代中国企业家，尤其是优秀企业家们应该做到的。

第三句话，履行责任敢于担当服务社会的精神。这种精神无疑是对社会先进分子、优秀分子、精英分子的要求。比如，党员干部、优秀企业家就应该身体力行。

由此可见，中央对企业家的要求、期望是很高的，对其是作为社会先进阶层看待的，希望企业家既要做优秀的公民、优秀的企业家，又要做优秀的社会先进分子。

在现实社会里，企业家不只是单一的企业经营者，还具有公民等诸多社会角色，所以，就应该有更多的要求。

这是我对中央关于优秀企业家精神“三句话”内容的解读和领会。

浙商当然要体现上述“三句话”的内容，但作为特定的、区域的“浙商精神”，应有自己独特的内涵和精神标识。对浙商精神的概括和表述，大致经历了三个阶段和有过相应的三个表述。

第一个历史阶段是“四千精神”。“四千精神”就是浙商“走遍千山万水、说尽千言万语、想尽千方百计、吃尽千辛万苦”创业的艰难经历和精神气质。这个概括是民间自发提炼出来的，体现了浙商创业的艰难和吃苦拼搏的精神，比较形象生动，为广大浙商和社会各界高度认可。这是浙商群体典型化的精神文化标识，产生了很好的社会影响。

第二个历史阶段是“新四千精神”。2008 年，浙江省委省政府为应对国际金融危机和提升浙商发展水平，提出了“新四千”的浙商精神，即“千方百计提升品牌，千方百计开拓市场，千方百计自主创新，千方百计改善管理”。这个“新四千精神”体现了新的实践要求，其浙商的努力方向更加明确具体，也期望浙商适应发展新要求，加快转型提升，因而具有很强的现实性和指导性。

第三个历史阶段是我国发展进入新时代后，浙江省委省政府根据中央有关企业家精神的要求，结合浙商的特点，于 2017 年 11 月提炼概括出了新时代的浙商精神，即坚忍不拔的创业精神、敢为人先的创新精神、兴业报国的担当精神、开放大气的合作精神、诚信守法的法治精神、追求卓越的奋斗精神。这六句话强调了“创业、创新、担当、合作、法治、奋斗”的精神文化，是中央关于企业家精神的体现，要求也是比较全面的，是在更规范、更高层面上对浙商提出的希望。

由此我们可以看到，浙商精神是不断丰富、不断发展、与时俱进的。我把浙商精神用一首诗《飞翔吧，浙商》和一首歌《浙商之歌》（详见第六篇）来表达，试图概括出浙商最基本的特点和精神文化。

三　浙江是如何倡导和传承浙商精神的

浙江各级党和政府部门历来有个好传统，就是比较重视民营经济、优化营商环境和推进浙商发展。塑造和传承浙商精神并不只是企业家的事，首先应是党和政府的事，是全社会共同的任务。从政府层面来讲，浙江的主要做法有：

（一）做出一个好的表率

浙江各级党政主要领导亲自过问、关心、推动浙商发展，上上下下营造良好的政商关系。对浙商工作党政领导班子都有专人分工负责，年度工作也有安排部署。

（二）形成一个好的氛围

创造亲商安商富商氛围，建设民营经济大省，形成浙商是浙江发展的最大财富、最大优势、主体力量的共识。通过理论研究、宣传倡导、表彰先进、领导联系制度和召开浙商大会等方式，营造良好的发展环境。

（三）制定一批好的政策

年年出台政策，推动浙商不断创业创新发展。比如组织产业导向基金、“蓄水养鱼”、培强育大、转型创新、减税减负等举措，努力形成“含金量高”的良好的政策环境。

（四）提供一个好的服务

长期坚持“放管服”改革，2016 年又提出以“最多跑一次”改革为切入口，倒逼各级政府各部门减权、放权、治权，包括以保护产权和维护公平公正为重点的法治建设，倡导政府要当服务浙商的“店小二”，努力打造良好的政务环境。

（五）培育一支好的队伍

浙江一直重视企业家队伍的培养，重视企业家协会、商会建设，努力打造一支更高素质的优秀企业家队伍和人才队伍。

浙江经济、中国经济已进入转型发展的新时代，如何“转”？浙江壮士断腕、大刀阔斧，工作重点是做深一道加法、做好一道减法。“加法”就是拓宽浙商提升的通道，形成转型创新的格局；“减法”就是着力打好转型升级组合拳，倒逼浙商适应新发展。

四　浙商行稳致远应具备怎样的优秀品质

浙商身上有着许多优秀的品质。这是浙商行稳致远、攻坚克难、迈向未来的精神文化动力。我认为，浙商群体最难能可贵的品质和财富，起码有以下几个方面。

（一）千方百计跟党走

浙商不管到哪里，都会主动与党委政府沟通，商会中都有党的组织。浙商是讲政治、懂政治的企业家群体。在中国，不讲政治的企业是做不大的，但这不等于说企业家要千方百计去钻营政治。最高明的做法，是要与政府建立起“亲”“清”的政商关系。就像马云所描述的，企业和政府要做到“只谈恋爱不结婚”。要有一定的底线红线，要了解政策、了解大局，协调好各方关系，推动企业健康发展。

（二）千方百计闯天下

浙商和浙江人有一个非常显著的品质，就是敢闯敢试。他们往往是闯天下第一，赚钱第二。走遍天下去创业，开拓创新去做事。哪里有太阳，哪里就有浙商；哪里有市场，哪里就有浙商；哪里有商机，哪里就有浙商。过去晋商有一句话，就是：哪里有麻雀，哪里就有晋商。相比较而言，哪里有太阳哪里就有浙商要显得更为广阔、更为气派，更凸显出浙商的胆识和敢为人先的气魄。

浙商中的不少企业家，不太会讲普通话，更不会讲外语，但他们手拿一张世界地图，知道目的地就敢出远门走天下。这就是闯的精神。走着走着，闯着闯着，他们就走出了一片新天地，闯出了一番新事业。

当然，也有人提出，如果做到“哪里有创新哪里就有浙商”的话，那就更符合新时代的发展要求了。的确如此，浙商“闯天下”，更应该“闯创新”，浙商应是创新、创造的浙商。这是浙商发展的方向。

（三）千方百计创新业

有一句话，我觉得讲得非常好，就是人来到世界上，不应做过客而应做创客，要创出一番事业来，在创业中成长，在创新中高飞。作为企业家，最需要的是市场取向的创业创新精神。

企业家最核心、最宝贵的是创新精神，但创新要稳健创新，创新不是蛮干，不能只拍胸脯，要科学创新。显然，创新必然有风险，该冒风险时也要敢冒风险，但不能盲干冒风险。要因地因企制宜，风险要合理适度可控。

（四）千方百计求实效

实干是浙商很突出的优点，虚的东西少来点，实的东西多一点。市场经济讲究的是实效实利。浙商群体总体上是低调务实的。有一个外省朋友曾经告诉我，他从浙商身上学到最深的一点，就是浙江的企业家在确定目标后便锲而不舍、千方百计去追求、去实现。这是一种执着的务实精神。浙江人比较讲究虚功实做，求真务实，经世致用，吃苦耐劳，谋在深处，干在实处，不事张扬，低调务实。浙商醒得早、起得早、干得早，强调执行力、行动力。

企业家如果总玩虚的，总有一天会败下阵来。

（五）千方百计多学习

一个人一个组织一个民族爱学习，就有希望，就有更好的未来。看到浙商特别爱学习，就看到浙商有更加美好的未来。从一定意义上来讲，人是一个学习的动物。如果不学习就成不了不断进化的“人”。企业要不断做大做强，人要不断进步，就需要不断学习。而这一点，正是浙商身上非常好的优秀品格。

现在有很多针对企业家进修培训的商学院，包括清华、北大、浙大的EMBA班，参加培训最多的恐怕就是浙商。在蓝天白云的飞机上不多看风景，而专心看书学习的人，大概多数也是浙江人。这反映了浙江人爱学习的特质，有这样的好习惯，我们对未来就充满信心。只有不断学习才能不断提升，不断超越自我，不断充电才能不断补充进步的能量，才能行稳致远。

（六）千方百计讲仁爱

浙商讲利也讲义，义利并行才是大写的“浙商”。

浙商是会赚钱，但他们也付出了辛劳，并且对社会做出了贡献。现在浙商做慈善、做社会公益的事越来越多。企业做大做好了，就能为社会解决就业问题，能为社会多纳税，这也是实实在在的社会贡献，也是一种仁善。当然，在有实力可以更多地为社会做公益时能慷慨解囊，甚至挤出一些精力奉献公益事业，那就是更高层面的仁义行为。浙商是有仁心、有情怀、有脊梁的。

五 浙商要做新时代的“圣商”

我们今天提到很多浙商精神的内容，希望大家记住最本质的两句话，就是“千方百计创业，千方百计创新”，只有不断地创业创新，浙商才能立足于世，才有根基，才能为社会创造更多财富。这也正是浙商飞得更远更高的根本。

毫无疑问，作为企业家都是要创业创新的，而作为企业家的浙商，其核心的特性标识就是“千方百计”。浙商不是一般的创业创新，而是拼尽全力、坚忍不拔地去创业创新！

新时代新征程，新作为新担当，新升华新形象。浙商应向着有中国特色的高素质的优秀企业家、现代“圣商”的远方扬帆进发！

浙商身上有很多优秀特质，比如政治智慧、敢闯气魄、创业韧劲、务实致用、追求卓越、家国情怀，要继续保持和发扬。

我曾倡导浙商应做新时代的“圣商”。做到立业、立德、立言、立后（培养好后代），就是“圣商”了。其实，人们都可以在不同程度上做“圣贤之人”，企业家更有条件去做“圣贤之人”。

立功立业：就是经功业，干事业，干成事业。

立德立仁：就是富达而济沧海，有公德心，有仁爱情怀。

立言立文：就是有条件的浙商应多总结自己的经验，把自己的心中之理、自己的创业故事加以梳理，并分享传授给他人和后代。

立家立后：就是把家庭经营好，后代教育好。当人生走到最后，我们躺在病床上的时候，我们聊以自慰的是我们走过的光辉岁月，但是近在眼前的是我们的子孙后代如何。我们的希望和奋斗要靠他们去传承，这也是为社会、为国家应尽的贡献。

“缺芯之痛”后的思考

2018 年 5 月 8 日，作者在浙江省科技新浙商促进会 2018 年会暨“浙商新时代”论坛上围绕“科技创新”主题发表演讲。

2018 年以来，中美贸易战、中兴事件相继爆发。而中兴事件直击中国通信、电子企业“缺芯少魂”的发展现状。“真的猛士……敢于正视淋漓的鲜血”，我们必须勇于突围崛起。科技新浙商要不断推进企业的科技创新，并运用金融资本力量，为冲破“缺芯”困境贡献一份儿力量。今天，我主要围绕“科技创新”问题与大家做点交流。

一 中兴事件与国之重器

最近中美贸易争议很大，大有爆发中美贸易战之势。而中兴事件更是将这场贸易争端推向了新阶段，引发了国内上上下下的热议。中兴事件也集中反映了中国的科技创新问题。

（一）关于中美贸易顺逆差状况

首先，让我们来看看 2017 年中美贸易情况。

2017 年中国进出口总额为 41045.04 亿美元，其中出口额为 22635.22 亿美元，进口额为 18409.82 亿美元。

2017 年中美贸易总值为 3.95 万亿元人民币（约为 5800 亿美元），占我国进出口总值的 14.2%。其中对美出口 2.91 万亿元人民币，同比增长 14.5%；从美国进口 1.04 万亿元人民币，同比增长 17.3%；对美贸易顺差 1.87 万亿元人民币，比 2016 年扩大了 13%。

2017 年美方认为美中逆差 3752 亿美元，占当年美国所有逆差 5660 亿美元的 66.3%。

但中方认为中美贸易中方顺差只有 2758 亿美元，双方分歧 994 亿美元。

业界对中美贸易顺差统计口径的争议由来已久。早在 2012 年，时任世界贸易组织总干事帕斯卡尔·拉米（Pascal Lamy）就曾直言，现行贸易统计方法只适合于过去出口产品完全产自同一个国家的时代，而在生产全球化的时代，这一统计方法的漏洞直接导致了美中贸易逆差被夸大，许多纷争也由此而来。

（二）中兴事件引发的“缺芯之痛”

中兴为全球四大通信主设备供应商，但这些设备通常是“缺芯少魂”的。

这次中兴事件引发了中兴的是与非、中美贸易战的对与错（利与弊）、中美实力的强与弱（差距多大）、中国的实际发展水平以及全球市场主义与爱国主义的争论。

网上流传一段郎咸平谈中美贸易战的文字，认为中美贸易战远远超出了“贸易”范畴。

（1）本质上是战略的博弈。贸易战、中兴事件、封堵华为，这些问题，不是贸易逆差问题、不是经济问题、不是中兴不讲诚信问题、不是科技之战问题、不是逼中国开放市场问题、不是美国人给中国老百姓送幸福（治癌药免关税）、不是中国过于张扬刺激了美国……这些问题都存在，但远远不足以看透问题本质。只有从美国对华战略转型的角度出发才能理解，即使特朗普下台，美国后继总统也一样会持续在战略上把中国列为头号敌人并加以扼制。中美关系的任何缓和都只是暂时的策略，中美关系长期对峙、美国一波又一波扼制中国是必定的战略。因为，中美关系，是一个守成大国和一个崛起大国的结构性矛盾，是不可妥协的。这场结构性矛盾已经完全摊牌了，还沉迷于美国的文明吗？

（2）本质上是技术与市场的博弈。技术是美国最根本的优势，市场是中国最大的优势。美国是矛、是进攻、是强势一方；中国是盾、是防御、是弱势一方。但最终中国必胜，美国必败。因为，技术必须卖给市场才可获取高额利润并继续发展，技术失去市场必定衰退。而市场却可以培育技术、发展技术、换取技术、创造技术。有了市场，没有技术，可以发展技术。但有了技术，失去市场，技术之花必定枯萎。芯片是人类目前最高级最复杂的技术，只有唯一，没有之一。美国以此为傲，美国以此为立国之本，美国以此独霸全球。中国是全球最大的芯片市场，也只有唯一，没有之一，这个市场不可战胜，这个巨大市场与技术博弈最终将创造出高于美国的技术。技术压抑市场是暂时的胜利，而市场自创技术是最终的胜利，技术斗不过市场！

（3）本质上是国家意志的抗衡。发展高科技，国家意志是决定性因素。美国的阿波罗计划是举国之力，韩国芯片战胜日本芯片是举国之力，中国的原子弹航母北斗卫星是举国之力。2018 年 4 月 20 日至 21 日，全国网络安全和信息化工作会议的召开，标志着：中国共产党和政府誓以举国之力，发展中国的信息化产业，发展半导体、发展集成电路、发展芯片……中美贸易战，已展示中美战略对峙发展为国家意志的对垒！

（三）中国科技与发达国家有多大差距？

这里，我们转引国家信息中心经济预测部副主任王远鸿最近发表的一篇文章。文章认为：

改革开放以来，我国科技创新体系基本形成，在基础和前沿领域取得了一批有国际影响的重大创新成果，一些领域实现了从跟跑到并跑、领跑的跃升，但整体上我国科技创新仍处于跟跑的地位和阶段。企业开发能力弱，自主创新能力不足，核心技术缺乏。80% 左右的关键技术、多数高端装备以及核心零部件和元器件依赖进口，拥有自主知识产权的核心技术和在国际上知名的自主品牌屈指可数。

下面，我们再转引西湖大学校长施一公一次演讲中的观点：

如今我们的 GDP 已经全球第二，但是看技术革新和基础研究的创新能力，作为一个国家我们排在 20 名开外。

有的人或许会怀疑，认为我说的不对，会说我们都上天揽月、下海捉鳖了，怎么可能创新不够，我们都高铁遍布祖国大地了，怎么可能科技实力排在 20 名开外。我想说的是，你看到的指标和现象，这是经济实力决定的，不是科技实力决定的。我们占的是什么优势，我们占的是经济体量的优势。

我在海外的时候，只要有人说我的祖国的坏话，我会拼命去争论，因为我觉得我很爱国。4 月份，我在瑞典皇家科学院年会上领奖，晚宴时，与一位瑞典的知名教授聊天，谈到中国的科技发展，他很不屑一顾，我觉得很委屈、很愤懑，但是我轻描淡写地说了一句：不管怎么说，我们国家登月已经实现了，你们在哪儿？但他回敬了一句，让我说不出话。他说：施教授，如果我们有你们中国的经济体量，我们能把五百个人送到月球上并安全回来。

在国内，我觉得自己是个批判者，因为我很难容忍我们自己不居安思危。我们对国家的科技实力和现状应该有一个清醒的认识，怎么发展，怎么办也要有清醒的认识，并形成一定的共识，而不是仅仅停留在争论来争论去的层面。

（四）核心技术是国之重器

习近平总书记曾在多个场合反复强调："核心技术是国之重器"，一定要掌握在自己手里。这是有深刻背景和含义的。

2018年4月20日，习近平总书记在全国网络安全和信息化工作会议上指出："核心技术是国之重器。要下定决心、保持恒心、找准重心，加速推动信息领域核心技术突破。"

2018年4月24日，习近平总书记在考察三峡大坝时又指出："中华民族的伟大复兴，不会是欢欢喜喜、热热闹闹、敲锣打鼓那么轻而易举就实现的。我们要靠自己的努力，大国重器必须掌握在自己的手里。要通过自力更生，倒逼自主创新能力的提升。"

2018年4月26日，习近平总书记在考察武汉烽火科技集团有限公司时，反复强调："核心技术、关键技术、国之重器必须立足自己。过去我们勒紧裤腰带，咬紧牙关，还创造了两弹一星。下一步科技的攻关要摒弃幻想，靠我们自己。"

（五）"缺芯之痛"后的思考

首先，必须有清醒认识。当前，我国科技方面仍主要以模仿和跟踪为主，原创性成果较少，基础研究相对薄弱，高层次人才仍然稀缺。"缺芯困境"一定程度反映了中国制造够大而不够强的现状。

其次，中兴事件给中国敲响了警钟，必须摒弃"造不如买、买不如租"的做法，痛下决心、坚持不懈地把关键技术掌握在自己手上，必须尽快改变"缺芯少魂"的现状。

最后，许多核心技术必须运用国家力量才有希望追赶。以芯片产业为例。据业内人士介绍，芯片设计（谁来设计？）花3—5年时间能赶上发达国家，芯片设计投入并不太大，主要靠智力为主，而且已有一定基础。但芯片制造（谁来制造？）要花10年左右才能赶上发达国家，这是我国芯片产业的主要短板所在，芯片制造是资金、人才、技术最密集的环节，只有大企业才有可能生产，而且盈利周期长，失败概率高，风险大。所以，一般企业不会也无力去投入，必须运用国家力量才是可行的。芯片制造的产品还需要有应用（谁来使用？）支持，芯片设计、生产出来了，如果没有人、没有市场，则产业生态链也无法形成。由于是后发自主研发，难免在相当阶段成本高、风险大，性质、质量也有待提升，而如果市场应用不支持，则设计研发、制造将无法循环进行，也无改进提高和追赶的可能，只有较大规模使用起来了，才能可持续并改进提高。

因此，芯片产业核心技术的研发和追赶，除了有实力的企业要有民族责任感，舍得投入外，关键的是国家要像当年研发“两弹一星”那样，加强统筹谋划、运用国家力量、组织协同攻关。

二 如何打造企业核心竞争力?

（一）企业竞争力

关于企业竞争力的相关定义有很多，其中核心的解释是，企业竞争力就是能够为企业带来比较竞争优势的资源及其能力。

简单讲，企业的竞争力就是在某一领域与其他企业比较所具有的优势。优势越多，竞争力就越强。因此，企业竞争力归根结底是企业家掌控和经营企业内外资源的能力。

但是，企业竞争力和企业核心竞争力不是一个概念。

与企业竞争力相关的要素有很多，从静态看，战略理念、资金、设施设备、技术工艺、团队员工、营销管理、品牌、企业文化以及营商环境（外部条件）等，都可以成为企业的竞争要素和优势。

从动态看，在不同阶段和情况下，上述任何一种要素、资源都可能成为主要矛盾而变为竞争力，如企业在发展过程中面临的最大的问题就是资金链断裂，在市场普遍资金紧缺的情况下，企业的资金实力或筹资的能力就是竞争力。

动静结合来看，企业竞争力就是企业对各类资源获取、配置与整合的方式及其能力。

总之，构成企业竞争力的要素有很多，而且是动态可变的。构成企业发展的所有要素、资源都可以构成企业的竞争力，在不同条件下，构成企业竞争力要素的相对重要性又是可变的。

（二）企业核心竞争力

企业核心竞争力的一般定义，是指为了企业利益而跟竞争者竞争并能获胜的最重要、最主要的能力，是一个企业能够长期获得竞争优势的能力，是自己企业所特有的、能够经得起时间考验的、具有延展性（持续性），并且是竞争对手难以轻易模仿的、能为顾客创造更多价值的技术或能力。

关于企业核心竞争力，北大光华管理学院教授张维迎有一个在中国管理界流传最广的定义：企业那种“偷不去，买不来，拆不开，带不走，溜不掉”的资源或能力。

偷不去，是指别人模仿你很困难，如你拥有的自主知识产权——品牌、文化。

买不来，是指这些资源不能从市场上获得。

拆不开，是指企业的资源、能力有互补性，分开就不值钱，合起来才值钱。

带不走，是指资源的组织性。个人的技术、才能是可以带走的。

溜不掉，是指需要不断提高企业的持久竞争力。

（三）创新能力是企业的核心竞争力

从动态发展角度讲，企业的核心竞争力就是企业的创新能力。因为，不创新，一切原有优势都可能转化为弱势，都可能落后、淘汰。所有竞争优势都是可变的，关键是你能否不断地寻求创新。

创新包括战略、技术、制度（管理）、营销模式、文化等方面。

（四）技术创新是企业核心竞争力的根基

企业的核心竞争力在于创新，而创新的核心在于技术创新，技术创新是企业核心竞争力最基础、最难复制的。

但从现实来看，构成企业核心竞争力的有三个关键要素。

第一，企业家是企业核心竞争力的根本所在。因为，企业的一切创新、一切优势都靠企业家来决策、组织。企业家不一定是自己做科技创新的，但是企业家要通过自己的运筹决策、组织管理使科技创新成为推动企业发展的主要动力。企业家的综合创新能力，基本上决定着企业的胜败，因而企业家能力就是企业的核心竞争能力。

第二，科技创新是企业核心竞争力的基石。

第三，企业对资本运营方面的创新也是企业的重要核心竞争力，因为资金、资本是企业一切资源的“总开关”。

以上三方面构成了中国企业核心竞争力的关键要素。所以，一个企业的竞争关键是看企业家、科技进步和金融资本的创新能力。

（五）加强企业科技创新，提高企业核心竞争力

有能力的企业要加强自主创新能力建设，应用型研发是科技浙商的天职。企业作为科技创新的主体、研发投入的主体，应将科技研发与创新作为发展的核心，以对科技创新成果的应用为目标，通过对人力、物力、财力等多方资源的优化配置，加快科研创新产业化进程，将技术创新与市场竞争紧密结合，实现科技成果的商业化和产业化。

浙商、企业家应做学习型、科技复合型的企业家，同时要重视创新人才队伍建设，舍得研发投入，为科技创新营造良好的氛围。

牵手美丽品牌，创造美好未来

2019 年 3 月 27 日，在中天控股集团举办的品牌战略发布会上，作者围绕高质量发展与品牌建设主题发表致辞。

非常高兴和大家一起来参加中天控股集团的品牌战略发布会。今天我们见证着一个非常有意义的时刻，那就是中天正在向美好的未来开启一个新的时代，向中国建筑业的龙头企业的美丽品牌新阶段迈进。下面，我围绕着中国的高质量发展与品牌建设关系这个主题，与大家做个分享。

一　中国经济已进入高质量发展新阶段

中国经济已经进入高质量发展的新阶段。那么，什么是高质量发展呢？

高质量发展是能很好满足人民日益增长的美好生活需要的一种发展状况。这种发展方式或者说发展状况，必须是生产要素投入得比较少，资源配置效率比较高，资源环境、生态环境成本比较低，经济社会效益比较好的可持续发展，也就是说国家经济整体发展方式是可持续发展，是投入少、产出高的一种美好的发展。通俗地说，高质量发展就是一种“好的”发展，美好的发展。

那么，中国高质量发展的内涵和基本趋势是怎样的呢？我个人认为，高质量发展最起码有八个方面的要求：（1）高质量发展意味着中国经济进入了中速化增长阶段，高质量发展不等于没有速度；（2）高质量发展是一个优质化的，也就是说品质质量第一的发展；（3）高质量发展是生态化的发展；（4）高质量发展一定是科技化的发展趋向，这个科技化现在的状态就是我们提的智能化发展；（5）高质量发展是金融化（资本化）的发展。无论是国家还是企业，如果没有金融资本的理念，包括资本的投资等，那就不可能立足于时代发展的洪流之中；（6）高质量发展是一种包容化的发展，也就是说是一种相对均衡的，尤其是不能贫富差距过大的发展方式；（7）高质量发展是一种对美好生活的向往和追求的发展，生活有更高品位，做人有更多尊严，人的素养更全面发展；（8）高质量发展是全球化的、开放的、世界水平的发展。

现在的中国，可以说是经济大国，通过高质量发展，要向经济强国迈进。我国已成为世界第二大经济体、制造业第一大国、货物贸易第一大国、商品消费第二大国、外资流入第二大国，我国外汇储备连续多年位居世界第一。不过，目前的中国还不是经济强国，经济强国的一个重要指标，就是要品牌强国。根据有关统计资料，中国有 220 多种工业产品的产量为世界第一，有 281 种工业产品的销量世界第一，但我国工业企业品牌却难尽如人意。例如，全世界有很多关于企业品牌的排名，尽管有的机构公布的全球品牌 100 强排行榜中有华为、联想等中国知名企业，但从福布斯公布的 2016 年度全球最具价值的 100 个品牌排行榜来看，最具价值的品牌分别来自 16 个国家以及 19 大行业，其中来自美国的公司占了榜单的 52 家，德国 11 家、日本 8 家、法国 6 家，没有一家是来自中国的。

所以，从拥有 14 亿人口的市场体量和全球第二大经济体的经济总量来看，中国仍属于“产品大国、品牌小国”。中国要发展成为“品牌大国、品牌强国”，尚有漫长的路要走。

总之，未来高质量发展是中国发展的必然趋势，“经济强国”也是我国的奋斗目标，而要实现高质量发展和建设经济强国，就必须建设“品牌强国”。

二　高质量发展呼唤中国企业实施“品牌强企”战略

从品牌角度讲，高质量发展在企业层面提出了一个什么样的问题呢？

总的来说，中国未来发展可以概括为：美丽中国，美好发展，美好生活，也可以形容为高质量发展、高品质生活。

那么，为什么说高质量发展离不开企业的品牌引领呢？

通过一段时间的学习研究，我发现，在高质量发展时代，品牌对企业发展的作用起码有这样七个方面。

（一）品牌是质量的“代言人”

高质量发展意味着依靠量的扩张的时代已经结束，一定要走内涵增长的道路，质量效益成为第一追求，而知名品牌是企业、产品、服务质量效益的代名词，也就是说，有没有知名品牌，可以衡量一个企业增长质量怎么样、发展的品质怎么样？质量立企是企业生存和发展的前提，也就是说，质量是企业的第一生命，质量信誉是企业品牌的首要内涵。有品牌就意味着企业质量好、信誉好。因此，企业品牌是企业发展品质的标志和“代言人”。

（二）品牌是市场创新的“红旗手”

为什么这么说呢？现在是产品过剩的时代，高质量发展意味着必须进行市场的再创新，也就是说市场供给侧和需求侧都需要提升，需要进行创新，由过去的市场不充足（短缺）到市场过剩再向创造市场新供给、新需求提升，这样的市场创新，一个很重要的方面是需要品牌的引领。一个企业有没有品牌，品牌质量如何，就反映着在这个高质量发展时代，企业是否站在市场创新的最前沿。如果说，企业站在市场创新的最前沿，成为引领新市场的“红旗手”，说明这个企业，无论是企业主体还是产品都是市场上的“先锋队”“红旗手”，走在能有效供给、有效满足市场需要的前沿，独领市场风骚。

（三）品牌是生活品质的“风向标”

从生活水平的角度来说，高质量发展意味着我们要追求更美好的、更高品位的生活。中国社会达到全面小康水平后，普通老百姓开始过上了富裕生活，社会消费结构也进入了转型升级时期。知名品牌就是社会、市场、消费者对企业及其产品、售后服务、文化价值的一种评价和认知，也就是说企业要满足市场的认可、老百姓的认可，反过来，这也是市场对企业的一种忠诚和信任，因为企业能够满足他们追求美好生活的需要。所以，如果企业能够成为知名品牌的话，在高质量发展时代，企业就会成为引领品质生活的风向标，使高质量发展和高品质生活趋向统一。有知名品牌的企业，也将是创造新生活、引领美好生活的"发动机"。

（四）品牌是企业创造高额利润的"通行证"

我认为，在高质量发展时代，意味着市场利润已经开始多元分化。现在，我们一般认为，企业、产品、服务进入了平均利润、少利、微利时代，这意味着企业进入了重大的分化重组阶段，相当数量的企业、产品将会被淘汰、破产、出局。那么，反过来，如果企业能够不断进行市场创新，拥有知名品牌的话，将会获取超额利润，甚至某些产品达到垄断地位，获取垄断利润，以收"锦上添花"之红利。因此，高质量时代要迅速打造知名品牌，使企业通过品牌去获取高额利润。从这种意义上讲，品牌是企业创造高额利润的一个有效途径和桥梁，是一张畅通四方的"通行证""金名片"。

（五）品牌是综合竞争力的"风景线"

我个人认为，高质量发展时代意味着市场竞争进入了一个非常残酷的阶段。这个阶段市场竞争的一大特点，从企业层面来说，意味着行业龙头之间的竞争更加激烈，企业跨界发展也将成为潮流。这个时期，企业愈加需要站在行业龙头地位，成为跨界的、发展前沿的企业，这样的企业会有更大的竞争优势。换句话说，行业龙头企业之间的竞争时代正式来临，而拥有知名品牌的企业意味着竞争力比人家更强。我个人认为，品牌不是企业竞争力的全部，也不是企业竞争力的基础，基础是企业发展的质量和实力，但品牌一定是位居企业竞争力最高端——"宝塔尖"的，是企业综合竞争力的"亮丽风景线"。

（六）品牌是企业综合竞争力的制胜"法宝"

高质量发展意味着企业处在新的竞争阶段，意味着企业进入了新一轮的产业、企业、资本、人才等的重大重组（并购）时代。这一时期可以预见的是，优质资源将得到更优化利用，并向优质企业、优秀企业家集聚，而品牌作为一种高度稀缺的重要资源，我希望大家记住，品牌不仅仅是企业的优质资源，也是国家、市场的稀缺资源。只有占据品牌高位了，人家就很难与你竞争；只有在品牌方面领先了，你也就领先人家了。所以，在这个时代，品牌是一个企业提升竞争力的最重要来源和最为宝贵的无形资产，企业想要在与别人的竞争中取得新的优势，就需要把品牌这个制胜法宝用好。

（七）品牌是企业帝国的“精彩故事”

高质量发展意味着一批大型、超大型企业“帝国”开始形成，比如像中天控股集团（以下简称“中天”）这样的企业。而出现这样的超大型企业，也就意味着市场竞争由物的、钱的硬实力竞争开始更多地向思想、文化、价值、人格等软实力提升。这时候社会需要听品牌的故事，市场需要听企业的故事；这个时候，品牌企业也有“资本”讲自己的精彩故事。如果说，企业、企业家的故事讲得特别动听、特别美好，能够让社会来崇拜这样的企业，崇拜这样的企业家，这时候的企业和企业家就有可能进入一个让市场崇拜的“神话”阶段。这也许是一个非常美好的阶段。

三 企业品牌演进升华的六大阶段

通过学习研究，我认为从品牌、品位角度讲，企业的发展和提升通常有六大阶段。

第一个阶段，企业和企业家关注的是企业怎么生存和发展。

第二个阶段，企业有了一定的发展基础后，企业家便更多地关注市场和社会价值，这个阶段，企业会关注产品质量和企业品牌。比如，中天并不是现在才有的品牌，一直以来它都在打造“中天”这个品牌。长期以来，中天这个品牌如雷贯耳，这一次是对“中天”系列品牌进行重大整合创新。

企业发展到了第三个阶段，企业家开始进一步关注人生的价值、人生的使命，关注人生的品牌，我们会经常听到很多企业家说：我办企业不是为了钱，我是为了实现人生的价值，并且注意社会形象和社会价值，讲人生的家国情怀，包括从事一些社会慈善事业。这样的企业和企业家就处在这个阶段。

第四个阶段，在前面三个阶段的基础上，对企业的品牌和口碑进一步进行系统化的理论思考和概括，这个时期开始形成比较系统完整的价值观、使命和文化符号。这是理性化品牌建设时期，达到了战略自觉水平，进入了系统建设品牌阶段。比如，今天中天的品牌战略发布会就是一个生动的案例。这个时期，企业的发展战略和内部治理也酝酿着重大的调整和变革。

第五个阶段，就是在前四个阶段基础上，进一步把企业发展的核心经验、价值追求和企业家的人生情怀上升到哲学高度。比如，楼永良董事长很多年前就开始梳理中天品牌了，在楼董事长心目中，中天是已走完了第四个阶段的。我看了楼永良董事长 2017 年、2018 年的讲话，欣喜地发现，中天已开始走向第五个阶段，楼董事长已经把企业的发展和治理、把自己的经营实践上升为人生世事、事理的哲学高度，也就是说，已经在思考我是什么、企业是什么、为什么这么做、中天为什么这么发展、为何这么做是对的等哲学问题了。2017 年上半年，中天就导入了稻盛（稻盛和夫）哲学、心学（王阳明心学），开始从哲学高度思考中天的未来。

当然，更高远的境界，企业品牌还要发展到第六个阶段。在这个阶段，企业达到了国家行业发展的最前沿，甚至世界市场的最前沿，而且企业又能把自己的故事讲好、讲精彩，这样的企业家就开始进入了“神话的殿堂”，也就是出神入化阶段，意味着社会对这个企业、企业家开始崇拜了。比如，马云先生也许就已经开始进入神话的阶段了，我相信中天也会进入这样的阶段，被社会认可，成为社会和行业崇拜的企业，美好的中天肯定能够实现这样的目标，我们为中天加油！

四　浙商要吹响“品牌强省”“品牌强国”集结号

中天已经为浙商做出了榜样，用品牌引领未来发展。那么，为什么要浙商来吹响“品牌强省”“品牌强国”集结号呢？

首先，中央号召建设“品牌大国”“品牌强国”。习近平总书记指出

“推动中国制造向中国创造转变、中国速度向中国质量转变、中国产品向中国品牌转变”（向高质量发展奋进的“三大”战略性转变），“我们要以品牌战略带动自主创新，以自主创新支撑品牌战略，努力创建若干个拥有自主知识产权、具有国际竞争力的知名品牌”。

李克强总理在对2016年3月举办的第二届中国质量奖颁奖大会做出的批示中也曾提出：“弘扬工匠精神，勇攀质量高峰，打造更多消费者满意的知名品牌，让追求卓越、崇尚质量成为全社会、全民族的价值导向和时代精神，为促进经济‘双中高’、全面建成小康社会做出更大贡献。”

也是在2016年，国务院办公厅发文《关于发挥品牌引领作用推动供需结构升级的意见》（国办发〔2016〕44号）；2017年，国务院将每年的5月10日确定为“中国品牌日”。

其次，浙江为打造“品牌大省”“品牌强省”，也做出了很多的努力。浙江省实施品牌战略在国内起步较早。1992年，浙江省在全国率先实施名牌战略，培育发展名牌产品。2005年，时任浙江省委书记习近平先后做出“打造先进制造业基地”“要坚定不移地走品牌发展之路，努力打造品牌大省”等一系列重要指示。

2006年以来，浙江省先后出台了一系列文件：《关于推进“品牌大省”建设的若干意见》《关于打造“浙江制造”品牌的意见》《关于扶持“浙江制造”品牌发展的意见》《浙江省人民政府办公厅关于深入实施商标品牌战略的意见》《浙江省“三强一制造”建设工程实施意见》《“浙江制造”品牌建设三年行动计划（2016—2018年）》《浙江省发挥品牌引领作用推动供需结构升级工作实施方案》等，来打造“品牌强省”战略。

目前，浙江在省级层面已经形成了“品牌系列”，比较规范的如“三强一制造”，即标准强省、质量强省、品牌强省和浙江制造；建立了“省政府质量奖，品字标‘浙江制造’品牌，浙江名牌、著名商标、出口名牌”三级品牌梯度培育体系，形成了品牌培育、发展与保护机制。

近年来，“三强一制造”的品牌建设和传播格局已经初步形成，浙江正加快迈入品牌时代。

高质量发展的时代，也是品牌引领发展的时代。浙商要继续引领发展，就要在品牌建设上走在时代前面，做出新的贡献。浙商要顺应高质量发展、高品质生活趋势，吹响“品牌强企”集结号，再领时代发展新潮流。

五　中天人开启高质化发展新征程

通过22年的奋斗，中天已成长为中国建筑行业的龙头企业，从房产建筑规模来看，中天是实打实地位居全国第二，在民营企业中排名行业第一。中天能成为全国行业前沿的企业，真的不容易、了不起！而且，中天还在审时度势，顺势而为，又继续在“浙商如何实施品牌强企、品牌强国战略”方面不断思考，在第23个春天起步的时节里，对中天品牌理念、思路、规划、布局进行了重大的战略调整和变革，开始了新的万里长征。

我认为，这一次变革调整，是中天又一次由近海向深海的历史性远航；是中天进行的一场关于发展战略规划、业态布局、企业治理体制、干部人才、资源配置等方面的重大变革，中天的品牌战略调整不仅仅是品牌问题，它是涉及企业方方面面的战略变革；发布会的举行也意味着是中天人一个内增聚合力、外拓影响力的重大举措，一场关于续写中天人更加美好未来、更加精彩故事的战略性决战。

一块菜板的故事

高质量发展是我国经济发展的根本方向。对此，作者在一次演讲中，以一块旧新菜板转型升级的案例，生动说明了高质量发展的内涵和意义。

习近平总书记在党的十九大报告中指出：“我国经济已由高速增长阶段转向高质量发展阶段，正处在转变发展方式、优化经济结构、转换增长动力的攻关期。”2017年年底召开的中央经济工作会议又明确强调：“推动高质量发展是当前和今后一个时期确定发展思路、制定经济政策、实施宏观调控的根本要求。”这是对我国经济发展阶段性变化做出的一个具有长期指导意义的重大判断。我们要深刻认识高质量发展的丰富内涵和现实重要性，在实践中要更加自觉地推进高质量发展。

高质量发展是一种生产要素投入少、资源配置效率高、资源环境成本低、经济社会效益好的可持续的发展。因而，高质量发展的内涵丰富、内容广泛，涉及整个国家经济的发展体系；但也并非深不可测、无从把握。其实，在现实经济活动和日常生活中，我们每时每刻都会感受到高质量发展的内涵和现实意义。

这里，我们就以一块旧菜板升级为新菜板的案例，来看看高质量发展的具体含义以及与我们日常生活的密切联系。

有一位曾在电视台做烹饪节目的主持人，利用现在网络技术平台，专门为自己的粉丝介绍如何做菜烹饪，热心观众和粉丝不少，她近乎成了一个“网红”。有一天，她突发奇想：既然我可以向网友分享做菜心得，那么我也可以把比较实用的厨房用具分享给大家。于是，她在自己的节目中尝试把一些厨具介绍给网友，其中主要是推销德国制造的一套菜板。

大家知道，中国人传统使用的菜板通常是木制的，但木制菜板有一个致命缺点：菜板很难洗净擦干，很容易产生霉点。让我们无法想象的是，菜板霉点上会滋生出多少肉眼看不到的细菌，而这些霉菌通常容易致癌。

这位主持人介绍的新菜板与此不同，它从德国进口，有品牌，使用的材料是高科技、高强度的新材料，不易磨损，而且一套菜板共有三块，可分类使用（一块用于切普通蔬菜，一块用来剁肉砍骨，还有一块用来切熟食，人们可根据需要选择使用菜板）。

木制菜板的价格一般在几十元左右，贵的也就百元多一点。而这位主持人卖的一套新菜板需要 1500 元。乍一看，1500 元的价格是很高的，但没想到当她向网友们推介后，10000 套菜板很快就被抢购一空。然后她又向德方厂家表示要再订购 10000 套，厂家感到很诧异，因为之前这个公司在亚太地区一年的销售量也就上万套，而这位主持人一人就推销掉了 10000 套。的确有些令人惊异。但这位主持人利用现代视频网络平台，就轻轻松松推销了 20000 套菜板。

木制旧菜板向用新材料制作的新菜板转型升级，就是低端产品向高质量产品转变的一个典型案例。这个新菜板质量高，主要表现为：一是高质量供给，是有品牌的、质量保障的、技术含量高的产品；二是满足了高端市场消费需求，也引导了市场消费；三是在高质量菜板的背后，作为生产企业和市场消费者的素质也是比较高端的，因为需要运用高科技，消费层次也相对较为高端；四是这个产品符合环保理念，体现了绿色生态要求（传统的木制菜板需要砍伐树木，在一定程度上会破坏生态环境）；五是运用了新的销售模式，其运作的体制机制、供给商业模式也是新的有效的方式。

一个小产品说明了一个大道理。旧菜板向新菜板的转型及销售故事，非常形象地说明了高质量发展的基本内容和重要性。高质量发展并不神秘，实质上是一种产品质量高、科技含量高、价值高、绿色低碳、能满足人们对美好生活需要的发展。

文明因交流而多彩

2018 年 10 月 30 日，在 2018 杭州全球企业家论坛暨中国企业高质量发展峰会上，作者以“文明因交流而多彩 人类因合作而进步”为题做演讲。

2018 年是中国改革开放 40 周年，也是中国提出“一带一路”倡议 5 周年。今天我们又迎来了第三届“杭州全球企业家论坛”大会。这个论坛，其宗旨是通过各方的共同努力，搭建起“中国企业家好声音”“中国企业好项目”“中国企业好资本”“中国企业好技术”四个大平台，以实现“3111 工程”之目标，即有 3000 家以上企业董事长（总经理）参与，有 100 多个优质项目展示路演，有 100 多亿元资金对接签约，有 1000 多家企业孵化衍生，从而实实在在地集聚全球企业家的优质资源，推进“一带一路”沿线国家和地区的经济文化合作交流，为构建全球企业家共创、共享、共赢、共荣的合作机制做出贡献。

今年的论坛以新时代，新使命，新责任——聚焦企业高质量发展为主题，体现了新时代改革开放再出发和全面推进创新发展的历史趋势，符合习近平总书记对浙江提出的“干在实处永无止境，走在前列要谋新篇，勇立潮头方显担当”的新要求，也符合浙江省委省政府推动经济高质量发展的一系列决策和部署。

今年的论坛得到了30多个政府组织和有关机构的大力支持，吸引了俄罗斯、法国、意大利等国家的专家、企业家参与，获得了3000多位企业家的青睐，参与人员之广、活动规模之大，都是空前的。这说明，本论坛符合了各方的共同利益，推动了各方的合作交流，获得了各方的认可和支持，正日趋成为一个影响力越来越大的全球性论坛。我们对论坛所取得的成就，表示热烈的祝贺！今年的论坛三天时间里将安排12场颇有特色的活动，相信同样会取得丰硕的成果！

浙江是中国改革开放的先行地，也是习近平新时代中国特色社会主义思想的重要萌发地。长期以来，浙江坚持以习近平总书记对外开放重要思想为引领，积极推进“一带一路”倡议，努力构建全面开放新格局，奋力描绘同世界交融发展的美好画卷，书写开放图强的壮丽篇章。在这片热土上，涌现出了一批批敢为人先创新路、百折不挠谋发展的优秀企业家群体，他们为浙江人民的富裕、中国经济的崛起、世界经济的发展，都做出了自己的积极贡献。

市场经济的活力来自人，来自企业家们的实践创造和企业家精神的释放。优秀的企业家群体是改革开放的弄潮儿，是我们这个时代发展的主力军，是社会进步的开拓者，是人类文明演进的最重要资源和宝贵财富。论坛汇集了国内外众多企业家，大家共同商讨发展大计，共同交流从商之道。从本质上说，论坛本身就是广大企业家宽大胸怀的展示，是企业家耀眼风采的绽放，是企业家从商之道的传承与创新。弘扬新时代企业家精神，倡导企业家成为富有家国情怀、义利并举、厚德载物的高素质企业家，成为富有使命担当、追求卓越、引领时代发展的优秀企业家，正是论坛的重要任务之一。我们要在全社会进一步形成尊重企业家的良好氛围，要进一步保护和激发企业家的积极性、创造性，鼓励更多的社会主体投身创新创业，培育和造就更多的优秀企业家。这是时代的要求，是历史的呼唤。

浙商是改革开放的产物，是中国改革开放40年历史进程中的一个缩影、一个标识。中国共产党领导下的改革开放，可谓风起云涌，波澜壮阔，取得了惊天动地的历史性成就。浙商始终与改革开放的历史进程同呼吸共命运。一个伟大的时代，也哺育出了一个时代性的伟大群体——浙商群体。浙商属于这个时代，是时代潮流中的巨浪；浙商属于浙江，是浙江儿女中的优秀中坚；浙商也属于世界，是全球化进程中一支不懈奋斗的重要力量。

浙商因改革开放而兴，也必将在新时代改革开放大潮中走向新的辉煌。在对外开放新的时代征程中，浙商理应有新的作为，也必定会有更大的新作为。为此，广大浙商要充分利用好论坛的平台资源，以主人翁的良好姿态，展示出新时代的浙商精神，讲好浙江故事，亮好浙江风采，为加强各方的合作交流，推动浙江改革开放和经济高质量发展做出新的贡献！

文明因交流而丰富多彩，社会因多彩而富有活力；合作是一切发展的前提，共享是人类进步的成果；行动是走向未来的根本力量，时间是考验一切的伟大见证者。浙商要一起携手前行，不忘初心，用行动去书写不断奋斗、不断高攀的漫漫岁月，去迎接更加美好的未来。

关键之年经济发展的若干重要现象

2018 年 1 月 17 日，在杭州金华商会年会上，作者就 2018 年国内外经济形势做演讲。虽然历史已步入了 2020 年，但为了保持作者演讲记录资料的完整性，尤其为了验证分析的客观性，特予保留。

2018 年，对中国和世界经济发展来说，都具有关键性意义。

一　2018 年世界经济发展的若干新动向

目前大致可以判断，2018 年世界经济总体趋势上将会继续复苏，从宏观层面讲是比较乐观的。其中，美国经济并不像许多人认为的那样：特朗普执政会出现较大混乱。没想到2017年来美国经济发展出奇的好；欧盟也非常不错；日本也不像有些人所说的那么差；俄罗斯按照普京总统的说法是“相当不错”，经济也在复苏。所以，根据2017年的发展趋向，2018年世界经济正在逐步复苏，这是一个总体向好的趋势。

但是，我希望大家关注的是在总体复苏的过程中，2018年世界经济特别是世界金融资本是否会有波动。对此，还是要保持谨慎而不盲目乐观的态度。2018年，有这样几个重要因素将或多或少会抵消世界经济复苏带来的利好。

第一，就目前看来，美国也好，欧盟也好，日本也好，一些西方主要发达国家或早或迟将退出原来的刺激经济的政策。原来的政策是量化宽松的，主要是为了应对金融危机、刺激经济。根据世界经济目前的走势，过去的刺激政策很可能在2018年会先后终结。

第二，在宽松的经济政策退出市场的基础上，很可能部分国家将会出台紧缩的财政、货币政策；这些政策最主要的表现就是加息。加息的概率现在看来越来越大，美国的加息已经是比较确定的了。紧缩的财政、货币政策和加息政策的到来，将意味着全球整个资产特别是金融资产会增值，美元货币价值将会有所提升。

第三，西方主要发达国家的自利化、自顾化以及民族主义情绪，甚至是民粹主义的思想将继续抬头。由此将带来贸易保护主义在2018年有明显加剧的可能性。

第四，美国减税政策将对世界各国的经济格局及政策产生较大的影响。大家原来都觉得美国总统特朗普“不靠谱”，因为他某些不当的言论产生了许多负面的影响。但是，我们没想到他竞选总统时的减税承诺这么“靠谱”，其减税政策力度之大，很大程度上将会引发全球其他各国的税收政策的调整与竞争。如何出台更为恰当的政策来应对，这要看每个国家的能力、实力和发展水平。

各位还是不能小看美国对全球经济的影响力，其加息政策一定程度上是从美国自身需求出发的，但美国政策变化带来的影响，绝不仅仅只有其国内的经济，还将对全球其他国家的经济政策产生很大的影响。加息政策的出台，将带动全球经济的变化；减税政策的出台，也将给其他国家带来很大的麻烦。

如此一来，2018 年全球资本的流动将会激荡起不大不小的波浪。资金流动的方向将会有很大的变化，现在可以预测到很多资金将会回到美元经济体，尤其回到美国市场。随着美国减税政策的落地，很多在外投资的美国企业将会进一步回流，其他国家的大型公司也将会尝试到美国投资。这将会带来全球资金的很大变动，带来全球金融市场的波动，带来全球汇率的变化。企业家们要注意了解这些情况，特别是涉外的大型企业更要密切加以关注。

2018 年极有可能是世界经济摆脱 2008 年国际金融危机影响而步入新的经济周期的转折之年、关键之年。

二　2018 年中国经济发展的新思路

大家知道，党的十九大报告提出中国特色社会主义事业进入了新时代，这个新时代，我国将实现由富到强的历史性转变。

在经济方面，党的十九大报告还提出要建立现代化经济体系。不久之后召开的中央经济工作会议紧接着又提出了高质量发展这个新思路。中央判断，中国社会发展进入了新时代，我国经济也进入了新时代。这就是我国经济发展由过去高速增长的阶段进入了高质量发展的阶段。就意味着高质量发展将是中国未来相当长一个时期内的基本要求，是未来发展的基本思路和重心。大家要仔细考虑一下为什么 2018 年就提出要推进高质量发展。高质量发展有很多内涵，如转型发展、科技创新等。我认为，其中需要各位重点关注的还有以下几点：

一是高质量发展意味着党和国家不再注重追求经济发展的速度。经济增长的基本底线当然是需要坚守的，比如 GDP 增速保持在 6% 左右，但不再过多地计较增速的适度波动，经济增速的容忍度会有更大的提高。

二是高质量发展意味着去杠杆、去产能等方面的力度将会进一步加大，尤其是在处置僵尸企业方面，力度将会继续加大。2017 年是去产能、去库存、去杠杆、补短板的全面推进之年，但经济增长达到 6.9%，超过预期，呈现“稳中求进”“稳中向好”的趋向，这说明“三去一补”仍有很大的潜力空间。

三是高质量发展意味着对高耗能、高污染的企业的治理将越来越严格。今后不但会出台一系列举措推动高质量发展，而且将会有更多更严的举措限制“高投资、高消耗、高排放、高污染、低效率、低效益、低价值”的项目（企业），尤其随着污染防治攻坚战的全面展开，力度将会明显加大。

四是尤其要关注的是，中央明确提出要形成高质量发展的六大体系，即指标体系、政策体系、标准体系、统计体系、绩效评价体系、政绩考核体系。这六大体系的分量之重、涉及面之广是前所未有的，同时也是实打实要落地的，其导向作用和体制、政策的调整，将是广泛而深刻的。

高质量发展的内涵十分丰富且有六大体系作为重要抓手，作为企业家需要结合自己企业情况去认真思考，以迎接高质量发展的机遇与挑战。务必早一点主动对接，否则将会付出很大的代价。

有人说，2018 年将是中国开启高质量发展元年，也是新时代经济的扬帆出发之年。这意味着 2018 年中国经济发展新思路、新政策、新举措的变化将会产生重大而深刻的影响。

三　2018 年中国改革开放的新举措

2018 年是我们贯彻党的十九大精神的开局之年，也是我国实施改革开放政策的 40 周年。我相信 2018 年在改革开放方面将会出台一些大的举措。习近平总书记在新年贺词中庄严宣示，誓将改革开放进行到底。尽管目前尚不清楚将出台哪些新的重大改革举措，但随着互联网技术的全面泛化、从严治党的全面深化、国防军队改革的全面落地和“一带一路”的全面推进，及逐步“走向国际舞台中心”等背景，相信围绕着市场和政府这个轴心、人民美好生活需求与不平衡不充分这个主要矛盾，将会出台一些重要的改革举措，并以此来纪念改革开放 40 周年，表明将改革开放进行到底的实际举措。

作为企业家，要特别关注经济领域、政府职能等方面的改革、政策动向。我们应以实实在在的全面改革迎接改革开放40周年，而改革又和每个企业的发展息息相关。

四 2018年是“三大攻坚战”的启动年

全面推进“三大攻坚战”（防范化解重大风险、精准脱贫、污染防治）是党的十九大报告提出的，也是中央经济工作会议确定的2018年非常突出的重要任务。

“三大攻坚战”将是我们党和国家作为全面决胜小康社会，开启现代化新征程的重中之重的战略举措，也是我们党进行“伟大斗争”的重要内容。只有完成“三大攻坚战”，才能成功实现建成全面小康社会和顺利开启现代化新征程。大家一定要掂量掂量这“三大攻坚战”的分量。

从经济的角度来分析，“三大攻坚战”首先意味着风险的防控，而风险的防控主要是在金融领域。大家一定要关注中央经济工作会议上提到的控制货币发行量的政策，其中“管住货币供给总闸门”这个提法是新的重大政策导向。化解风险与企业发展关系非常密切。很有可能货币政策会在中性适度的基础上有所紧缩。回望2017年四季度以来中央开始推进略为紧一点的货币政策后，实际效果不错。2018年市场的流动性不会有太大的问题，但是货币政策不会再像过去那么宽松了。目前市场上流通的货币实在太多了，杠杆率也太高了，需要继续慢慢消化，我认为，力度上应再稍微加大一些，为积极推进高质量发展创造条件。

至于精准扶贫和污染防治这两大攻坚战，则是需要花钱的，涉及政府的财政支出，加上党的十九大之后我们国家要着力推进的宏大社会发展蓝图，这都意味着货币供应总规模很难下来多少，减税的余地也很有限，政府收入开支矛盾压力加大，因而在收入、投入、开支的结构上会有较大的调整，或者说将会用“结构换总量”。2018年，政府在解决社会保障、社会共享、社会事业上的开支也将会明显加大。

这“三大攻坚战”的全面推进，国家的宏观政策、宏观经济环境以及对我们的企业发展将带来什么新变化和重大影响，也需要大家去冷静分析，我们在这里点到为止，结论由你们自己去下。

五 2018 年尤其要重点关注金融风险

虽然自 2016 年年中以来，中国非金融部门的总杠杆率上升趋势有所放缓，尤其是非金融企业部门杠杆率出现了下降。这得益于2016年以来“三去一降一补”供给侧结构性改革的实施和推进，及名义 GDP 增速的筑底回升。但总的来说，目前我国经济的整体宏观杠杆率，广义货币总量（M2）占 GDP 的比重，还是相当高的。

2016 年年末，我国宏观杠杆率为 247%，其中企业部门杠杆率达到 165%，高于国际警戒线，部分国有企业债务风险突出，“僵尸企业”市场出清迟缓。一些地方政府也以各类“名股实债”、PPP 和购买服务等方式加杠杆。据国际金融协会数据显示，2016 年年底，中国债务总额已占到 GDP 比重约 256%，与美国大概相等。这个杠杆率在全球不是最高，但排名是很靠前的。根据国际清算银行的统计数据，2017 年一季度中国私人非金融部门杠杆率在 G20 成员中仅次于加拿大，位列第二，达 210.8%，高出 G20 成员整体的私人非金融部门杠杆率近 60%；而就杠杆率变化来看，自 2008 年国际金融危机以来，美、英、日、德等国私人非金融部门杠杆率的短期急剧攀升趋势已经得到遏制，当前杠杆率水平低于危机爆发初期，而中国私人非金融部门杠杆率则持续走高。

2017 年，我国 GDP 总量为 82.71 万亿元，美国 2017 年 GDP 为 130 万亿人民币左右。美国的广义货币供应量（M2）从 2008 年 9 月的 7.782 万亿美元增长至 2017 年 10 月的 13.67 万亿美元（按 1 ：6.5 汇率计算，约为 88 万亿人民币），净增长了 5.888 万亿美元，而我国 2017 年 12 月末，M2 余额为 167.68 万亿元，比 2007 年增加了 127 万亿元之多。

我国的 GDP 约为美国的 64% 左右，而 M2 却是美国的 2 倍左右。2007 年时，中国的货币供应量 M2 为 40.34 万亿人民币，与 GDP 之比大约是 1.14 ：1，到 2017 年，十年间，这个比例翻了 1 倍左右，增长速度比美国等其他国家要快得多。根据国际清算银行的数据，中国的债务目前占 GDP 比率大约为 259%，民间债务相当于 GDP 的 210%。到 2022 年，中国的整体债务将进一步上升到 GDP 的 327%。

从一定意义上讲，中国不是世界上债务杠杆最高的经济体，但也是一个世界靠前的高负债的经济体了。

现代经济有一个最大的特点，就是要出问题、有危机的话，首先大都直接发端于金融领域。这是近现代世界经济发展史早已证明了的。我看到一个数字，2016 年中国金融行业的增加值占 GDP 的比重是 8.4%。这对银行业来讲也许是好事，但从宏观经济角度来讲就不一定是好事了。这意味着大量的钱在金融领域内自我循环，而没有更充分地通过实体经济去创造价值。美国的金融行业创造的增加值占 GDP 的比重才 7.3%。大家都知道，美国金融资本市场多发达呀，但我国的这个数字居然比美国还要高。这就说明我国金融资本行业多少出现了“脱实向虚”的问题。

除了金融行业增加值占比大外，更重要的是这些年我国的债务还在不断扩大，化解债务风险是很艰巨也是长期的任务。2018 年在化解金融风险方面，也许会出台更多的政策措施，力度也可能会更大。加强监管，打击市场上违规违法的行为，是首当其冲的举措。在防控风险方面，需要特别关注以下三个方面：

其一，2018 年我国的金融市场不会有大起大落。中国在金融领域的管制能力非常强。好在近几年对于金融领域的管制我国没有完全放开。但 2018 年会不会有小的风波？值得观察和警惕。据有关专家推测，在今年五六月的时候，将有一大批债权债务要到期。

其二，2018 年在整治政府债务尤其是地方政府的债务方面力度会加大，尤其在治理隐形债务方面会出台新举措。其中，对一些所谓政府和企业合作的 PPP 项目将会有较大的整治动作。一些地方政府打着 PPP 项目的名号，大力举债，使得债务风险不断加大。

其三，目前我国的金融风险肯定是存在的，潜在风险也是比较大的。中央提出我国发展要稳中求进，不能大起大落。对债务问题的处理也会是少说多做，采取的是中医办法慢慢调理，不会也不能用西医开刀的手术方法。高质量发展是不可能建立在“虚胖”的基础上的。为此，我国负债率、杠杆率是要控制、调理和逐步下来的，资产质量是要挤掉一些“水分”的，资产价值也会回到更合理的线位上。

六 2018 年是中国房地产市场的重大调整之年

2018 年将是中国房地产实施新的思路、新的机制、新的举措的开启之年。

目前，中国的房地产市场仍有较大的风险，现在我们还不能说房地产市场大起大落的风险得到了根本性解决。据了解，我们国家新增贷款中有一半左右的贷款是流向房地产行业的。

对于 2018 年中国的房地产市场，我认为中央关于房地产行业的长效机制体制有望逐步出台，部分政策甚至已经出台了。中国房地产的供给侧改革将会有很大的举措，房地产供给的主体将会更加多元化。比如，国家出台政策允许农村土地更宽松地流转，让农民也成为房地产市场的供给、交易主体之一。

2018 年房地产的整个结构将会有重大调整。结构中最大的变化将是商品房和公租房并举，租赁房将会占非常大的比重并正式进入房地产体系之中。

根据预测，在 2018 年，原来房地产去库存的政策很有可能会逐渐退出。

所以，我们认为，2018 年房地产将会有很大的调整和变革。2018 年将会是房地产市场进一步分化的重要一年，值得大家重视和积极应对，或进或退可根据各自情况适时抉择。

总而言之，2018 年是我国经济发展过程中非常关键和值得关注的一年。大家要注意关注整个经济的发展形势，并和自己的企业具体情况结合起来分析局势，以迎接机遇，化解挑战。我相信，浙商是有能力适应整个国际国内经济发展新形势的。

世界大变局下的中美博弈

2017年3月4日，在浙商发展研究院（浙商智库）闭门会上，作者分享对于特朗普执政后中美博弈的看法。

我们很荣幸能邀请到凤凰卫视《金石财经》著名评论员石齐平先生来纵论世界时事。我听了以后，深受启发，感触良多，觉得多听听世界时事，应该是很有收获的。

一　石齐平先生精彩演讲的几个特点

第一，石先生的演讲有着丰富的历史知识。他围绕当今世界中美之间的大博弈，或者用他的话来讲，“全球一盘棋，中美大博弈”这个主题，做了多维度的分析评论。他从历史开始讲起，从美国建国的历史道来，也讲了中国几千年的历史，有着丰富的历史感和历史知识。这给我们一种怎样的启发呢？就是我们要了解一个人，了解一个国家，现在状态怎么样，未来发展态势怎么样，一定要知道它过去怎么样。你要了解特朗普，你就看看他原来是什么样的，就可以知道他现在和未来的诸多特点。当然，他现在身份不同了，不可能完全和过去一样。但是，了解他的过去，肯定有助于我们了解他的今天和未来。了解今天和未来的美国，也需要我们去了解它的历史。

第二，石先生的演讲有着丰富的、宽阔的世界视野。正因为这样，他才能来谈中美关系这个世界大话题。石先生尽管是学经济学的，但听他今天的演讲内容，似乎基本上不是经济学的，讲的主要是世界政治学或者说是世界地缘政治问题。当然，也涉及很多经济问题。他是用一种综合的、世界的眼光来看待中美关系，来看待美国，来看待我们今天的中国，以及世界其他国家的各种关系的。所以，我们的企业家要做好你的生意，企业要做大做强，也需要有这种世界的眼光。这一点，我们是非常佩服浙商敏锐的商机意识的。即便面对世界政治风云的大变幻，他们也都能抓到商机。比方说，一个多月前，特朗普和希拉里在竞选热战时，我们的浙商们就开始做起了他们两个谁赢的生意，特别是义乌那边的商人更是大显身手。如果希拉里上台了，美国会需要什么样的纪念礼物，他们都预先准备好货源了。而一旦特朗普上台了，美国人又需要什么样的礼品，义乌商人几乎一夜之间便能全部生产出来。义乌商人后来宣传说，我们义乌人真厉害，义乌商人真厉害，因为他们早就知道特朗普要胜利了，礼品都准备好了。当然，这只是一种自娱式的宣传，其实，义乌商人也有很多把宝押在希拉里身上的。但不管怎么说，义乌商人掉头很快。谁赢了，东西马上就做出来了。这就是浙商的世界眼光。我们要像石先生那样，学会看问题多用世界眼光，这样才能看得更清楚、更能抓住发展的机遇。

第三，石先生分析问题的逻辑非常清晰。这个逻辑关系，从大的方面来讲，他围绕着“世界一盘棋，中美大博弈”这个主题。然后，围绕着这个大博弈，这个大背景，是怎么产生的，为什么会产生，进行层层分析。他从中美两国的历史开始讲起，讲到现在状态怎样，未来又会怎么样？当然，这个逻辑比较大，但是他的结构非常清晰，从历史到现在。逻辑的力量，尽管是分析问题的一种框架，但它集中反映了一个学者也好，一个领导人也罢，他驾驭事物的能力。如果逻辑不清楚，等于他对问题也不清楚，他也就看不透、把握不了大势。所以，石先生对大事肯定不糊涂，大逻辑很清楚。但是小问题可能有时候会吃点亏，吃点小亏赚大利。当然，石先生也许大事不糊涂，小事也清醒的。

第四，石先生的演讲有许多自己的创新见解。他的思维创新非常活跃。讲历史，肯定是一个事实的陈述。我们过去一般讲美国的综合实力，而综合实力指的是硬实力和软实力，但石先生居然分析出了“五个力”。“五个力”中除硬实力、软实力外，还有“恶实力”“阴实力”和“虚实力”。这个说明，美国的“恶招”比较多，“阴”“虚”的东西也比较多。的确，这几种“力”，美国很厉害。石先生的这个分析很有意思。不要表面上看美国什么几乎都是冠冕堂皇的，其实它背后有很多阴招、恶招。石先生还分析了海洋文明，借哈尔福德·约翰·麦金德这位地理经济学家，讲了高铁飞速发展后，未来可能会出现一个“大陆世界岛”的文明状况。当然，这是一个美好的“假设”前景，如果能实现的话，它将真的会彻底改变或者说重塑世界的大格局。

第五，石先生的演讲从头到尾都充满着激情和活力。他神采奕奕，演讲充满着激情，语言抑扬顿挫。听了他的演讲，我们几乎忘记了今天的时间，忘记了他的年龄。本来，我事先了解过他今年多大年纪了，但现在也似乎又忘了他的实际年龄了。石先生为什么显得那样年轻，这和他的广博学识、他的活跃思维、他的见解创新和他的昂扬激情有关吧。看来，不断学习思考、不断追求进取、性格开朗、心胸阳光，的确是可以让人年轻的。

第六，石先生的演讲水平高，除了口头语言外，他的体态语言也特别丰富。你看他整个演讲过程中不停地走来走去。还有，就是他不断的噼里啪啦的击掌声。我们怎么样也做不到像他那样拍得有节奏、拍得这么响。这些都是他的演讲技巧或者说讲话艺术。所以，我们还要向他学习演讲的技巧。

除此以外，我也完全相信，石先生充满着爱国的激情、爱国的情怀。我似乎觉得他的爱国激情，如果再往前走一步，就可能有一点“民族主义”“民粹主义”倾向了。当然，他现在恰到好处，是爱国主义的。中国要强大，中国未来会越来越强大，会一直往前走的。这也是我们的共识和共同信念。他的演讲给我们传递了许多正能量，也是我们所希望的。

毫无疑问，讲当今世界大势，不是就那么一两个小时所能完全讲清楚的。石先生讲的这些观点，我们可以赞成，也可以不赞成。即使不赞成的，也可以引发我们很多有益的思考。

二　我对中美关系和世界基本走势的看法

如果从目前特朗普刚刚开始执政的中美关系和世界基本局势来看，我认为可以从确定性与不确定性两大方面来分析。

首先来谈谈比较确定的大势。

第一，我认为，未来的二三十年内，中国、美国、俄罗斯三国仍将是世界上的三大巨头（暂不论作为多国集团的欧盟）。它们之间的纵横博弈，将是主导世界的。当然，石先生今天重点讲了中美关系，且话题主要围绕特朗普上台执政来分析的，所以他只讲了中美“大博弈”。对此，我们也是理解的。但是，以我个人观点来讲，未来起码二三十年甚至三五十年内，可能很难改变这个中、美、俄三个大国博弈的大格局。综观全球，今日之中国，终于开始走向了世界舞台的中央，但还不在这个中央的核心处，还没有走到世界舞台的最中心点上。处在世界舞台最中心的，恐怕在相当长的期间里仍旧是美国。现在俄罗斯也许比我们更靠近中心一些。当然，中国在世界舞台上的地位和作用在不断上升之中，甚至若干年后会超过俄罗斯的地位。不过，未来仍不会只是中、美，而应该是中、美、俄三个大国成为世界格局的主导力量，尽管欧盟力量也不可小觑。我们认为，这是一个比较确定的世界格局走势。

第二，美国总体的战略，就像石先生所说，美国总想统治世界，总想主导世界，总想领导世界，总想做老大，这个也具有确定性。美国的这种战略理念和战略目标，是比较确定的。不会因为哪个总统上台而改变。尽管特朗普提出了“美国利益优先”，似乎“领导世界”的战略会淡化，但终究是暂时的、表面的现象。我曾经看过一些美国精英政治家写的书，他们自己也是这么说的，就是：美国领导世界、当世界警察是天经地义、上帝安排的。今天，石先生仅仅用美国要维护美元、美债、美金的“三美”利益，来说明美国必然要统治世界的缘由。这是现实利益的需要，当然是对的。不过，其实还有其他很多原因。比如，还和他们的思想文化有很多关系，和基督教文化有关系。如果你去看看美国建国之初的理念原则，你就知道，它是要代表上帝来统治世界的。但是，美国掌控、领导、治理世界的能力在弱化，似乎正在走下坡路，美国一强独霸的时代正开始慢慢有些松动，也许不久的将来会成为过去时。这个恐怕也是确定的。

第三，中国将会继续往前走，中国将会进一步走到世界舞台的中央，这个方向也是确定的。中国发展迅猛，崛起上升大势不可阻挡。中国正处于上坡阶段，将越来越成为世界大国、强国。在中国崛起上升进程中，中美关系，总体上合作互利是主流，但无论在战略层面、策略层面，还是技术层面，它们之间的摩擦、碰撞、纷争将会更多更频繁，这也将是确定的。当然，特朗普上台后，现在有个“磨合期”，摩擦可能会更多，对此，我们应有充分的准备。但目前总体上还有待评估和观察。

第四，关于中美贸易关系。其实，美国从来没有实行过完全的贸易自由主义和贸易保护主义，今后也不会。这也是可以确定的。说实话，美国贸易从来都是所谓“贸易自由”和“贸易保护”两手交替使用的。过去近百年来，它一方面讲贸易自由主义，另一方面也存有贸易保护主义。什么时候“贸易自由”重一点，什么时候“贸易保护”多一些，完全是从美国人的利益出发的。我相信，在特朗普上台后，仍然会是两手交用。这也是可以确定的。不过，在特朗普任期内，贸易保护主义可能会多一些。他强调美国优先，强调单边主义，想在强势压人中获利。可是，世界贸易从来是以互利为前提的。从中美两国贸易关系角度来讲，尽管美国逆差多，我们顺差多，但真正得益多的是美国人。况且这些年情况也在不断变化。中美两国都是各自的贸易大国，发展两国贸易很重要。但世界市场也大得很。“世界一盘棋，东南西北中。”西边不行，就到东边。星星之火，到处可以燎原，特别是随着“一带一路”倡议的推进，东盟、东亚、欧亚、中东的市场大有广阔前景。比如，之前我到义乌市场调研，看到它的贸易分布，我们就更加有信心了。义乌的出口贸易，70% 左右都在中东这一带，而且近几年来增长非常快。当然，这也说明我们的贸易产品相对比较中低端一些。但是，世界市场毕竟很大，我们大有回旋余地。

除了这些确定性之外，也许剩下的大都属于不确定性了。

石先生有个观点，认为中美双方难以完全避免“修昔底德陷阱”，有可能会“打”起来。“打”，有多种打法。出现战争是其中之一。石先生认为，如果双方开战，一定是美国先动手。不过在我看来，这有许多不太确定的因素。石先生有一点描述得非常好，特朗普他是一个生意人，在他身上，我们看到了美国实用主义哲学的影响程度。在我看来，特朗普就是赤裸裸的实用主义者。在他身上，我们也看到了美国动物化的政治思维，是赤裸裸的实利主义、弱肉强食。

特朗普上台后，我们也看到了美国的政治制度，即所谓的民主制度的弊端。当然它不是一无是处，它有它的优点。但我们也看到了它的弊端。美国把民主政治、政治民主简单看成选举民主。但能确保选出优秀的、一流的政治家吗？很难说。有段时间，世界上就有一个评论，说特朗普和希拉里两个美国总统候选人，无非是一个或选“疯子”或选“骗子”的选择问题，只是两个“子”的选择。特朗普是带有“疯子”性质的，希拉里是带一点政治“骗子”风格的。当然，这种说法只是比喻，不是严肃的科学评论，但不是一点道理也没有。这是美国政治生态、政治民主必然要产生的副产品。

总之，道路是曲折的，前途是光明的。在中美大博弈中，我相信我们的主动性将会越来越大。但我们的“博弈”是把我们的国家利益和人类利益相统一的，是把我们国家的权益与责任义务相匹配的。我们完全相信，中国定能自立于世界先进发达国家之林，我们的目标一定能实现，同时也一定会更多地造福人类。

第四篇

风骨：时代风浪中练就的浙商精神

浙江是如何传承和发展浙商精神的

2016 年 5 月 16 日，在浙江大学和浙江工商大学举行的“新形势下浙商精神的传承与再造”论坛（来自我国东三省 50 多位国有企业负责人参加了论坛活动）上，作者受邀发表了演讲。

浙江企业群体的生存和发展，浙商精神的形成和传承，主体当然是企业家，但与政府的作为也是直接相连的。只有“看不见”的市场——“手”与“看得见”的政府——“手”共同发挥作用，才能有现实的市场经济活动。

2016 年 3 月 4 日，习近平总书记就坚定不移地坚持中国特色社会主义基本经济制度，坚定不移地支持、引导非公有制经济发展和构建新型的政商关系，发表了重要讲话。习近平总书记以“亲”“清”二字定调新型政商关系，指出领导干部要对非公有制经济人士多关注、多关心、多引导，帮助其解决实际困难。这项工作落实好了，对企业的发展、经济的发展、各项事业的进步都具有重大的意义。如果我们的“官员”都不想、不愿、不敢接触和了解企业家，不与企业家们交流沟通，怎么能说是正常的政商关系呢？人与人之间包括政府官员与企业家之间交往，都应该有规则规矩，但不能因少数人的失范而因噎废食，贻误发展大局。领导干部心中无“鬼”，就应该有时代的担当精神。

浙商的成功，固然与其艰苦奋斗、永不言弃的精神密不可分，但也离不开浙江各级政府官员的大力扶持。下面，我从党委和政府的角度，谈一谈长期以来及在当前一个时期，浙江省在推动、支持浙商发展上所做的主要工作，也就是党委政府是如何珍惜、宣传、传承、发展浙商精神的，是如何关心、支持、促进浙江企业家们不断创新发展的？因为，传承、发展浙商精神，最根本的是促进浙商企业的健康发展，为浙商的成长和进步营造良好的发展环境。

一　不断深化尊重浙商的共识

长期以来，浙江省委历任省委书记，都反复强调浙商的重要地位和作用，指出浙商是中国改革开放的产物，是浙江人民的伟大创造，是浙江历史文化的新传承，是浙江经济发展的主动力，是浙江最为宝贵的财富。浙江的改革开放和创新发展，归根到底是靠浙商这支“子弟兵”队伍。浙江省委省政府始终强调要尊重浙商、了解浙商、爱护浙商、关心浙商、宣传浙商、发展浙商，要珍惜和打造好“浙商”这一金字招牌，不断形成创新创业的浓厚氛围。这也已经成为全省上下的一种共识。浙江省委省政府每隔两年召开一次世界浙商大会，集中表彰全球浙商中的杰出代表，浙江对浙商的重视程度可见一斑。

浙江是“七山二水一分田”，省域面积小，土地等发展资源短缺，是一个典型的资源小省。但这也培育出了浙江人勤劳吃苦、不甘贫穷的品质，浙江人骨子里就有“敢为天下先，勇争天下强”的创业精神，借着改革的东风和东部开放先行的优势，逐渐形成了一支全国人数最多、实力最强、分布最广、影响最大的经营者群体——企业家队伍。据不完全统计，来自本省、省外、海外的浙商总数已达到 1000 万余人，占到浙江人口总数的 20% 之多。当然，其中虽有马云、宗庆后、鲁冠球等一大批著名企业家，但多数是名不见经传的中小微企业和个体工商业者。浙商不但数量多，而且组织化程度很高，商会组织架构、层级完善，这也是在其他商帮中所不多见的。随着浙商的蓬勃发展，浙江也随之成为全国民营经济最为发达的省份之一。而今，浙商早已完成原始积累和初期创业阶段，正进入转型升级，尤其是通过创新实现转型发展的十字路口。在新一轮创新创业的浪潮下，浙江经济的转型升级，同样主要依靠浙商的发力来破题。浙商身上所蕴含的品质，也是浙江人精神和浙江地域文化的集中体现。

浙商的崛起和发展有其深厚的历史文化基因。一方水土养育一方人。从河姆渡文明算起，浙江的文化已经经历了 7000 多年的流转和沉淀，背靠山岭、面向大海的地貌特征，养成了浙江人灵秀却宽广的性格特点；经商鼻祖范蠡、南宋永嘉的事功学派，为浙江人留下了崇尚功利、主张务实的经商传统；越王勾践卧薪尝胆，涅槃重生，给浙江人的血液里注入了披荆斩棘、永不言弃的精神。可以说，浙江人自强、坚韧、务实的草根精神，是浙商成功的基础和必要条件。相应地，浙商也是浙江文化的代表者、传承者和发扬者。

二　不断优化服务浙商的环境

习近平总书记在浙江主持工作期间，曾反复强调，权力就是服务，就是责任。浙江省委省政府不断强调要建设服务型政府，通过加强政府自身改革、改善制度供给，努力打造一个能更好地服务企业、服务基层的体制机制，当好服务浙商的“店小二”。

首先，积极搭建浙商发展的平台。关于这一点，全省各地都在积极探索，大胆实践，通过各类改革创新，“减政府增企业、瘦政府壮企业、减审批增服务”。举措很多，我举几个典型的例子。例如，以“四张清单一张网”为抓手来推动行政审批制度改革，打造审批事项最少、办事效率最高、投资环境最优的省份，不断激发市场活力，使政府的服务功能和企业的市场主体作用更好地结合起来。我记得我初到绍兴任市长不久，就到有关县市调研考察政府怎么建立一个“一体化”的办公窗口，简化行政审批手续，尽可能为企业、为老百姓办事提供便捷、高效服务问题。所以，政府的行政审批制度改革几十年没停步，但现在仍有不少问题。再比如，“放水养鱼”，通过减轻税负、鼓励扶持政策等措施，宽松企业发展环境。2015 年以来，浙江出台了扶持小微企业、取消行政事业性收费等一系列切实降低实体经济企业成本的政策，地方政府在遵守国家法律法规的大前提下，“想尽千方百计”，尽最大努力为企业减负。其他方面，浙江省里在着力打造特色小镇、众创空间等孵化器，建设产业集群，优化生产力配置，为新创、小微企业提供各式各样的优惠、便利政策。此外，为企业发展提供优化的公共软硬件平台、做好基础设施建设，维护良好的社会秩序……总之，政府在这方面一直在不断地做工作，力求为浙商打造最优化的生存发展环境，助力浙商发展。

其次，积极构建健康、清廉、公开、透明的新型政商关系。发展中国特色社会主义市场经济，政商关系是始终绕不开的重要话题。2015 年以来，浙江省就一直强调机关干部当好服务企业、服务基层的“店小二”。从我几十年的从政经历来看，浙江各级政府总的来说是一直努力将服务浙商作为自己的工作重心的，尽管还存在这样那样的不足，也有一些以权谋私的腐败分子，但总体上是尽可能为企业发展创造良好的环境。中央提出要构建新型政商关系的要求，实际上也是为我们建设服务型政府和建设高素质干部队伍提出了新的要求。习近平总书记以“亲”“清”二字定调新型政商关系，是要告诉我们，政府与企业既要相互依存，又要职守各异，既要厘清边界、各司其职，又要相向而行、鼎力协作。党员干部要严守法规纪律的底线，做到服务无止境，交往有红线，当好两袖清风的“店小二”。在具体措施上，浙江省专门建立了领导联系企业制度，各级领导都联系一些重点浙商企业、重点项目、省外浙江商会等，这充分体现了浙江省委省政府对浙商的关心和重视。

三 不断激励浙商做大做强

我曾写过一本书，书名叫《走在山坡上的中国》，还曾在人民日报上刊登过题为《探索跨越“中等收入陷阱”的中国方案》的文章，它们都表述着一个核心思想——时至今日，中国高投入、高消耗、低产出的“粗放型”发展模式已路入穷途，深化改革、转型创新势在必行。中国的发展就处在“爬坡过坎”的关键时期。作为民营经济大省，浙江早已嗅到了危机，在助力浙商转型发展上出台了一系列重大的举措和办法，以马云为代表的浙商又一次站在了引领创新大潮的风口浪尖上。浙江省壮士断腕、大刀阔斧。在具体工作上，我们做了一道“加法”，一道“减法”。“加法”就是拓宽浙商提升的通道，形成转型创新的格局。近年来，浙江省继续坚持以“八八战略”为总纲，积极倡导中央提出的五大发展理念，发展新经济，培育新动能，实践新模式。在产业结构上，大力整治“低、小、散”，提出了打造信息、环保、健康、旅游、时尚、金融、高端装备制造、文化八个万亿元朝阳产业，加快形成以高端制造业和现代服务业为主体的产业结构。其中，又以发展互联网为核心的信息经济为重中之重，以互联网增值服务、物联网、云计算、大数据等为代表的新业态已经渗透到了经济社会的各个领域。

在重大战略制定上，为突破陆域资源有限的瓶颈，浙江海洋经济发展示范区应运而生，舟山群岛新区获批国家级新区；义乌国际贸易综合试点使浙江在转变外贸发展方式上获得先行权，浙商国际化进程明显加快；温州、台州、丽水等金融综合改革试验区为金融改革创新和经济转型升级带来了新动源。在创新政策导向上，省里鼓励企业成为自主创新主体，做强科技城、产业集聚区等各类创新平台，强化人才支撑，培育新生代企业家、打造学习型浙商、制订千人万人计划等。

“减法”是着力打好转型升级十大组合拳，倒逼浙商适应新常态。通过“四换三名”（即实施腾笼换鸟、机器换人、电商换市、空间换地，培育名企名品名家）、“五水共治”（治污水、防洪水、排涝水、保供水、抓节水）、“三改一拆”（旧住宅区、旧厂区、城中村改造和拆除违法建筑）、建设美丽浙江、美好生活（生态文明），“绿水青山就是金山银山”，节能减排、淘汰落后产能等举措，倒逼浙商成为更主动适应新常态的企业主体。当然，这“一加一减”举措，是互为渗透、相互促进的。传承浙商精神，关键是要推动浙商不断地往前走，不断地创新发展，形成一个浙商不断提升发展、做大做强的良好格局。浙商不发展了，也就谈不上传承浙商精神了。

四　不断打造“复合型发展”浙商

随着我国经济发展告别短缺阶段，及经济商品化、市场化、金融化、科技化和国际化水平的不断提升，单一行业、单一产品、单一技术、单一经营方式或简单线性思维方式，已越来越不合时宜，需要与时俱进、创新发展，从而引领发展前沿。而其中一个根本性的发展路径，就是要从实际出发，形成混合发展、复合发展优势。浙商本是草根出生，“土生土长”，40 多年间，历经磨砺，终由幼苗长成了参天大树。然而，新形势下，光靠单打独斗已难成就大气候，我们必须推动浙商走多方、多层次合作共赢的道路，打造现代形态的新浙商。比如，坚持国有与民营的混合发展。“七分民营，三分国有”，一直是浙江经济发展的特色。而今，国有企业面临机制等沉重包袱，民营企业也面临转型升级、扩大投资空间的问题。如何让彼此之间形成一种“共生共荣”的关系、优势互补？浙江提出了两个字：“混改”！在2016年的政府工作报告中，李强省长明确提出，鼓励民营企业依法进入更多领域和参与国企改革是浙江“十三五”时期的重要任务。其实，浙江“混改”的势头早已显现，副省长朱从玖亲赴上海取经，草拟浙江国资改革方案。“混改”第一股物产中大发展势头良好。2015年年营收在所有浙企中拔得头筹。不少浙江的民营企业都希望能够和省内外国有企业发展合作关系。又比如，国际资本与国内资本的混合发展。党的十八大报告指出：“全面提高开放型经济水平，加快走出去步伐，实行更加积极主动的开放战略。”

显然，新常态下“一带一路”举措早已上升为国家乃至全球性发展共识，而一直以外向经济发展见长的浙江商人，早已看准了机遇。“十二五”期间，浙商的出口额、对外投资额等数据均领先全国。政府部门在深化改革、支持民企“走出去”上做了许多工作，由浙江省商务厅牵头，成立“走出去”工作领导小组，综合协调省级有关部门支持企业“走出去”政策落地和重要工作平台建设；提供各类财政和金融支持，设立“走出去”战略专项资金和融资平台等。无可否认，我们希望浙商立足于浙江发展的同时，也鼓励浙商和国际资本融合发展。再比如，实业与科技、金融资本的融合发展。浙商以坚守实业立身，然而在新形势下，只着眼于实业的发展无异于故步自封、画牢自缚。近年来，浙江省反复强调要打造产业与科技、金融资本相结合的新浙商，实施培育新兴重点产业、科技城、企业研究院、科技型企业，加大金融创新服务力度，加快民营银行发展、民间金融改革，大力发展各类投资基金，鼓励企业上市直接融资，并重点规划和推动杭州城西科技创新走廊和钱塘江金融港湾建设，这对浙江未来发展是具有重大战略意义的。只有把实体经济（资本）和科技资本、金融资本很好统筹结合起来的复合型企业，才是具有真正竞争力的现代形态的企业。当然，这与“专精特细”企业并不矛盾，因为，在总体上“复合型”发展、“复合型”企业的大趋势下，总需要有一些“专精特细”企业为“复合型”大企业配套，而成其为“复合体”中的一个环节，况且这些配套性企业也必须具备相应的“复合要素”才能得以生存和发展。走“复合型”发展之路，恐怕这是一个发展的“大道理”。

五　不断倡导义利相合的浙商

过去人们眼中的浙商，往往是唯利是图的代名词。企业当然要盈利，商人自然要赚钱。在原始积累阶段，企业通常也要更多地以利为上。但发展到一定阶段，企业和企业家素质都要提升，社会责任和“仁义精神”也要不断强化。提升浙商的“仁义”“美丽”素养，形成浙商现代的文明形象，是浙江省委省政府着力引导浙商健康发展的重要目标。时任浙江省委书记夏宝龙提出，浙商要做“最美的浙商，最美浙江人”，也就是要把“义”和“利”的关系处理好。作为企业家，以利为先并没有错，利润是一个企业产生社会价值的物质基础；但在这个基础上，企业家应该承担起更多的社会责任，有容乃大，企业家的胸怀和社会责任感决定了企业的生命力和灵魂。现在，浙商已不再仅仅是一个商业现象，它更代表了浙江的文化和浙江人的形象。长期以来，浙江通过文化熏陶、典型引领、表彰先进、政策激励等手段，打造“浙商文化”，树立“浙商品牌”，举办感恩社会的慈善捐赠活动，使浙商成为义利相通、有社会责任感、有人文气质的新浙商。

六　不断培育有家国情怀的“根叶”浙商

何谓“根叶”浙商，是指浙商的“根”在浙江，浙商的“叶”伸向世界各地，创业在天涯海角，但根滋养着叶的生长，守望着叶的飞翔。我们期盼、鼓励浙商到世界各地去创业、去发展，不断拓展浙商“闯天下”的视野。但是，我们更期望浙商能衣锦还乡，在叶长、叶茂时回馈家乡，而不只是“叶落”时才“归根”。这些年来，浙江省委省政府实施浙商回归的“一号工程”，号召浙商们“创业创新闯天下、合心合力强浙江”，把浙商回归放到了举足轻重的战略位置。省委省政府全面构筑项目、总部、资本、人才、科技、公益事业“六位一体”的大回归格局，重点是打好高端制造业回归、总部回归、资本回归“三大战役”。这几年浙江省对浙商回归工作是年年有指标、有考核，年年要检查，年年要评比。浙商回归工作的实施，不仅为浙江带回了资本、带回了技术、带回了人才，更为浙江增添了创新精神、创业意识、创造激情，有效倒逼了投资发展环境的改善。浙江人民真切地期盼浙商“根叶一体”、情归家乡，共同形成浙商“强浙江”的情怀和氛围。

这里，我想用我创作的一首诗《远行》里的一句话，来表达我们对浙商的情感和希望：

“有家的路，才是可以丈量的远航。你选择了遥远的远方，就选择了乡愁是你的行囊。”

无论我们的浙商做得多大、走得多远，浙江始终是你们的家。有了家的守望，你的远航才有了归宿。我们希望浙商能成为情归家乡、商行天下的新浙商。

“浙商文化”是“浙商之魂”

2016 年 12 月 6 日，作者在浙商发展研究院（浙商智库）召开的探讨“浙商文化与浙商新精神”为主题的座谈会上做了发言。

2006 年 6 月 16 日，时任浙江省委书记习近平发表了《“浙商文化”是浙商之魂》的重要文章。今年是习近平总书记提出“‘浙商文化’是浙商之魂”这一重要论断的十周年，我们召开以“浙商文化与浙商精神”为主题的座谈会是非常有意义的。

我们在学习宣传习近平总书记这篇重要文章精神的同时，进一步来讨论浙商文化、浙商精神的具体内涵和特点，是十分必要的。

第一，我们在提浙商文化的时候要意识到，这体现了现在中央所提的文化自信。浙商文化是中国文化自信的一个重要体现和落实。浙商能否自信地继往开来，就在于能否拥有自身文化。

第二，我们要意识到浙商精神和浙商文化是改革开放的一个生动写照，是改革开放的一个符号和成果。我们在思考浙商精神的时候，一定要站在这样一个高度，看到我国 30 多年时代变革的产物。

第三，讨论浙商精神体现了浙商继往开来的血脉问题。习近平总书记讲“浙商文化”是浙商之魂，实际上讲了浙商这个群体产生、形成、发展的灵魂性东西。也就是说，浙商群体的形和神就是浙商文化外在的东西。所以说，我们来讨论这个问题，事关浙商的继往开来。

第四，在今天的条件下要面向未来讨论这个问题，我们要怎么继往开来，浙商群体如何不断延续和发展壮大。这就要不断克服与挑战面临的困难。这方面很重要的一个任务，就是要通过浙商精神和浙商文化的探讨，来引领浙商的发展。

我们当下特别需要重温和领会习近平总书记这篇对浙商和浙江都很重要的文章。我想这篇文章也是习近平总书记当时对浙商文化的一个认识和总结。对浙商健康发展具有非常重要的指导意义。

第一，用短短的几百字阐明了浙商是一个什么样的群体：“是在社会主义市场经济的大潮中诞生并壮大起来的创业者和企业家群体。”同时阐明了浙商文化的重要性。我认为他提出了一个非常大的重要命题和论断，浙商文化是浙商实践的精神财富。

第二，阐明了物质财富和浙商文化的关系，浙商不仅创造了大量的物质财富，也形成了一种独特的“浙商文化”。这个才是根、魂，才是长久而超越时空的东西。

第三，阐明了浙商文化历史性和时代性的关系，也就是从哪里来的问题。

第四，阐明了浙商的新发展、新飞跃和浙商文化的关系。浙商要不断发展、不断飞跃，就必须要有浙商文化的支撑。没有浙商文化的支撑，就不可能实现新的发展。

第五，阐明了浙商文化和浙江精神的关系。浙商文化是浙江精神的重要组成部分，它要体现社会主义和谐社会和社会主义先进文化要求、体现社会主义荣辱观要求、体现与时俱进。

第六，阐明了浙商应该成为怎样的群体。他要求浙商争做“科学发展的实践者、和谐社会的建设者、改革创新的先行者”，浙商应该成为拥有先进生产力、先进价值取向的群体。

习近平总书记这篇文章中的每一句话都包含了非常深刻的含义，值得我们好好学习。我们要研究浙江精神、浙商精神、浙商文化之间的继承性和与时俱进的关系。

第一，从浙江来讲，浙江精神包括浙商精神与浙商文化；反过来说，浙商精神和浙商文化应该体现浙江精神。所以，这个辩证关系要看清楚。

第二，浙商精神和浙商文化从学术研究角度看还是有区别的。浙商精神应该是浙商文化高度凝练的内核，浙商文化是浙商精神的丰富。从这个意义来讲，浙商文化可以表述的内容很多，但是要从浙商文化当中进一步凝练成浙商精神，应该是很简洁的几句话，而且不应该变来变去。但是我们现在并未将浙商精神和浙商文化做一个区分，所以有人提出来要不要提炼浙商新精神。我认为这很值得讨论。

第三，浙商精神和浙商文化的不变性和可变性。我认为浙商精神和浙商文化，肯定不应该总是变的，但是它又有可变性。应该在不同时代可以有具体且不同的表现。所以，浙商内核性的东西不能轻易变，但具体的内容可以变。

那么，浙商文化的内核是什么？第一是务实创业，第二是进取创新，第三是诚信能耐，第四是开放共享。这些都对，但讲完之后大家都记不住。

所以最后我们回到原点，原来的“四千”精神一定要体现。所谓创业、创新，其他商帮也都有，但浙商体现的就是“特别”，特别千辛万苦、特别千方百计；同时，任何时代都需要创业，都需要创新。

所以我概括为两句话：千辛万苦创业，千方百计创新。

有太阳的地方，就有浙商

2016 年 12 月 8 日，作者到访浙江省委党校，围绕主题“做浙商精神的薪火传人”，给省外新生代浙商们上了一堂课。

几年前我就思考过一个问题，中国历史上有很多商帮，但是不是能百年乃至千年延续是一个问题。浙商这个群体的发展，会不会只有几十年，只经历两代、三代就完结了呢？我认为浙商今后是否能长久不断地生存发展，最关键的就看新生代浙商的成长和发展。

现在浙商已经进入第二代，或者正处于由第一代向第二代转换的过渡时期，第一代的企业家并未完全退出历史舞台。完成新旧转换需要一个过程。但总的来说，第一代浙商已经在年龄上进入交接班时期。今天我看到 45 周岁以下的新生代浙商已经开始挑大梁了。

前几天浙商智库在讨论浙商文化与浙商新精神。大家都说，浙商群体要真正成为在历史上留下比较深厚文化积淀的，具有久远影响的商帮，光一代不行，两代也不够，没有经过三代以上的积累，不能真正成为像徽商、晋商那样的商帮。浙商一代逐渐功成身退了，现在进入第二代。对于浙商，我觉得哪怕只有那么一代，也已经非常了不起。为什么了不起呢？

一　省外新生代浙商的发展现状

2016 年 6—10 月，浙江省工商联组织课题组对省外新生代浙商发展情况进行了一次较为全面的专题调研，形成了一个颇有质量的调研报告。我特别关注以下几点情况：

第一，省外 45 周岁以下的新一代浙商在商会会员中占 14.23%。如果作为会员，新生代浙商所占的比例是比较少的；但如果是作为商会中的骨干，起码是常务理事以上、副会长这一级别的，这个比例是可以理解的。

45周岁以下的新生代浙商在省外是否都参加商会并成为会员是值得怀疑的。我甚至判断部分新生代浙商并没有参加商会。因为我在另一份资料中看到：浙商中已有70%左右是“70后”的浙商。所以这样来看，这里面还有更深层次的原因需要深入了解。新生代浙商为什么不加入商会，加入了之后为什么没有成长为商会的骨干，这是非常紧迫的问题。我认为更多“70后”浙商应该在商会组织中成为骨干。

第二，省外新生代浙商中有本科及以上学历的占60%以上，其中硕士研究生及以上的学历占14.7%。这是比较符合现在总体的状况的，并且可以看出新生代浙商的学历是比较高的。

第三，省外新生代浙商中在浙江完成学业的占40%、外省的占30%，海外的占30%。这个比例非常有意思，也很有意义。那些从小跟着父母出省做生意的是在省外完成学业的，占了30%的比例。在海外完成学业的新生代浙商占了30%，这个数字非常令人鼓舞，在海外学习的浙江人回到祖国创业这是非常好的现象。

第四，省外新生代浙商中承接父业的占55%，自主创业的占44%。这也是比较好的现象，父辈的公司并不一定要传给自己的孩子，可以让职业经理人代为管理。

第五，省外新生代浙商中从事第三产业服务业的占70%，相对更乐于从事轻资产类的行业。新生代浙商从事传统的制造业的数量与老一代浙商相差比较大，我认为总体符合我们国家的经济社会发展趋势，也符合年轻人的特点。总的趋势是很有进步意义的，我们国家面临着产业升级转型，一定要从传统制造业也就是狭义理解的实业中提升起来，但是不等于要放弃实业。广义上的实体经济仍旧是经济发展的主体。但是，无论是实体经济还是传统制造业一定要和轻资产包括金融资本结合起来。

第六，省外新生代浙商中有近10%回乡投资，超过80%的尚未回乡发展。相较于老一代浙商，新生代浙商尚处于成长期，自己的事业还没有做大，没有实力回家乡投资。同时如果是子承父业，那么老一代的浙商回乡投资了，没有算在新生代浙商的范畴内。所以上述数字是有客观原因的。不过对于新生代浙商对家乡的认同问题，是省工商联需要密切关注的。

第七，新生代浙商还存在对浙江家乡文化认同、情感认同相对弱化的现象。这在客观上是正常的，与生养在家乡的父辈相比，生在外地、养在外地的新生代对家乡的认同必然会有所削弱。浙二代对浙江家乡的情感还是比较重的，浙三代、浙四代对家乡的情感会越来越淡化。还有一些在海外的浙商，他们对家乡的情感更加容易淡化。与海外浙商不同的是，在中国省外的新生代浙商随着年龄的增大，对家乡的情感会逐渐加深。这也是人的一种普遍的规律：人老了就会喜欢回忆，年纪大了就会去寻找自己的根。

第八，浙江省内对省外年轻浙商关怀、培养、服务不足。我认为这份调研报告是有质量的，就培养、服务省外新生代浙商提出了许多很好的政策建议，也反映了省外浙商特别是新生代浙商比较具体的数字，值得有关部门思考。浙江省委省政府对省外浙商的研究和关怀工作跟其他省比，总体上来说做得相当不错。比如省委组织部连续五年，分别选择一些年轻浙商在国内外培训，从革命圣地延安到世界上最发达的美国，这是非常有意义的。延安是革命圣地，不忘初心很重要；美国是现在世界上最发达的国家，到美国培训意味着面向现代化。

二　浙商和浙商精神是什么？

2006 年 6 月，《浙江日报》的“之江新语”专栏发表了习近平写的一篇题为《“浙商文化”是浙商之魂》的文章。这是一个非常重要的论断。讲述了浙商精神对浙商的作用和意义。文章写道：“长期以来，浙商不仅创造了大量的物质财富，也形成了一种独特的‘浙商文化’”，一个群体要形成一种文化，是不容易的，不是一件小事。从历史的渊源来说，传承了浙江深厚的文化底蕴，传承了历史上的文化；从现代意义上来讲，浙商文化是浙商在实践中创造出的一种文化。这是支撑我们浙商的精神动力，要不断地往前走和实现新飞跃，就需要浙商文化与精神的支撑。

一个民族一个群体一个人，没有精神、没有文化的支撑就没有灵魂，没有脊梁骨，不可能站得直走得远，不能行稳致远。他后面还阐述了浙商文化的重要性，怎样提炼与浙商的关系。希望浙商要争做“科学发展的实践者、和谐社会的建设者、改革创新的先行者”……“使‘浙商文化’成为发展先进生产力的重要力量，成为民营经济实现新飞跃的重要支撑”。

这篇文章篇幅不长，但是包含的内容十分丰富。重温习近平总书记的讲话，我们感慨很多。浙商是很了不起的群体，形成浙商文化和浙商精神是一件很重要的大事。虽然看不见摸不着，但文化就是能意会又不能完全言传的。在人的行为中自觉体现出来，才是真正的文化。浙江人的血脉中，浙商的精神中、灵魂中，就流淌着、渗透着、展示着浙商的精神和文化。

在习近平总书记这篇文章发表十周年之际，浙商发展研究院（浙商智库）专门举行座谈会重新学习这篇文章，广为宣传，是值得肯定的。党中央近年来非常强调文化的重要性，要提高文化的自信力。一个国家、一个民族没有文化就不能形成真正独特的魅力、记忆和特征。

浙商是个了不起的群体，不但创造了丰富的物质财富，还创造了浙商文化。习近平总书记也直接肯定了浙商的文化并多次为浙商点赞。大家要成为浙商群体的薪火传人，自觉践行浙商文化和浙商精神。

2016 年，为了纪念习近平总书记的《“浙商文化”是浙商之魂》这篇文章发表十周年，我写了一首《浙商之歌》（详见第六篇）。

写这首诗有两个契机：第一个是习近平总书记的《“浙商文化”是浙商之魂》这篇文章发表十周年；第二个是因为《我们读诗》（编者注：由杭州文广集团、杭州文广新局、杭州之声、腾讯大浙网联合发起的诗歌朗诵品牌活动）这个栏目希望我写一首赞颂浙商的诗。这首诗是我十多年来对浙商的一种认知，也是发自内心地对浙商群体的歌颂。

诗歌的第一部分回答了浙商是从哪里来的，从哪里诞生的；第二部分回答了他们做了什么，他们创造了什么；第三部分重点回答浙商是个什么样的群体，在实践中形成了什么，试图回答浙商文化是什么；第四部分指出社会上应该如何看待浙商，为什么要感谢、歌颂浙商的创造；最后一部分是写面临国际、国内的经济新形势，浙商如何走向未来。浙商精神都体现在其中了。

这篇诗歌在《浙江日报》上刊登，在《我们读诗》的节目中也发表了。希望新生代的浙商如高山瀑布飞流千丈、奔腾向前。

下面让我们具体来谈谈浙商和浙商精神。

（一）浙商群体的特性

浙商是谁，谁是浙商？越来越多的研究者认同这样一个观点：位于中国东南沿海的浙江商人是当今中国最具活力也是最会赚钱的群体。这个观点虽然比较形象，但是过于通俗。习近平总书记说“浙商是在社会主义市场经济的大潮中诞生并壮大起来的创业者和企业家群体”。这是比较准确的、科学的表达。

中国历史上出现过晋商、徽商等区域商帮。改革开放以来，各个省商帮群起，甚至在浙江内部还有杭商、越商、甬商等不同的商帮，但是叫得最响、最普遍的、认同最高的、成为世界金名片的还是浙商。最典型意义上的中国现代商帮——创业者和企业家群体，当数“浙商”。

“商”字，不能从传统和狭义角度理解。传统意义上的“商”，是指做小买卖的行为。“商者”特指经商、商贸者。现代意义上的“商”，广义地去理解，应该是自己创业的企业家群体，第一、二、三产业都在其中。在历史上，人们对商人多有一点贬低的评价，我们今天的商人就是企业家和市场主体，不能简单地说成是做买卖的。

为什么叫浙商？浙商具有区域性、时代性、文化性等特性。其具体表现在：

（1）区域性。浙商姓浙，是浙江的商人。我们应有包容性，但凡在浙江大地上从事经营活动的，不仅仅是浙江人，大量非浙江籍的企业家，省外和海外的企业家来浙江创业的，我们都可称之为浙商。此外，浙商还包括在外省创业经商的浙江人，以及与浙江人合作的人士。在省外有很多当地人给浙商的企业打工，他们也认为自己是浙商的一部分。浙商有姓浙的，有一定的区域性，但是同时又超出区域的范畴，凡是和浙江发展有关系的，我们都应该将之看待为浙商。

（2）时代性。浙商主要指改革开放、发展市场经济时代大潮中涌现的企业经营者，沐浴着改革开放的春风，其时代特点非常鲜明。如同我的诗歌中的第一句：“这是个春天的时代。”这个春天不是指自然的春天，这个春天指的就是改革开放。借用《春天的故事》这首歌中春天的概念，比较形象，有诗意。浙商作为一个群体，踏着改革开放的春风，沐浴着改革开放的阳光，诞生成长，从田边、街坊、山里走来。比如宗庆后创业，就是街坊草根形象。新生代浙商从校园里走来，你们是新生代、新创客、新领军，是改革开放的产物、弄潮儿，也是改革开放的标识，是中国改革开放近40年的历史烙印，是市场经济的活标本，是浙商文化也是改革开放时代文化的重要标志。这个时代性的含义还有另一方面，即改革的时代性仍要延续。

在还未进入改革开放的20世纪70年代，真正第一代的创业者，他们创办了乡镇企业、乡村企业，那时候浙商就开始萌芽发展了。从这个意义上又跨越了改革开放的时间线。比如沈爱琴当年创业时是非常艰辛的，从乡镇企业出发，跨越了两个时代。中国的民营经济或者浙商开始形成，或者说前浙商时代就是那个时代。但是真正形成气候，成为浙商群体和精兵强将，是在改革开放时期。没有改革开放就没有现在的浙商。

（3）民营性。“浙商”最主要的特点是个体、私营的民营经济，当年它是与集体、国有等公有经济相对应的“民营模式”。与苏南模式不同，苏南是集体经济的代表，而浙江是民营经济的代表。

温州、台州地区是比较早地进入个体私营经济模式的，而那时的杭州、绍兴地区还是以集体经济为主。我担任杭州市江干区委书记时，江干区的乡镇企业都是集体经济。虽然我在江干区任职时间不长，但是回想起来我当时做的最大的一件好事，就是在江干区全面推进了体制改革，完全彻底地按照社会主义市场经济体制进行改革。1996年时有很多人一时想不通。那时江干区的集体经济实力是比较强的，很多人觉得自己辛辛苦苦地做了一辈子，突然进行体制改革，让他们产生了一种“一夜回到解放前”的感觉。于是我就不断地进行动员宣传，而且很多人觉得我从前在省委政策研究室，甚至是中央政策研究室任职过，应该能把握好经济发展的方向。经过长时间的努力，大家逐步统一了思想认识，多数企业也开始比较适应市场经济发展需要了。我们不能把市场经济简单地看作私有化，市场经济有一个很重要的特点就是股份制，股份制的逻辑和市场竞争的规则，是必然要引导社会资源向优秀企业和企业家聚集的。

但是，浙商除了民营企业之外还有其他组织形式，比如现在浙江也有很多国有企业、外资企业办得很不错，他们也是浙商。浙商不是完全单一的个体、私营的，应该是以民营企业为主，其他企业性质为辅的。浙江的很多大型国企的领导都说过，千万不能把他们排除在浙商之外，他们也是浙商。所以，现在的“浙商”也应包括与浙江密切相关的公有制经济的经营者。

（4）文化性。现在的浙商不仅仅创造物质财富，做好企业经营，也是一个有鲜明文化特性的群体，有共同的文化符号。

浙商企业家特别能吃苦，特别善经营，特别会“抱团”（商会），特别讲乡情，特别敢闯敢试（创新），特别包容（善用人），特别讲共享（以义养利），特别讲政治（人脉情感），等等。浙商无论到哪个地方去创业都会去找当地的组织和政府，真正要发展起来没有当地政府的支持是很难的。因为，政府掌握着大量的发展资源，良好的发展环境又是由政府为主导才能形成的。只有在当地政府的领导和支持下，企业才能健康成长。

当然，浙商中也存在着某些负面的文化习俗，比如某些“土豪”“享乐主义”等，包括一些对“亲清”政商关系没处理好的现象。但积极的正能量的文化是主流，而且越来越为社会所认同。

浙商在创造物质财富的同时，也创造和提升了自己，传承和丰富了浙江文化、浙江精神，尤其形成了浙商文化、浙商精神，这就是习近平总书记讲的浙商之魂。

浙商作为一种区域性、时代性现象，能否长此以往、历久不衰，关键在于能否与时俱进、继往开来，企业经营（创造物质财富）持续健康发展壮大，让精神文化不断丰富提升，一切在于新生代浙商的成长与发展。

（二）浙商群体的形成背景

同样是改革开放，同样在沿海地区，同样的历史条件，为什么其他地区没有形成类似于“浙商”这样的商帮呢？或者说没有这么快、这么大规模地形成呢？

浙商产生在浙江，是多种原因相互作用形成的，我以为主要有以下几点。

（1）浙江历史上农耕文明发达，生活较富足，特别是工商手工业比较发达，为“百工之乡”。不仅纺织业、制陶业、造纸业、酿酒业等固定手工业作坊相当兴盛，而且长期以来木工、漆工、石刻、竹编、弹花、箍桶、缝纫、理发、厨师、打金等流动百工手艺人也层出不穷。这种手艺工匠在浙江手工业者中所占比例最大，他们特别能吃苦，上山到尖，下乡到边，提供上门制作、加工和修理。

杭州的手工业产生较早，且较发达，从新石器时代的良渚玉器，到后来的精美官窑瓷器和丝绸，尤其是丝绸、印刷、瓷器、造船、制扇以及兵器制造的发展最为显著，在全国均占据重要地位。

在浙江历史上的手工业者中，著名的还有东阳泥水匠和木匠、永康的铁匠、义乌的麦芽糖艺人、台州的绣花女、温州的皮鞋匠、永嘉的弹棉花郎等。这些世代相传的手工业专业技能，构成了浙江特殊的专业性人力资源优势。

历史上，浙江不仅是一个手工业相对发达的“百工之乡”，而且也是全国民间商业相对发达、民间商贸文化传统较为深厚的地区之一。历朝地方志尤其是宋元明清时期的地方志，记载了浙江大量的定期市集。

清末民初，浙江商人成为中国民族工商业的中坚之一，为中国工商业向近代化转变起了很大的推动作用。

（2）浙江历史上传统思想文化中特别重视经世致用和修身养性。中国的古文化最主要的是儒释道，也就是儒家、佛教、道教，其中最核心的是儒学。儒学有消极的一面，但三纲五常、仁义礼智信、忠孝廉耻、修身齐家等社会伦理道德和人文情怀的基本精神，是积极的、永续的，故能延续下来成为中华民族的国粹。

我国的道教、佛教比较超凡脱俗，讲养生、养心，不太讲政教。而儒、墨、法、黄老道皆重政教。法家富有进取性：秦始皇用韩非法家思想统一了六国，但治国失败，二世而亡。黄老道家：文景之治，贞观、洪武之治，讲求无为而治，休养生息。

儒家的治国理政之道，其要倡导有八：一是以人为本。仁者人也、为政在人、人最为天下贵。二是施行仁政。三是以德治国。四是勤政爱民。五是公正廉洁。六是礼贤纳谏。七是诚实守信。八是修身齐家。

到了近现代，又受到了西方文化的影响，并且相互碰撞；后受苏联十月革命影响，又传入了马克思主义。

现在中国思想文化的主流就是马克思主义。但儒家、佛教、道教和现代西方文化仍有重大影响。儒家文化的内容有很多，但是内容的主旨就是教人怎么做人做事，怎么修身养性，怎么来提高自我，最后治国平天下。世界上没有哪个国家形成了像儒家文化一样完整的教化体系。

（3）浙江的古越、吴越文化特性。浙江原为东夷之地，是比较边缘的地区。春秋战国时期的越文化、三国时期吴文化、唐末宋初的五代十国时期钱镠创立的吴越国及文化，特别是南宋建都杭州后，浙江区域文化发展进入高峰时期，为后来浙江经济政治文化发展打下厚实根基。

以卧薪尝胆为核心的越文化，体现了坚毅、坚韧、艰苦、忍辱负重、拼搏奋起的文化价值取向。而范蠡为中国儒商始祖，开创了“官员下海”的先河。

吴越文化，广义上也包括吴国文化，但主要指越国和吴越国时代的文化。吴越国是五代十国时期的十国之一，由钱镠在公元 907 年所建。吴越国至公元 978 年纳土归宋，历时 70 余年。唐末五代藩镇割据，战乱频繁，钱镠采取保境安民和“休兵息民”方针，重农桑、兴水利，使两浙之地有一个较长的稳定发展时期。公元 978 年，吴越国末代国王钱弘俶为了避免战乱主动献土并入北宋。

吴越国是浙江发展的雏形，当时的北方各国陷入战争动乱，吴越国默默地发展经济文化、积蓄力量。现在的保俶塔、雷峰塔、西湖都是吴越国时期建造起来的。吴越国也是当年中国的佛教中心。所以我们现在讲起浙江的文化其实就是指吴越国的文化。

我们今天需要从中学习的卧薪尝胆精神，就是吴越文化的核心内容。企业、事业要做大，就必须学会卧薪尝胆。2003 年，习近平总书记在接见并参加绍兴代表团讨论时，曾要求绍兴要继承吴越文化，发扬胆剑精神。短短几句话说明习近平总书记博览群书，给我留下了非常深刻的印象。

历史上，浙江都十分重视经世致用、义利相举、工商并重的文化。相对于其他朝代，南宋对浙江文化的影响是最大的。南宋建都在临安，也就是杭州。南宋皇帝赵构最远撤退到温州，这时前方已经初步稳定，他就没有继续南逃，最终就留在绍兴安顿了两三年，他的祖坟就安放在绍兴。后来南宋朝廷搬到了临安（杭州）。南宋建立后，文化、政治中心就向南迁移，很多文人、政商名流都来到杭州，由此促成了杭州的繁荣。

（4）浙江心学对浙江人素养形成的作用。儒家文化和佛、道教文化都对浙江发展进程产生过重大影响。南宋以后各个学派纷纷成立，比如金华学派、永康学派，还有心学。为什么明代大儒王阳明诞生在宁波，这是有原因的。当时的宁绍平原是文化的集聚地，这些学派都强调经世致用，强调工商的重要性。过去工商阶层是排到最后的，这些学派和朱熹进行论战，因为朱熹是重义轻利的。那时的儒家吸收了佛教内容，变成了玄学。但到王阳明这里就反过来了，他反对心学神秘化，回到人的本心，就是致良知。良知付诸行动就是知行合一，知就是行、行就是知，强调人的本体性作用。

王阳明认为，每个人都有善念，有好心好行，关键是明善心，致良知，并要知行合一，这样人人都可以成为圣人，只要你知错、改正错误就可以成为圣人。如此观之，企业家更是可以通过致良知而成为当今“圣人”的。这些文化对浙江历史进程都有重要影响，对今天浙商群体的形成也有积极的作用。

（5）浙江的佛道文化对为世做人、待人处世、修身养性的作用也不可小视。佛学教你为人之道：自律做人，一切随缘；吃亏是福，放下即道；净化心灵，提升境界。

教你广结善缘，善处人际关系：退即是进，舍即是得；众生平等，善恶有报。

教你事业成功之道：“以出世的精神，做入世的事业”；“做人低姿态，做事高标准”；甘当老二，淡泊名利；开源节流，创业积德；心怀众生，回报社会。

教你懂得掌握命运之道：慧眼观世，抓住机缘；正视苦业，脱苦求福；识得因果，安度危机；调整心态，游刃职场。

而道家的养生术、生态文明、“上善若水”及“治大国若烹小鲜”等思想都有当代价值。

（6）浙江的地理区域及文化对浙商形成的影响。浙江“七山两水一分田”，受海洋文明的影响比较大；地域面积小，人口多。历史上浙江人善于做集市贸易。浙江离大城市不远不近，浙江的乡镇企业很多是靠上海的师傅带起来的，一方面容易接受城市文明的辐射，另一方面又离大城市比较远，比如温州、台州，有种“天高皇帝远”的味道。

具体来讲，浙江的地理特点有以下几个：第一，区域有山有水、自然景色秀丽，造就多元文化；第二，面临东海，形成海洋文明和开放精神；第三，地域小、资源贫而人口多，易集市互通并外出经商开放；第四，离大中城市不远不近，易接受城市文明辐射又不至于割掉全部“尾巴”；第五，因处沿海前线而缺少大工业大项目，造成就业压力大。

（7）浙江有商帮传统。近现代宁波商帮、南浔商帮很有名；尤其丽水和温州的人大量移民海外。浙江人外出经商多，笃信“在家靠父母、出门靠朋友”的道理。

（8）浙江民间有重教育的传统。浙江民间历史上都重视教育。希望孩子多读书，哪怕砸锅卖铁，哪怕父母亲再辛苦，都要让孩子们多读书、锻炼。什么是人才？凡是名人，绝对不可能只在一个山沟里不出去。人走的地域越广，见识就越多。企业家能在全省、全国乃至全球盘活资源，就能成为大企业家。

（9）浙江干部生长在浙江大地、受浙江历史文化滋养，比较务实为民，积极有为，创造了有利于浙商成长的环境。以上如此等等因素，加之特定的体制和环境，为浙商的形成创造了条件。

（三）浙商创业史上的六大发展阶段

可以说，浙商群体是当今中国创新创业的一个典型群体。

改革开放近 40 年来，浙商创新创业经历了六大阶段，而每个阶段都有各自的难题和“成长的烦恼”。

（1）第一阶段，“起家烦恼”。那个时候主要烦恼是无钱无本，主要靠离城近、信息多、人际关系和劳动力优势，为城里工厂配套加工产品。

（2）第二阶段，企业办起来后的“门路烦恼”。在计划经济条件下，主要依靠“找门路”而完成了最原始、最早期的起步积累。

（3）第三阶段，发展起来后的“推销烦恼”。企业扩张后就遇到了产品如何推销的问题，仅靠人际关系和门路已不适应，那时恰好中国是个短缺经济时代，乡镇企业的“推销烦恼”，就由国内市场的短缺给解决了。

（4）第四阶段，扩张发展后的“体制烦恼”。20 世纪 80—90 年代，乡镇集体企业发展后不久，个体工商户的私有经济也应运而生，这就遇到了乡镇企业经营者利益回报等方面的“体制烦恼”。

（5）第五阶段，快速发展起来后的“市场烦恼”。体制改革极大地解放了生产力，各地乡镇企业和个私经济以及外资经济也快速发展，境外商品大量进入。这样，国内市场很快由短缺向过剩转变。就遇到了真正的“市场烦恼”：过剩了的产品如何推向市场？这时候的浙江企业除了走进中西部市场外，又遇到了一个中国加入WTO（世界贸易组织）的世界市场大机遇。

（6）第六阶段，当今和未来一个较长时期的“转型烦恼”。随着粗放式增长越来越显露出资源、环境、劳动力的制约性弊端，企业迫切地需要转型升级。

由此可见，浙商的发展过程，就是一个不断解决“成长烦恼”的过程。创业过程始终有矛盾、有难题、有烦恼。但今天是到了真正考验的时候，考验我们社会如何顺利跨越“中等收入陷阱”而进入现代社会。不要坐等哪一天经济形势会转好，浙商要在遇到困难时能发现机遇，能在艰难中重生。

（四）浙商精神、浙商文化

（1）与时俱进的浙江精神。民族精神是一个民族赖以生存和发展的精神支撑。浙江精神是浙江人民在千百年来的奋斗发展中孕育出来的宝贵财富，世代传衍，历久弥新，始终激励着浙江人民励精图治、开拓创业，显示出强大的生命力和创造力。浙江精神，就是浙江发展的动力，是充满地域文化个性和特色的价值取向。

浙江省委在2000年提炼出的浙江精神是16个字：自强不息、坚韧不拔、勇于创新、讲求实效。

2005年，进入发展新时期的浙江，又把浙江精神再次提炼为12个字：求真务实、诚信和谐、开放图强。

（2）浙商精神。我在网上查询到的浙江商人的特点为：舍得、和气、共赢、低调、敢闯。浙江各地商人群体的特点：有最为活跃商人为温商，有最为吃苦敢闯的商人是萧绍商人，有最为活跃的商人城市为义乌市，有最有代表性的商帮为宁波商帮，还有最低调的是越商等说法。

过去，大家曾用“四千精神”（走遍千山万水、说尽千言万语、想尽千方百计、吃尽千辛万苦）总结浙商精神，非常形象生动、富有鲜明特色地展现了浙商风貌、浙商风格。其实关于浙商精神的概括有很多，比如勤奋务实的创业精神、勇于开拓的开放精神、敢于捕捉市场优势的思变精神和恪守承诺的诚信精神，还有艰苦创业、诚信经营、规范运作、重视文化、回报社会，等等。

2009 年，在国际金融危机背景下的“四千精神”又有了新的内涵。在金融危机席卷全球之时，新华社等中央主要新闻媒体对浙江在应对金融危机中发扬的“新四千精神”做了高度评价。

当年的金融危机暴露了浙江过度依赖国际市场、过度依赖工业、过度依赖低成本低价格竞争的结构性弊端，必须处理好保增长与调结构、促转型的关系，必须加快推进产业结构调整和优化升级。

在当时严峻的经济形势下，“千方百计提升品牌，千方百计开拓市场，千方百计自主创新，千方百计改善管理”被提炼为“浙商新精神”。

这一“浙商新精神”在原来“走遍千山万水、说尽千言万语、想尽千方百计、吃尽千辛万苦”的“四千精神”基础上延伸了浙商从草根走向国际，从创业走向创新的重要内涵。当时的“新四千精神”被视为转型升级、可持续发展的新“引擎”，也是正在危机中爬坡过坎的浙江企业的新坐标。

而随着浙商群体的不断发展壮大，浙商的经营触角不断向上、向外延伸，浙商越来越成为浙江经济的代表，甚至是中国经济发展的金名片。于是，浙商被时代赋予更多使命和担当，浙商精神也日益丰满，亟待更新。

2016 年 11 月 19 日，主题为“熔炼浙商新精神，拓展国际新格局”的 2016 世界浙商上海论坛暨上海市浙江商会成立 30 周年大会在上海举行。会上著名浙商与浙商观察者、研究者们共同进一步探讨、提炼出他们认为的更加贴合时代的“新浙商精神”。其中浙商总会会长、阿里巴巴集团创始人马云提出了他心目中的新“四千”精神，即千思万想、千差万别、千锤百炼、千家万户。

正如国际化与全球化有大的区别一样，浙商精神与浙商文化亦有区别。我们要弄清楚浙江精神、浙商精神、浙商文化之间的继承性和与时俱进的关系。习近平总书记曾提出希望浙江能够“秉持浙江精神，走在前列，干在实处，勇立潮头”，所以从浙江来讲，浙江精神包括浙商精神与浙商文化；反过来说，浙商精神和浙商文化体现了浙江精神。而浙商精神应该是浙商文化高度凝练的内核，浙商文化是浙商精神的丰富和延伸。

（五）打造新浙商的新举措

浙江省各级组织和企业界都在共同努力，着力培养适应新常态的“新浙商”。主要做法有：

（1）努力打造学习型的新浙商。各级党委、政府、工会、青年团、妇联、大专院校、新闻媒体、社会各界，大家共同关爱、培育、宣传浙商；加上浙江企业家自身重视学习，练内功提素质，为浙商健康成长营造了一个学习提高的好环境，促使浙商成为可持续发展的新浙商。

（2）努力打造更依靠市场的新浙商。通过“减政府增企业、瘦政府壮企业、减审批增服务”，使企业的市场主体作用与政府的服务功能更好地结合起来，促使新浙商成为更加市场化、更加法治化、更加公平化的发展主体。

（3）努力打造更强壮的新浙商。通过培育名企名品名家，实施腾笼换鸟、机器换人、电商换市、空间换地，广泛开展治污水、防洪水、排涝水、保供水、抓节水，改造旧住宅区、旧厂区、城中村和拆除违法建筑等活动，努力建设“美丽浙江”的生态文明，并通过节能减排、淘汰落后产能等举措，倒逼浙商成为更适应新常态、更健康健壮的发展主体。

（4）努力打造成长型、后备军的新浙商。通过培育中小型企业，促使小企业源源不断地往前走，做大做强，使浙江企业不断扩大规模，上档次。一方面大力催生培育中小微企业，另一方面开展实施中小企业上规模企业的发展规划，使浙江企业生生不息，形成大中小微企业共同发展的梯形格局。

（5）努力打造科技型新浙商。通过实施培育新兴重点产业、科技城、开发区、创业园、孵化基地、企业研究院、网上技术市场、产学研体系等一系列工程，促使浙商成为把产业与科技相结合的新浙商。这几年，浙江在信息技术互联网方面，特别是电商方面已掀起了热潮，未来将产生一批批现代科技型新浙商。

（6）努力打造善于将金融资本与产业、科技相融合的新浙商。通过提升金融创新服务，加快民营银行、村镇银行、产权交易、民间金融改革、互联网金融、小微金融业态以及各类投资基金的发展，使浙商成为制造者和投资者、实体和金融、产业与资本市场相结合的新浙商。

（7）努力打造源源不断有人才支撑的新浙商。通过培育新生代企业家，打造“众创空间”，创办科技孵化基地、梦想小镇、云计算小镇、基金小镇、金融资本市场，以及引进省外海外人才等举措，使浙商成为具有人才支撑的、后继大有人才的新浙商。

（8）努力打造“情系家乡　商行天下”的根叶型新浙商。通过实施浙商创业创新和回归引进战略，每两年召开一次世界浙商大会，重点关注省外海外浙江商会1000位会长和10000家浙商重点企业，既鼓励他们走遍天下创新业，又倡导他们情系家乡，为浙江发展尽心出力，回乡创新业。只有以“家”为起点，路才能走得更远。努力使浙商成为情系家乡、商行天下的新浙商。

（9）努力打造利义相融、富贵相通的新浙商。通过文化熏陶、典型引领、表彰先进，打造“浙商文化”、树立“浙商品牌”；通过政策激励、营造氛围、感恩社会、回报家乡、慈善捐赠等措施，努力使浙商成为有社会责任感、有人文情怀、有文化涵养的新浙商。

做适应中国市场经济的优秀企业家

2017年7月7日，在浙商发展研究院（浙商智库）闭门会上，作者围绕主题“深挖优秀企业家精神特质，激发和保护企业家精神”发言。

今天我们一起缅怀刚刚离世的“青春宝”创始人、胡庆余堂传承人冯根生先生，并召开“深挖优秀企业家精神特质，激发和保护企业家精神”闭门会。下面，我谈几点感受。

一 具有优秀品质的企业家永远是年轻的

“深挖优秀企业家精神特质，激发和保护企业家精神”这个主题很有意义。今天我们怀念“青春宝”创始人、胡庆余堂传承人冯根生先生，回顾、总结冯根生先生身上的优秀企业家品质，是以实际行动尊重以他为代表的企业家们，我们是在学习、传承、发扬他们身上的企业家精神。

在冯根生这样的浙江第一代有代表性的企业家们身上，集中体现了浙商以及中国企业家精神中最优秀的特质。中国优秀企业家身上的精神特质，是中国改革开放、中国市场经济、中国传统文化、中国时代精神的重要组成部分，是我们时代发展和社会进步的重要精神动力。但在现实生活中，怎样更好地尊重企业家、更好地保护企业家的积极性、更好地激发企业家的精神，还存在许多不尽如人意的地方，需要正视和积极解决。所以，中央提出来要认真总结、深度挖掘优秀企业家精神特质和典型案例，实在是很有必要、很有现实意义的。

冯根生就是优秀企业家的典型案例。在他身上集中体现了千辛万苦拼搏创业、不屈不挠改革创新、千方百计追求卓越和勇于服务奉献社会这些优秀企业家的精神特质。包括冯根生等优秀企业家身上的精神，永远是年轻的，永远值得我们学习和怀念。所以，浙商发展研究院和《浙商》杂志总结一些重要的、有代表性的浙江企业家身上的优秀品质，也是很值得做的一件好事。特别是当那些企业家在完成了自己的使命到另一个世界的时候，大家一起来怀念、纪念他们，这本身就是个很好的做法，就是在保护、激发、尊重、发扬优秀企业家的精神。

近年来，我参加了多位著名企业家逝世的追悼会，一些优秀的第一代浙商企业家的相继离世，很令我们悲痛，也令我们思考。他们身上优秀的特质，对我们来说无疑是巨大的财富。如何继承和发扬这些优秀特质，是很值得我们去思考的。

二 要从人类文明发展史去看待企业家的地位

人类经济形态是生产力和生产方式的统一形态。在发展进程中，人类经济形态是从游牧文明向部落文明、农耕文明，再向工业（工商）文明演进的。社会的基本经济单位在经历了早期人类的游牧群体、原始社会的氏族部落、奴隶社会的奴隶主庄园、封建社会的家庭和手工作坊等形态的演进后，进入了工业文明时代和近现代社会。这个发展阶段，诞生了企业这种组织形式，并成为人类社会组织管理生产活动、经济活动最普遍、最广泛、最基本的单元。这和以前的时代是不一样的。从这个意义上讲，工业社会是以企业化为主的一个社会。

既然企业是社会生产、运行、发展最基本的组织单元，那么，在我们这个时代，企业和企业家自然就成了经济社会发展和社会财富创造的支柱和基础。这就是企业、企业家地位和作用最深刻的历史及社会原因之所在。我们只有从人类经济发展和文明进步的历史进程去认识企业和企业家，才能真正看清企业和企业家的历史和社会地位，从本质上认识到企业家的重要作用，而不只是一种单纯的政治表态。我们务必想明白：要使经济社会不断发展，社会文明程度不断提高，要建设现代化文明强国，最为基础的一个重要前提条件，就是要培育千千万万的企业，就要尊重、敬重、保护和激发企业家们的积极性和创造性。

正因为如此，我们可以说，认识和强调企业家的地位和作用，这是由人类文明发展的历史进程所决定的，是推动当代中国现代化文明发展所必需的。

三　讨论企业家精神不能离开当代中国现实

当代中国社会发展进入了中国特色社会主义事业的新时代。但从现实性上讲，当今中国经济社会发展正处于爬坡过坎的历史性转型时期，经济发展步入新常态，由高速增长阶段转向高质量发展阶段，发展动力、发展方式、发展结构、发展效能和发展环境都在转型的攻关期。

这就决定了我们现在尤其要特别关注、重视、保护企业家的积极性和企业家的精神。因为“转型期”是结构的大调整期、矛盾的多发期、要素的重组期、代价的阵痛期。

怎么看？从大的环境角度讲，无论是从中国企业和中国经济发展进入新常态这个阶段的一些表现，还是从中国发展步入转型期的表现，也包括政商关系调整重塑的表现来看，我国经济的高质量发展，绝不可能是轻轻松松、舒舒服服就能实现的。

我们过去讲“成长的烦恼”，今天则是“转型的烦恼”，或者说是“转型中的成长烦恼”，包括企业家的地位、作用、精神状况。为什么一个时期以来有更多困惑、烦恼呢？首先，是因为我们国家整体上处在转型发展的这一阶段。最重要的是，市场经济的体制也在转型完善的过程中，有的还在改革探索之中。改革开放初期，我们发展经济就是一股脑儿地往前冲，但现在是在原来的基础上进行调整和完善，需要不断地进行磨合、适应。其次，是因为我们的经济结构也处在转型过程当中，导致经济发展有这样那样的疑惑和困难；进而是企业结构要相应地进行转型、变革。最后，集中表现在政府与市场（企业）关系上的磨合，还有就是政商关系，也就是“亲”“清”的政商关系要梳理、培育。

作为企业家要看清这样的背景，要认识到再怎么提前预测、解决，仍然还是要经历这个转型过程的。正因为这样，我们要更加重视，更加关心、爱护、保护、激发企业家的精神和积极性，以便各界形成共识，齐心协力更好地一起去爬坡过坎、行稳致远。企业家既要适应也要去改变转型发展的环境，而政府则更要去保护、激发企业家的积极性和为其创造良好的发展环境。

四　要真正理解企业家精神，就要先知道什么是企业和企业家

一般地讲，大家在讲企业家精神时，通常会提到创新、吃苦耐劳、创造财富、冒险等诸如此类的词汇，也就是把这些看作企业家精神的基本特质。

但是，如果从普遍意义上来讲创新精神，那么，科研人员、政府官员也是有创新精神的；讲到吃苦精神，做任何事情也都是需要有吃苦精神的；社会分工不同，不同群体也都是在创造社会财富的，比如特指创造物质财富，企业员工也是实实在在创造物质财富的；军事家也许比企业家更具有冒险精神；等等。

那么，企业家精神到底是什么？

说到企业家精神，这里有三个概念要考虑，就是企业、企业家、企业家精神。企业、企业家是企业家精神之本、之源，“魂”要附“体”，“毛”要附“皮”，皮之不存，毛将焉附？只有了解了企业、企业家的本质，才能真正了解企业家精神的实质。

企业是企业家、企业家精神的“本体”，那么，企业是什么？

一般地说，企业是运用各种生产要素（土地、劳动力、资本和技术等）向市场提供商品或服务，实行自主经营、自负盈亏、独立核算并以营利为目的的具有法人资格的社会经济组织。企业是社会经济组织，是运用并组织各种生产要素向市场提供商品或服务的，在市场活动过程中自主经营并力争创造新的价值（营利）的组织。企业的本质是在市场经营过程中创造新价值。

那么，什么是企业家呢？企业家就是对土地、资本、劳动力等生产要素进行有效组织和管理的高级管理人或者说是企业领导者。企业家不是一种社会职务，而是代表这个特殊人群的一种社会特质，也就是社会中具有独特职业和独特品性的一个群体。这种特有的、内在的品性，就是企业家的特性和特质。企业家的实质，是能对各种生产要素进行有效整合并在市场经营活动中率领企业有效创造新价值的领导者。

显然，企业家精神就是在市场经营活动中率领企业有效创造新价值的领导者身上内在具有的特质，是企业领导者在组织管理企业和各种生产要素过程中驾驭市场的经营理念、能力、风格、精神境界、情怀、思维与行为方式等的特有品质。

实际上，企业家精神就是企业、企业家群体的基本特性的一种人格化、精神化、品行化的凝练和表现。

五　执着追求市场创新的品质是企业家精神核心要义之所在

作为市场经营活动主体的企业及其经营者是普遍的存在，但并不是所有企业的法人、高管和经营者都能称得上是企业家的。只有那些能有效组织、管理、经营企业进而能有效适应和驾驭市场的企业高层决策者、引领者，才能称得上是企业家，而这些企业家身上所内含着的共同品性，才是经典意义上的企业家精神。

经典意义上的企业家精神，通常可以概括为适应、发现、创造、运用市场不均衡性即市场机遇的理念、智慧、魄力。企业家将自己的这种品性特质通过运用自己可以掌控的生产要素、社会资源，去有效经营企业和驾驭市场，进而实现企业利益的最大化，从而满足市场需求并促进社会经济资源的高效化开发和利用的时候，才能现实地展现出企业家精神。在这个展现的过程中，也实现着企业家的自身价值。

因而我们可以笼统地说，企业家精神就是企业家这个特殊群体所具有的共同特征，是他们身上所具有的独特的职业素质、文化理念、价值取向、思维和行为方式的抽象表达。企业家精神是区分企业家群体和其他群体特征的基本标志。作为共性的、一般意义上的企业家精神，就是企业家群体身上那种所必然具有的追求市场机遇（不均衡性）的执着的创新精神（包括冒险）。这就不难理解，为什么著名经济学家熊彼特把企业家精神的核心本质概括为对市场均衡的“创造性破坏”（创新），而著名管理学家德鲁克则将创新和企业家精神视为企业成长的核心基因。

因此，企业家精神就是那种特别执着的市场创新精神，这种市场创新精神对企业家而言是近乎本能的一种自觉追求。笼统的创新精神，是任何社会组织、社会群体和各行各业的人们都普遍具有的特性，企业家精神的独有特性则是市场的创新精神，或者说是以市场为核心、为本体的创新精神。只有那些引领企业执着追求市场创新的企业家，才能充分体现出企业家精神的内在本质，这样的企业家或者说真正具有企业家精神特质的企业家，把经营企业和经营市场视为自己的生命、自己的事业、自己的理想和自己的至上人生价值。

在经济学史上，熊彼特是系统阐述企业家精神的著名经济学家，“企业家精神就是创新精神”的理念的诞生，主要应归功于他。当然，人们往往省略了企业家的创新是对市场均衡的“创造性破坏”，即市场的创新。熊彼特对企业家从事“创新性的破坏”的动机做深入探讨，发现真正的企业家固然要以追求潜在利润为直接目的，但通常不一定为了个人的发财致富。他认为，企业家是与只想赚钱的普通商人或投机者不同的，个人致富充其量仅是他的一部分目的，而最突出、最主要的动机是来自于“个人实现”的心理，即“企业家精神”。

熊彼特认为这种“企业家精神”主要包括：强烈追求建立自己企业王国的欲望；对企业创新行动取得成功的热情；对追求创新、创造过程本身及敢冒风险的欢乐喜悦；克服困难、追求卓越的坚强意志毅力等。

由此可见，作为经典意义上的“企业家精神”，是指企业家进行市场经营创新活动的精神、心理、动机特性。正因为这样，我们可以说，企业家的市场创新精神，是一种超越了企业家单纯追求物欲及物质财富的精神品质。当我们听到有些企业家说，“我做企业是把企业当作事业、当作人生价值来追求”时，实际上是表达了他作为企业家所具有的一些本质特性，也就是企业家精神的内在素养。

显然，只有超越了个人金钱致富物欲的精神价值追求，才能称得上是企业家精神，但这些精神欲望的追求是围绕企业家的市场创新行为而产生和展开的。因为，在市场活动中，只追求个人致富、没有市场创新的人只能是一般的商人，而不是真正的企业家，只有那些能“创造性破坏”市场均衡性并具有追求超越个人物欲的人，才是真正的企业家，才具有真正的企业家精神。

这里，我们有必要再简要分析一下市场创新的问题。

企业家的市场创新，具体可从两个层面去分析。

一是发现和利用市场机遇（不均衡性）。就是企业家要有发现、运用市场机遇的能力、素质和品行。我们这里讲的是适应市场的创新行为。市场的“问题”就是市场的“出路”。市场的不均衡性、不平衡性、不充实性，实际上就是市场的发展机遇。只有企业家才能敏锐地发现进而通过经营自己的企业去现实地运用市场的机遇，用自己的企业产品和服务去满足市场需求，从而企业的利润和企业家的个人价值得到实现。

二是发明（创造）和经营市场机遇（不均衡性）。这是比发现和运用市场机遇（不均衡性）更高层次上的市场创新，是市场创新的核心、精义所在。发明（创造）和经营市场机遇，主要是指创造新市场的创新行为。前者是多数企业家都应具备的特质，后者通常是高级企业家才具有的特质。著名的企业家们不但能发现和运用市场的不均衡性，能敏锐地把市场的不均衡性运用好，而且还能发明和创造市场的不均衡性，即发明和创造市场机遇，然后再去经营好这些市场机遇。人的需求、市场需求是可以培育、创造的。市场需求（产品）从 0 到 1、从无到有的创造，就是在创造市场、引领市场（需求），是打破了市场上供给与需求之间的均衡，制造了不均衡，创造了市场新机遇。当然，这种创新是艰难的，具有高风险性，不过，一旦成功了，企业便可获得高额利润，企业家的自我价值以及企业家精神会极具张扬和升华。

总之，我们认为，企业家的天职，就是发现、发明、创造、利用和经营市场，及运用企业组织、机制来完成这个市场创新的过程。企业家特质和企业家精神的要义，就是市场创新或者说创新市场的品质（精神）。离开了市场的创新，一般的创新并不是企业家独有的。

六　我们只能做这个国家、这个时代的企业家

显然，市场创新或者说创新市场的品质（精神），是古今中外、国有企业家和民营企业家都应具备的。早在 30 年前，我在一个研究报告中就说过这样的观点：在市场竞争运行过程中，没有所谓的国有和私有的区分，不能说国有企业与民营企业都各有一套自己的市场运行规则，只有在追溯企业的最后产权归属问题上，才有国有和私有之别。

从这里又带出了一个问题，即中国企业家的精神是不是具有特殊性？如果今天和未来，不能很好地认识到这个问题，企业家们不去主动适应中国特有的体制机制，那么，我们的企业家就难免会在中国的市场经济环境中感受到这样那样的迷惑。

大家要知道，作为市场创新或者说创新市场的品质（精神），只是抽象出来的共性意义上的企业家职能和企业家精神，但这种特质在不同的时代、不同的国家、不同的体制和政策条件下，必然会有不同的表现形式，而且每个企业家都会有自己具体的市场创新特质（企业家个人风格、魅力）。这也就是说，在不同的企业家身上，既有共性的企业家精神，也必然存在着个人风格的企业家精神。同样道理，中国的企业家与外国的企业家，在组织管理企业、各种生产要素过程中驾驭市场的理念、价值、能

力、思维与行为方式的品质，肯定会有很大的区别。所以，现实中的企业家和企业家精神，是共性和个性的统一体。

要成为中国优秀的企业家，既要具备企业家普遍共有的精神特质，又要有适应中国特有经济政治文化环境的素养。如果能够把自己生活的时代所面临的各种环境、各种条件很好地驾驭和运用，能趋利避害、扬长补短、化不利为有利，就是高超的企业家了。

我们只能做我们这个世界、这个时代、这个国家、这个企业的企业家。这句话包含着十分丰富的哲理内容，大家可以细细品味。

七　企业家要懂些政治，但不要去干预政治

中国的企业家在一定程度上讲是很不容易的。也许他们既要成为经典意义上的企业家，又要成为带有政治家风格的企业家，带有社会活动家色彩的企业家。

企业家需要具备多种角色，才能成为真正出色的企业家。否则，只能成为一般的经营者。

企业家在经营决策的时候是要研究政治、政策的。我们的很多企业家都很关心政治，这也许是有中国特色的表现。但美国的大企业家也是很关心政治的，他们经常游说议会，资助议员、总统竞选。不管怎么说，无论什么人，包括企业家在内，你要有所作为，都首先必须去适应这个现有的生存和发展环境，然后在成长中去改善这个环境。讲企业家和企业家精神也一样，既要适应中国现阶段的环境，又不能成为这个阶段环境的奴隶，而要在适应中去变革、去改善、去创造环境。这样说，也是我们讲要激发和保护企业家精神的题中应有之义了。

企业家要讲政治、问政治，懂些政治，但不要去参与不属于职责范围的政治，更不能去干预政治。我们要培育“亲”“清”的政商关系，但政与商是有严格边界的。还是马云先生说得比较形象：企业与政府只谈恋爱不结婚。

八 怎样理解中央倡导的优秀企业家精神

市场活力来自于人，特别是来自于企业家，来自于企业家精神。因为，企业家是经济活动最基本的，也是最重要的主体。

为深化供给侧结构性改革、激发市场活力、实现经济社会持续健康发展、顺利推进新时代中国特色社会主义现代化事业，中央明确提出要积极营造企业家健康成长环境，大力弘扬优秀企业家精神，更充分更好地发挥企业家的积极作用，并为此在中央层面概括提炼出了我国要弘扬的优秀企业家精神。这是一件了不起的事情，不但在中国是首次，也许是开创了人类发展史上正式以官方（执政党和政府）形式规范并倡导企业家精神的先河。

我们注意到，中央明确倡导的优秀企业家精神是具有广泛深刻内容的，其表述是“三句话的三个方面的精神”，即爱国敬业遵纪守法艰苦奋斗的精神；创新发展专注品质追求卓越的精神；履行责任敢于担当服务社会的精神。我认为，中央对企业家精神的这一表述是有其深意的。

我曾多次说过，作为世界上一切企业家共同具有的品质或者说精神特质，就是执着追求市场创新的精神。这是企业家精神的核心要义，也就是经典意义上的企业家天职和企业家精神的天然本义。

那么，应如何理解中央倡导的如此广泛丰富的企业家精神内涵呢？

这实际上是从更广更深的意义上来规定、阐述当代中国的企业家精神。

第一，从当代中国社会公民的意义上来阐述企业家精神，即企业家要具有爱国敬业遵纪守法艰苦奋斗的精神。这一要求实际上是每个社会公民都应该普遍具有的素养，也是党和国家要倡导的公民意识。企业家首先是社会公民，首先要具有公民的基本素质，遵守社会公民的基本要求。

第二，从当代中国企业家的意义上来阐述企业家精神，即企业家要具有创新发展专注品质追求卓越的精神。这一要求实际上是作为企业家应该具有的本质素养，是原本意义或者说经典意义上的企业家精神，是中外所有企业家都共同具有的特质要求，是企业家或者说企业家精神区别于其他社会群体的最显著标志。

第三，从当代中国社会发展进步要求的意义上来阐述企业家精神，即履行责任敢于担当服务社会的精神。一般地说，企业家在社会发展进步中承担着特殊重要的职责，起着特殊重要的作用。在推进中国特色社会主义现代化建设事业中，企业家是市场经济的主体和中坚力量，而且企业家的言行对社会教化具有导向示范作用。

因此，当代中国要培育的企业家是作为中国特色社会主义事业建设者的企业家，我们要倡导的企业家精神是具有中国特色的企业家精神。

浙商是当代中国规模大、实力强、影响广的第一大企业家群体，我们希望广大浙商在市场创新和社会主义现代化建设进程中，继续勇立潮头，奋发有为，努力成为中国企业家精神的践行者和引领者，成为时代发展的先锋队。

打造现代甬商新传奇

2018 年 3 月 31 日，作者应邀参加宁波春季发展论坛，并做了有关“新时代企业家精神”的主题报告。

宁波是浙江发展的重要发动机，宁波的发展和宁波企业家可以说是浙江的骄傲。宁波一直以来都是浙江发展的重镇，是浙江对内对外开放的重要窗口。毫无疑问，宁波也必将是浙江未来发展的希望之所在。我们相信，随着大湾区、大花园、大通道以及“一带一路”倡议等实施，宁波的地位和作用将会越来越明显，也将为浙江发展、长三角发展、中国发展做出更大的贡献。

那么，历史迈入新时代，宁波企业家能不能打造和这个新时代相适应的新传奇？

就经济角度讲，中国进入新时代，新时代的发展就是高质量的发展，要建设的是现代经济体系。宁波发展进入新时代，要转型升级、创新发展，要打造名城名都，加之市里又提出了“六争攻坚、三年攀高”，尽快迈入全国大城市第一方阵，这些目标非常远大，非常有气势，但要达到这些目标，名城名都也好、六争也好、第一方队也好，最关键、最基础的是宁波企业家的地位如何，作用如何发挥，能不能培育、造就出一支与名城名都相适应的企业家队伍。

一 企业是工业、市场化社会的细胞

关于企业和企业家的重要性，我们可以讲各种各样的理由。但有一点最为根本，就是：当今人类是工业化、市场化社会，我们中国是社会主义市场经济国家。只要你搞工业化、搞工商文明、搞现代经济、搞市场经济，这个社会经济运行的本位、本体就是企业。

如果说家庭是社会细胞的话，那么企业就是经济社会的细胞。你想经济发展吗？你想市场不断完善提升吗？那就必须尊重企业，保护企业，让企业发挥真正的市场基础作用，从而让市场发挥资源的基础性决定性的配置作用。企业在经济生活中是最基本的单元，就是靠它来组织社会的经济活动的。“企业”组织形态是人类的一个伟大发明，可惜它没有获得诺贝尔奖。用企业这种方式来组织社会的生产经济活动，是最为有效的，人类尚未发明有其他更好的方式。当然，企业制度也是不断完善的，包括股份制、公司制等，都是不断丰富发展的。

市场的活力来自于人，特别是来自于企业家，来自于企业家精神。

刘鹤副总理也曾专门引用著名经济学家熊彼特的一句话：“经济的真正动力阶层在于企业家，他们把新的思想、新的技术，通过新的组织形式和新的制度投入市场，并且不断开拓市场，这样就使得经济得以发展。”刘鹤副总理呼吁，中国应像尊重科学家一样尊重企业家，并给其应有的回报，这样才能培养出一个企业家阶层。

要像尊重科学家一样尊重企业家，就是说今天对企业家的重视还没有像对科学家那样重视。回报就不说了，重要的是后面一句话，培养企业家阶层，不是一两个企业家，而是一个阶层。社会整个运行活动是按照不同领域组成的，在军事领域，将军就是杰出的组织者；在科研领域，科学家就是杰出的组织者；在政界，官员领袖就是组织者；在经济活动领域，组织者、创新者、将军、元帅就是企业家。离开了企业家，现代经济的发展是不可想象的。所以，我们对企业家的尊重、保护应该是发自内心的。从一个社会本体、本位的角度讲，社会经济要进步、要发展，就要尊重企业家。

二　中央倡导的中国优秀企业家精神

党的十九大会议召开之前，中共中央、国务院发了一个公开文件，就是《中共中央　国务院关于营造企业家健康成长环境　弘扬优秀企业家精神　更好发挥企业家作用的意见》。在这个文件中，对当代中国优秀企业家精神做了全面而深刻的表述，把当代中国优秀企业家精神概括为三句话，每一句里面又有三个词。

第一句，爱国敬业，遵纪守法，艰苦奋斗的精神。

第二句，创新发展，专注品质，追求卓越的精神。

第三句，履行责任，敢于担当，服务社会的精神。

这三句话怎么理解？我看了以后觉得很全面、很深刻，好像也不光是企业家要做的，更是共产党、领导干部要做到的，后来又想，有些是中国公民也应该这样做的。所以，中央提出了对中国企业家多方面的，又是很高的要求。这三句话，也就是这种企业家精神，我个人认为是很有中国特色的，是中国特有的，对其他国家的企业家也许不一定完全适用。

三个方面的统一，就是今天新时代中国特色的优秀企业家精神的完整内容。

这告诉我们，企业家在今天现实社会中是一个现实的人，现实的主体，并不是一个抽象的、理想化的、实验室里的企业家。企业家首先是优秀公民，要体现优秀公民的基本素养，其次才是企业家身份，要践行企业家的职责，要不断创新发展、专注品质、追求卓越。企业家还是社会中十分重要的社会阶层，是一个代表先进生产力、推动社会文明进步的优秀群体，因而要承担更多的社会责任，要履行责任、敢于担当，服务社会，引导整个社会文明发展。

我认为，中央文件里用了一个“优秀企业家精神”这个词，“优秀”

这个词是有讲究的，三层含义也是很有讲究的，是一步步递进深化的关系。

三　浙江省倡导的新时代浙商精神

浙江省提出了新时代浙商精神，并概括为六个方面：坚忍不拔的创业精神；敢为人先的创新精神；兴业报国的担当精神；开放大气的合作精神；诚信守法的法治精神；追求卓越的奋斗精神。

这六个方面的提炼概括，既体现了中央提出的优秀企业家精神，也继承了过去“四千”的浙商精神，所包含的内容是十分丰富深刻的，体现了省委省政府和全省人民对新时代浙商的新要求。

过去讲浙商精神，就是“四千精神”：“走遍千山万水，说尽千言万语，想尽千方百计，吃尽千辛万苦。”这是老一代企业家艰辛创业的生动写照。这个概括影响极大，可以说深入人心，大家都会背。政府方面来概括就没有这么形象生动了，因为要比较规范准确了。

这里，我提出一个问题，中央、省里提出的企业家精神，比如说讲创业、创新、合作、奋斗、开放、担当，这些都是浙江企业家、宁波企业家应该具有的精神和素养，也是江苏、上海和全国企业家都应该共同具有的要求。所以，这里就有一个问题，浙商自己还有没有独特的个性，在共性的基础上有没有自己的个性。我作为浙商发展研究院（浙商智库）的院长，在多种场合都呼吁，浙商精神还应该有自己的个性。

在我看来，浙商精神的独特个性就是四个字，即“千方百计”的独特品质。浙江企业家和江苏企业家一样都在创业、创新，但浙商最为可贵的是，做什么事情总是千方百计，一定要做成做好，他宁可少睡觉，宁可少休息，也总是千方百计去创业去做事。其他省的企业家也在创业创新，但他们没有达到浙商的“千方百计”的程度。浙商精神可贵就可贵在“千方百计”四个字上。这是我们浙商过去成功的法宝，也是现在和未来制胜的根本。如果不是“千方百计”了，也就不成其为浙商了，浙商精神的文化符号也就会丧失了。我们浙江人文化中有这种优秀的文化基因，就是要么不做，要做就是千方百计地做成做好，干成干好。这是最难能可贵的。

因此，我们把握浙商精神的时候，要有共性的思维，共性就是中央所表述的，又要有个性和特殊的视角，个性就是它独特的历史、区域、实践中培育出来的素养。我们要灌输、宣传、弘扬这种独特的优良精神品质，只有这样，浙商才能始终立于不败之地，始终走在前列。

四　打造宁波现代商帮的若干建议

宁波商帮（甬商）有优良的传统，有优秀的品质。宁波商帮理念非常新、善于抱团，当年在上海的时候就是因为宁波人占了商会主导权后，就把整个宁波帮拉起来了。宁波商帮还有一个特点，就是善融工商资本，他们赚钱以后既搞实业又搞金融，而且勇于闯天下，具有强烈的爱国爱乡情怀等。这些都需要继承发扬。

下面，提几个建议供参考。

第一，可考虑市里每年召开企业家大会，宣传表彰、鼓励引导企业家。刘鹤副总理讲了，要像尊重科学家一样尊重企业家。各地每年都要召开经济工作会议，领导干部会议开得很多，能不能好好开个企业家大会呢？

第二，把全市规上企业都打造成科技型企业（开展打造科技型企业行动计划）。没有科技就没有出路，传统的产业产品插上科技的翅膀才有希望。科技化是企业发展的方向。如新近提得比较多的独角兽企业，及准独角兽企业，都是新产业、新动能、新企业。真正的大企业就是在这些企业中成长起来的，这些科技型、成长型的中小企业往往代表着未来发展的方向，任何大企业都是从中小企业成长起来的。所以，要努力打造科技型企业。

第三，以“中国制造 2025”示范市为引领，打造中国工业设计新高地。宁波制造业、工业非常发达，如何拉长产业链，提高价值，工业设计这方面如果能做强做好，是一个重要方向。中国制造能力很大，但中国的设计能力很弱，所以产品品位不高，价值难提高，品牌也不多。对工业设计应引起高度重视，它是未来发展的一个竞争制高点。

第四，顺应新一轮城市竞争趋势，开展有力度大规模的招人引智活动。以后城市之间的竞争就是人才的竞争，以前是项目，现在是项目、资金和人才的结合，今后是人才为王。

第五，培育一两家高端的综合性大学。把宁波的文化传承下去，打造高端的人文环境，高端人才除了看中实惠的钱以外，也许更看中社会服务体系、文化环境，如果这方面不上去（大学人文不上去），城市品位就很难上去，很难持续。

做“四立”浙商的薪火传人

2017 年 8 月 11 日，在“历史的印记，精神的力量——走进浙商博物馆”的活动上，作者做总结发言。

我经常参加浙商的一些活动，有机会常常听到企业家们的演讲，深切地感受到，浙商是很有政治头脑，很有家国情怀的。这是浙江企业家的一大特质和优势。

一　适应环境，做“中国的浙商”

在中国的政治经济环境和市场环境中，浙商要成为中国的企业家，要想把企业做好、做大、做强，离不开中国现在的经济、政治、文化制度和社会环境。全世界的企业家都有着共同的企业家精神、共同的企业行为，但不同的是，浙商首先是中国的企业家。凡是在中国大地上成功成名的企业家，肯定要适应中国现有的市场和政治环境。所以，浙商的成功离不开这样或那样适应中国现有政治、经济、文化环境。这种适应是一种能力，而且是十分重要的素质和能力。

前不久，我对这些年来参加浙商活动的演讲、感言进行了整理，出版了一本书，书名叫《飞翔吧，浙商》，又以《浙商之歌》为名写了一首很长的诗和一首歌。本想借此慢慢告别浙商这个舞台，以便集中精力整理其他一些工作经历的材料和研究成果；但是，每一次听到浙商们的发言，都非常感动，很受教育，因而舍不得离开这个群体。浙商除了有把自己企业办好的意愿外，还有强烈的社会责任感和家国情怀。如“长江浙商”同学会会长陈建华就再三强调，他办企业不仅要使企业创造财富，还要为社会解决就业、税收等问题，更重要的还要为实现中华民族振兴的中国梦贡献自己的一份儿力量。每每听到、看到浙商的这些言行，让我更坚定作为领导干部就应该更多地去理解、支持浙商，为浙商的发展做点贡献。

二　不断学习，做文化的浙商

文化是无形的、持久的东西。真正的文化，也许是只可意会不可言传的。活的文化只存在于人们的一言一行之中。

浙商作为一个大群体，而且从改革开放开始算起，也有 40 年左右的时间了，形成了自己独特的价值理念和精神文化。今后的“浙商”，既是一个区域意义上的概念，更是一个文化意义上的范畴，能成为一个既有丰富内涵又有独特文化个性的群体。“文化浙商”，主要指提升浙商的文化素养。浙商文化就体现在一言一行之中。

至于讲到什么是文化，我这里先讲三个小故事。

2017 年 8 月，有新闻报道了两名中国游客在德国国会大厦前拍照时行纳粹礼的事件，引起广泛的批判和热议。这是中国一些人身上文化趣味的缩影，但这个文化是建立在无知的基础上的。全世界都知道法西斯行为是被严令禁止的，即使是作为发源地的德国也是被法律禁止的。当然，这两位游客被柏林警方逮捕了，并将面临刑事诉讼。2016 年 12 月，中国台湾一所中学举办校庆，一个班级的学生竟然穿着二战时期法西斯纳粹的军装，举着纳粹旗帜，摆出希特勒姿势参加活动。此事引发舆论哗然。虽然最终该校校长引咎辞职了，但是我们更应该看到这次事件背后折射的是台湾当局对历史教育的不当，这是一种畸形的文化。文化应该建立在具备一定历史知识的基础上，不了解历史，不懂得以历史为鉴是行不通的。

我也注意到，浙商博物馆杨轶清馆长提到，浙商群体相对来说是一个读书比较少的群体，书读多了就当不成企业家了。这有一定道理。因为，早期创业的浙商大多不是从大学里出来的。但是，我认为，读书少不等于不读书、少读书，更不等于不学习、少学习。杨铁清馆长是指在学校里读书少、学历低。这对过去来说是历史事实，但不能从中引申出做企业家可以或应该少读书的结论。死读书，当然成不了企业家，也成不了科学家、政治家。就其总体而言，不读书、不学习，是成不了气候的。其他各行各业也无不如此。况且大学生本身就是一个不太大的群体，尤其过去是这样。再说，多数大学不是以培养企业家为目标的。我认为这里有一个很值得思考的问题，就是浙商与知识、文化的关系问题。我认为，学习知识和文化是浙商成长和发展必不可少的。过去一代的浙商与现在的浙商在知识、文化要求上也有很大的不同。我觉得，浙商是很爱学习的，参加各种培训、讨论很多，也很重视后代培养，这是浙商有活力、有后劲的希望所在。

第二个故事，发生在 14 世纪，当时英、法两国发生战争，法国的一个加莱城被英军围攻了整整两年，在弹尽粮绝的情况下，最后不得不向英国投降。这个城市提出的投降条件是不要屠杀老百姓。但是英军提出必须有六个人用绳子吊着从城上缒下来（带上城门钥匙），以此来表示真心投降。在这个危难时刻，第一个站出来的竟是这个城市里最富有的商人，而后另外五位主动要求牺牲的也是城里富有的商人。他们为什么慷慨赴死呢？就是为了捍卫家族荣誉，为了维护贵族尊严，当然也为了后代和老百姓而选择了牺牲。这是一种贵族的精神文化品质，它可以转化为无私奉献，甚至能够牺牲自己。这种精神文化是不能用生命和金钱财富来衡量的。

第三个故事发生在美国。一个黑人出租车司机载了一对白人母子，小孩看到司机是黑人，就向母亲提问："妈妈，他的皮肤怎么跟我们不一样呢？"母亲告诉孩子说，这是上帝为了让我们这个世界更加丰富精彩，所以才给我们不同颜色的皮肤。到了目的地，司机无论如何都不收这对母子的钱。他说："小时候，我也曾问过母亲同样的问题，但是母亲说我们是黑人，注定低人一等。如果她换成你的回答，今天的我可能是另外的一个我了。"两位母亲的回答，也都体现了一种文化。

文化是什么？文化是以一定知识、经验为基础的，文化不能建立在文盲的沙漠基础上。文化包括知识，知识内化为人的认知、意识，然后转化为行为文化。行为文化就是对事物是非善恶的发自内心的自觉的认知认同，是一种对向善向上价值的自觉的认可追求，是不需要提醒的自觉的言谈举止。

我们讲传承和弘扬浙商精神、浙商文化，就是要使积极向上的浙商精神、浙商文化成为浙商群体的自觉追求，并不断地在实践中去丰富、创造，谱写新的浙商精神和浙商文化。

三　奋斗为本，做拼搏的浙商

现在，浙商知名度很高，各地都很看重浙商，浙商群体被认为是当代中国最成功的群体之一。于是，大家就会问：浙商是靠什么成功的？

有人试图拿一些成功人士的个案来说明问题。比如，说武则天证明了成功和性别没关系；特朗普、姜子牙证明了成功和年龄没关系；朱元璋证明了成功和出身没关系；马云证明了成功和长相没关系；李嘉诚、比尔·盖茨证明了成功和文凭没关系；罗斯福证明了成功和身体是否健全没关系；等等。

其实，这样讲，虽有一些道理，但不可绝对化，重要的是要从中引出正确的结论。再说个体案例与群体也是不一样的，很难用一个确切的具体条件去说明问题。浙商作为一个群体的崛起和成功，它似乎与上述哪一个条件都无关，也似乎与什么都有关。

我认为，无论是个体还是群体，无论是从事科研、政务还是经商办企业的，所有的行业，你要成功成名、有大的作为，必然是和努力奋斗有关的。天上不会掉下馅饼来，有付出才有收获。浙商成功的原因，就在于浙商的不懈奋斗、追求、拼搏。浙商群体的本质特征、浙商精神的内在核心、浙商文化的独特个性，我始终认为，就是千辛万苦创业，千方百计创新。虽然不同群体，包括所有企业家都要不断创业创新，才能成就事业。但是，浙商这个群体与他人（其他商群）不同的是，他们往往更加吃苦耐劳，往往是别人吃七分苦，他们就吃十分的苦，付出十分的努力，而且是一个区域的企业家群体，那么多的人都共同具有这种“千辛万苦、千方百计”的品行。很多人一听到“千万”两字，就以为只是指“吃苦”精神，其实，如果“千辛万苦”主要指吃苦精神的话，那么，“千方百计”就是知识、智慧、“巧劲”文化了。

总之，浙商同其他各行各业一样，要想成功就必须比别人付出更多。除此之外，没有别的更多的捷径。如果有什么捷径，那也只是一时的运气，并不能持久。浙商文化的内涵很丰富，但首先要记住艰苦奋斗、拼搏奋斗。大家千万要牢记：唯有“拼搏”两字高高挂，才能把我们前行的路照亮！

我在出版《飞翔吧，浙商》一书时，曾试图提炼概括出浙商之所以能取得成功、能行稳致远、能高高飞翔的主要路径：

飞翔的浙商：赢在艰苦创业，赢在勇于变革，赢在坚韧创新，赢在超越自我，赢在奉献社会。但其中核心的是不断拼搏奋斗。

四　四个“立起来”，做浙商精神的薪火传人

中国历史上历来有圣人“三立”的说法，即立功、立德、立言。做到“三立”才是圣人，而“圣人”少之甚少，500年出不了一个。有一种说法，认为中国几千年来只有“两个半圣人”（孔子、王阳明、曾国藩算半个）。可是，作为“两个半圣人”之一的王阳明先生，却认为人人都可以成为“圣人”。这是很有道理的，圣人有“大小”，而且也不是完美无缺的，不是从生到死、所言所行都是“圣而又圣”的。凡人既有“圣”的、“天使”的一面，也有“非圣”的、“非天使”的一面。但成名成功者，自然是“圣”的方面会更多更强。

企业家、浙商们也是可以成为“圣商”的。讲传承，就是传承浙商身上的“圣商”的财富。我以为，浙商要成为“圣商”，主要是要做到“四立”。

第一，立功立业。就是企业要做大做强做好，在企业经营事业上有所成就。

第二，立德立爱。就是要有家国情怀，有社会责任，大爱无疆，德行天下，在造福他人、社会上有所成就。

第三，立言立文。就是要对自己的企业经营、自己的目标追求和所作所为进行总结概括，形成一定思想理念和观点说法，进而影响、教育他

人，从而在精神文化上有所成就。

第四，立家立后。就是要教育好后代，传承好家风，在培育子孙后代上有所成就。

这四个方面做好了、“立起来”了，也就成了或大或小的“圣商”了。我们要追求、弘扬、传承的浙商精神、浙商文化，也主要在这四个方面。我们就是要努力做这“四立”浙商的薪火传人。

浙商群体已经创造了辉煌，这是我们有目共睹的。今后仍需要大家的共同努力，通过拼搏奋斗来提升浙商的形象和知名度，来传承浙商的精神文化特质。只有拼搏奋斗，浙商群体才能勇立潮头、继往开来，才能行稳致远、翱翔世界。

做仁爱浙商的践行者

2018 年 1 月 13 日，浙江大学校友企业家同学会公益基金成立大会在杭州举行，作者出席会议并致辞。

浙江大学校友企业家同学会年会的内容很丰富，其中有对校友同学会过去的十年路程进行的总结，且专门出版了一本书——《浙十年求是路》。在我看来，这十年不仅仅是求是路，而且也是成长路，是发展路，是展示情怀的路。

不忘初心，方得始终。不忘初心，与爱同行，是这次年会的主题，也是校友同学会这十年路程的生动写照。可以说，本次年会是校友同学会这十年与未来的一个分号，是校友同学会还要开创更美好未来 10 年、20 年甚至更长远的一个起点。这个“分号”、这个未来起点的标志是什么呢？我觉得除了《浙十年求是路》这本书以外，更重要的标志是成立了浙江大学校友企业家同学会的公益基金。

根据校友同学会会长陈亮的介绍，这个基金有 2 万多人参加。由几万人献爱心组成的基金会，创造了浙商当中各类公益慈善基金人数的纪录，这也是这个基金会最大的特点和最值得称道的地方。公益基金当然不能以钱多钱少论英雄。参与其中的企业家之多，实在是令人感动的。这意味着校友同学会中几乎所有人都在献出一份儿爱心了，说明校友同学会中人人都有一颗慈善的心、公益的心。

谈到公益基金、慈善基金组织，在这里，我想给大家讲两个小故事。

第一个是关于美国一些企业家成立的慈善组织的故事。我在省政协工作的时候，曾接受过一个组织上交给我的任务，就是接待世界上一个慈善组织的负责人来浙江访问。刚开始，我有点纳闷，为什么这种国外的慈善组织，还需要我们党政部门的领导去接待呢？后来一了解，才知道这个慈善组织名叫“狮子会”，全称为“狮子俱乐部国际协会”，是很著名的、与我们比较友好的一个国际性慈善组织，党和国家领导人曾多次接见过来访的狮子会负责人。国际狮子会于 1917 年由茂文钟士（Melvin Jones）先生创建，是目前世界上最大的一个公益服务组织，拥有 48000 个分会及 150 万个会员，会员分布于世界 209 个国家。

那么，这个狮子会是怎么成立的呢？据说，1913 年，已拥有自己保险公司的茂文钟士先生经朋友邀请加入了一个同业聚会的俱乐部，即企业家的聚会圈子。企业圈俱乐部跟当时美国很多其他俱乐部一样，开展的活动都是同业间拍拍肩、握握手，彼此聚聚、拉拉关系，意在寻找商机。茂文钟士加入企业圈后，以其杰出的推销术及极具天赋的组织能力，使企业圈很快壮大至拥有 200 名会员。其后，茂文钟士先生开始感到俱乐部的定位应有所改善，他设想一个集合了 200 位有社会地位、有事业基础的企业家团体，如果能群策群力做些有益于社会的事情，那对社会公益事业的贡献一定会相当可观，而全美国有数千个类似这样的俱乐部，假如能把这些俱乐部有序组织起来，共同为社会服务，其力量将会十分强大。茂文钟士的想法得到了他太太的赞同与支持。于是，他发信征求美国各同业俱乐部的意见，他的保险公司也变成了实现他这一理想的办公室，他的太太则成了帮助他处理潮涌而至的文件的得力秘书。1917 年 6 月 7 日，茂文钟士与来自美国各地 27 个俱乐部的代表于芝加哥召开了成立大会。狮子会的宗旨是“我们服务”，在不涉及政治、宗教、种族和国界的原则下，向一切需要帮助的人们提供援助。在百年的发展历史中，赢得了相当好的国际声誉和影响。

一个具有全球影响力的公益组织，就在企业家的聚会中诞生了，在他们要承担社会责任的自觉意识中成长了。

第二个故事是关于一个小男孩救他叔叔的故事。这是我在微信朋友圈里看到的故事。且不论是否真实，但它着实令人感动。

故事说的是有一个六七岁的小男孩，他父母早早双亡，由他的叔叔抚养。有一天，他的叔叔不幸出了非常严重的车祸，需要自己花费巨额费用抢救治疗，而这个叔叔的家庭根本没有经济实力来支付如此昂贵的费用。在他奄奄一息之际，小男孩一直守在叔叔病床边，眼泪汪汪地期待着叔叔站起来。叔叔安慰小侄儿说："我会没事的，上帝可以救我的。"

这个小男孩听叔叔说上帝能救他，就似懂非懂地问医生哪儿有"上帝"这个药？医生说上帝在很远的地方。于是，这个小男孩冒着风雪，拿着仅有的一枚硬币，跑到城中的商店里跟店主说："我要买上帝。"几家商店主人或把他当作乞丐，或把他当作智障、精神有病的孩子，不搭不理，有的甚至把他赶出了商店。

天渐渐黑下来了，小男孩仍十分执着地走过一家又一家商店。当他无望地走进一家灯火通明、富丽堂皇的店里时，店老板看见这个疲惫不堪的小男孩，就问他需要什么帮助？小男孩递上一枚硬币，有气无力地说要买"上帝"。店主让小男孩坐下，并十分好奇地问这个小男孩："小朋友啊，你为什么要买上帝啊？你知道上帝是什么吗？"这个小男孩告诉店主说，买上帝是为了救他叔叔的命，因为叔叔告诉他只有上帝才能救他。这个店主听后非常感动，先安排小男孩吃晚饭，并告诉小男孩不要着急，他店里正好有"上帝"，会帮他买好的。接着，店主含泪写了一封信交给这个小男孩，说"上帝"在里面，并派人把小男孩和这封信送到了医院。后来，他的叔叔终于被救了过来。

几十年后，这个小男孩长大并成了某个医疗领域里的顶级专家，而这个店主又刚好得了一种不治之症。有一天，他慕名到这家医院找这位医生诊治。住院后的一天，这位老者对医治他的医生叹气说："医生啊，看来我这个病是没办法治了，也许只有上帝才能救我了。"听了这话，这个医生告诉他："上帝是有的，我当年就是买了'上帝'才把我的叔叔治好的。"听到这里，这位老者告诉医生他就是当年的店主。于是，两人紧紧地抱在一起，泪流满面。医生让这位可敬的老者放心，治疗这种病的"上帝"（药）即将诞生，他们正在全力研制实验中。接着，这位医生带领他的团队更加争分夺秒地投入研发之中。

但是，这位老者还是未能等到医生们研发出来的"上帝"，不久便离开了人世。医生悲恸欲绝，并收到了这位老者的遗书：孩子，我去见上帝了，我身前积累的数十亿资产全部捐献给你们作为研发"上帝"之用。医生看着遗书，又想到当年这位店主为他买的"上帝"（那封写给医院的信，里面写着让医院"尽管救治，所有开支由我来付"）。他发誓要尽快找到"上帝"，为实现这位胸怀上帝之心的老者遗愿、造福人类而拼搏。

这样，世界上又一个新的公益基金诞生了。

说到这里，大家都知道，这个"上帝"不是别的什么，就是故事中的这个店主和这个小男孩的那颗慈善救人之心，就是我们人类的仁爱之心。仁爱之心就是上帝之心。

讲这两个小故事，我想说明的是，浙江大学校友企业家同学会公益基金的背后，最重要的是体现和凝聚了慈善之心、仁爱之心，也就是上帝之心。

浙江是中国改革开放的先行区，是干事创业的热土。

回顾历史，一代代的浙商在市场经济的洪流巨浪中创造了无数的成就和奇迹，树立了一座座高高的丰碑，赢得了人们的美赞。

当前，中国特色社会主义事业进入了新时代，可以说浙商又迎来了一个充满机遇的创新创业期。面向未来，已经走在时代前列的浙商，责任更大，应该有更大的发展和更多的社会担当。跨入新时代的浙商要继承先辈们的光荣传统，在更高的起点上去创造更大的成就，开辟更光明的前景，成为新时代的"执火者""冲浪者"。

新时代的浙商，要弘扬优秀企业家精神，要成为社会新风尚的引领者，成为新时代中国特色社会主义事业的建设者。也就是说，新时代的浙商，一个重要特质，就是要做慈善浙商、仁爱浙商！

我认为，仁爱浙商或者说浙商的仁爱之心，至少要在以下三个方面实现新的境界升华。

第一，在赚钱和花钱相统一的财富观上得到升华。

企业当然要按市场规律办事，要善经营能赚钱。但钱赚后如何花？的确很有讲究，很有学问，也很体现企业家们的远见胸怀。企业赚来的钱当然首先要用于再投入，维系企业的生存和发展，也要用于自己和家庭的消费。此外，在力所能及的基础上，还应回报社会。花钱和用钱是个辩证关系，钱花得好，可以增加更多社会财富，也包括增加自己的财富。当然，我们这里讲的花钱，主要是指用于维系社会公平、促进社会进步的钱。今天的浙商，早已不仅仅是会赚钱的浙商，同时也是会合理用钱的浙商。我们的浙商群体在财富观上已经有了重大变革和进步，未来也将会不断得到升华。

第二，在企业发展和服务社会相统一的人生观上得到升华。

对企业家来说，如何看待和处理好企业与社会的关系问题，实际上是一个世界观、人生观问题。企业家自己的事业追求、企业发展，只是社会发展的一部分，社会发展是企业发展和个人事业进步的舞台或者说是基础。同一切个人一样，社会也不可能是完美无缺的，而总会有破缺、有问题。

我们都知道，有这样一句非常经典的话，就是“市场竞争不相信眼泪”。也就是说，市场竞争过程中是不能有同情眼泪的道德判决的。但是，社会是一个有机整体，企业发展离不开社会，社会在任何时候都有需要帮助的弱者，社会发展和进步不可能只遵循市场竞争一个方面的规则。所以，在市场竞争规则之外，我们要从企业发展和社会发展相统一的角度去审视历史观和人生观，坚持处理好得诸社会和还诸社会、小我与大我、经济人与道德人的关系，把自己的人生轨迹融入社会进步的大道之中，在社会进步中去延伸、扩展自己的生命和价值。

第三，在追求仁义和物利相统一的价值观上得到升华。

大家知道，人的言行是直接受自己的价值观支配的。因为人们在所言所行之前，首先总会想一想如此言如此行对自己、对企业、对社会是否有利或有害。所谓的名利得失、善恶好坏，实际上就涉及价值观的核心问题。

对企业家来说，价值观的焦点集中在物利和仁义关系的处理上。物利就是追求自己（企业）物质利益的最大化，仁义就是追求物利之外的，尤其是社会的公共利益。求物利而不失人文、人品，利己而不损人、害人，被视为正确价值观的底线；价值观的中间层次是将物利与仁义、利己与利人相得益彰，相互促进；价值观的更高层次是为了仁义可以牺牲个人利益；价值观的最高层次是为了公利、仁义而不惜牺牲个人和家庭的利益。

在现实生活中，当然是以前三个层次的价值观为基本准则的。浙商作为一个先进的社会大群体，是努力践行积极向上向善的人生观、价值观的。他们大都在尽自己最大的可能去实现义利并重并行。正如浙江大学校友企业家同学会的价值观所宣示的：人可以有自己的私心私利，但绝不能损人，更不能缺公德。

我认为，今天浙商的价值观，早已有了新的进步。有的人认为，浙商仅仅是会赚钱的浙商，这个观点我们是不赞成的。浙商是有博大胸怀的，是有大爱无疆情怀的。亿元公益基金的建立，就是一个很好的证明。

最后我概括成一句话，就是：浙商不仅仅要成为创造物质财富的引领者，更要成为创造新时代精神价值财富的新航标。

用浙商胸怀去拓宽扶贫新路

2019 年 6 月 12 日，作者出席浙商精准扶贫产业发展论坛并做了有关浙商探寻扶贫新路的主题演讲。

我对扶贫有一定的实践或者认知，因为在绍兴工作期间，尤其是作为绍兴市市长，其中有一个很大的心愿，就是尽快把自己管辖范围内的贫困人口、低保对象消除掉。2001 年我去绍兴任职时，绍兴的贫困低保对象是 3 万多户，政府拿出钱来扶贫，结果努力了两年，后来一统计，全市贫困低保户竟然已经超过 5 万户了。怎么回事呢？原来是低保标准提高了，低保户范围也就随之扩大了。我在省政协牵头扶贫帮困课题调研时，按照一定的标准衡量，浙江省当时有5000多万人口，需要帮扶的困难人口有400多万，也就是说占了总数的近1/10，数量还是非常大的。当然，这个数字主要包括了相对贫困的人口。

浙商要做扶贫的生力军。浙商之所以成为浙商，浙商之所以能够走遍千山万水，之所以能够走遍祖国大地，有一个重要原因，就是他们有情怀，包括他们参与各地的扶贫活动。如何在中国当代如火如荼的三大攻坚战之一的精准脱贫实践中，进一步展现出浙商的力量、浙商的精彩，这是非常有意义的。

接下来，我想跟大家分享以下几个观点。

一　中国扶贫脱贫的划时代意义

今天中国扶贫攻坚，怎么让中国尽快脱贫，这是具有划时代意义的大事。根据中央的部署，我们将在2020年年底基本完成扶贫攻坚任务，中国实现脱贫。按照中央提出的，“让贫困人口和贫困地区同全国一道进入全面小康社会”，这个任务非常鼓舞人心，当然也非常艰巨。全面打赢脱贫攻坚战，距离2020年只有一年半时间了，现在已经进入最后的冲刺阶段。

完成这个使命的意义将是非常巨大的，具体包括：

（一）开创中华民族发展进步的历史新纪元

不要小看扶贫脱贫这个事，能够实现这个任务对中华民族来讲是具有划时代意义的。

中国曾经被嘲讽为“东亚病夫”，其中关键一点就是中国人饥饿饥荒。从一定意义上来讲，我们中华民族整个发展历史也是一部人民与贫困、饥饿做斗争的历史。尽管历史上我们曾经有过辉煌，唐朝的贞观之治、开元盛世，清朝的康乾盛世等，但总体上仍然存在着不少人口的饥荒问题。据资料记载，1974年第一次世界粮食会议在罗马召开，专家一致警告说，中国绝无可能养活10亿人口，认为中国正在走向灾难。当时我们是10亿人口，认为中国未来肯定是灾难性的，后果是非常可怕的。这是当年世界上专家们的共识和警告。好在改革开放40年来，中国逐步化解了这个大“灾难”。大家想想，在我们这个时代来彻底解决这个问题，意味着中华民族从此就告别了粮荒、饥荒、饥饿，意味着中国在反贫困方面取得了历史性进展。从中华民族的发展历程来说，结束中国饥荒饥饿的历史，然后进入温饱、进入小康、进入富强，这是多么有意义的大事件！完全可以说，将开创中华民族发展进步的历史新阶段。

（二）实现中国共产党为民谋利初心的历史性成就

消除中国的贫困人口（指绝对贫困人口），完成我们党的扶贫攻坚使命，充分体现了我们中国共产党人为民谋利、振兴中华的初心，是实现这个初心的一个划时代的历史成就。

从中国共产党的发展、中国共产党的成长、中国共产党人的执政，及未来长期执政来讲，怎样更好地为老百姓谋利，始终是我们共产党人不变的初心。我们要真正让国家富强起来，实现中华民族复兴梦想，关键的一环或者说基本的底线，就是要消除贫困，让老百姓吃饱穿暖，衣食住行得到基本满足。如果连贫困人口都没有解决，中国共产党怎么向人民群众交代？当然，这个话说起来容易，做起来难。中国共产党成立近 100 年，在这个历史节点上，中国共产党领导各民族人民实现具有历史意义的脱贫目标，对我们党来说是多么令人兴奋的事！如果这个脱贫任务不实现，我们作为中国共产党人心也难安，这是我们的一个基本心愿。好在经过这几十年的发展，特别是改革开放以来，我们已接近要完成这个历史任务了。据统计，改革开放以来，我们已经完成了 7.4 亿人口脱贫，接近总人口的一半左右。

到 2012 年年底，中国的贫困人口还有 9899 万，也就是 1 亿左右。为什么要专门说这个时间节点呢？因为我们国家在 2011 年确定了一个贫困线，这个贫困人口数就是按照这个贫困线来衡量的。1 亿左右的贫困人口，如果到 2020 年完成脱贫的话，平均每年大概有 1200 万左右，也就是 8 年时间每一年要脱贫 1200 万左右的人口。2017 年，我国的贫困人口又减少了 1386 万。到 2018 年年底，贫困人口大约还有 1660 万。如果 2019 年再完成 1000 多万人的脱贫任务，基本上就可以实现全部脱贫了，到 2020 年更是可以全面完成了。这个任务的完成，实现了我们党的一个大初心、一个大使命，彰显了中国共产党执政和社会制度的优势，对巩固党的执政地位、推进中华民族的现代化进程，是非常有意义的历史大事件。

（三）创造人类反贫困的中国新范本

《未来简史》是以色列的一个比较年轻的历史学家尤瓦尔·赫拉利写的名著，作者非常有才华。他是一个历史学家，但是他写的书完全是综合性的，视野非常开阔，而且聚焦世界前沿问题，提出许多发人深思的见解。他写了两本风靡全球的书，一本是《人类简史》，另一本就是《未来简史》。他在《未来简史》这本书中，认为人类历史上长期存在的三大难题：饥饿、瘟疫和战争，到20世纪末人类已基本解决了。这三大难题真的解决了吗？当然从一定角度上讲，是可以说解决了或者说大部分解决了。为什么说解决了呢？因为现在世界上营养过剩的人超过了营养不良的人，所以说解决了。自杀和恐怖活动、犯罪造成的死亡人数超过了战争中死亡的人数，所以说战争问题解决了。至于瘟疫问题，人类也已经可以控制了。这是尤瓦尔·赫拉利的论证和观点。

那么，人类现在和未来将要解决什么问题呢？尤瓦尔·赫拉利认为，我们要重点解决怎么做到长生不老的问题，人最少可以活到150岁，以后甚至还会活得更长。我看了以后热血沸腾，不知道我们还有没有机会赶得上，但是仔细一想肯定赶不上，科技还没有发展到这一步。接下来解决的第二个问题是怎么快乐幸福，大家怎么活得快活，这是未来的又一个大难题。但我认为，这个问题实际上是一个有点虚无缥缈的命题，快乐和幸福是很难衡量的，几千年前苏格拉底就写了一本论幸福的书。他在书中提到，幸福不幸福就看你有没有经过自我批判，经过批判检讨的生活，就是幸福的。

尤瓦尔·赫拉利认为，未来人类还要解决第三个问题。这个问题就更加玄乎了，即人怎么变成神。尤瓦尔·赫拉利说，未来我们将会变成神。人类可以通过尖端生物技术来改造自己或者子女胚胎，增强器官功能、减少免疫缺陷，从基因上成为更高级的智人物种。比如，心脏等重要器官出现问题可以移出体内，换一个全新的心脏。未来的人类将是无所不能，什么都能够创造和控制，连人都能创造出来，人不就变成神了吗？神是万能的，人也可以做到“万能”了。未来机器人如果能够控制我们人类，它也是神了。

尤瓦尔·赫拉利认为，这三个问题是当今社会和未来社会面对的主要课题和难题。《未来简史》就是讲这些奇思妙想的内容。对作者梦幻般的观点，大家只能参考参考。其实，我们人类一直在和饥饿、贫困做斗争。有资料显示，用国际上通行的贫困线来划分，目前世界上还有近 20 亿人口仍生活在贫困之中。

在中国这样一个大国，有 14 亿人口的情况下，中国如何能在比较短的时间内实现脱贫，全面地解决绝对贫困问题？过去几十年里，中国七八亿贫困人口消除了，现在，通过精准扶贫，中国的反贫困又进入了一个新的阶段。反贫困、扶贫越到后面就越难，因为剩下的人的贫困程度是越来越深的，所以要解决就更为艰难。那么，剩下的怎么精准扶贫？精准扶贫就要一对一、实打实。中央提出扶贫要做到六个精准：扶贫对象精准（即不要像过去那样不是贫困对象也拿补贴）；措施到户要精准（即项目也要实打实）；资金使用精准；落实到户要精准；因村派人（第一书记）精准（即派去的人要精准，精准到人）；脱贫成效精准。

通过近几年高强度的精准扶贫，中国有可能成为第一个在 2020 年前实现联合国消除贫困的千年发展目标的国家。中国反贫困的伟大实践及其经验做法，可以给其他国家，特别是发展中国家提供一个反贫困的范本，从而为人类的反贫困提出中国智慧，做出中国贡献。

二 浙商是中国扶贫脱贫的重要生力军

浙商是随着改革开放的实践而成长，随着我们国家的发展而进步的。他们为中国的发展做出了努力，为中国的扶贫帮困做出了贡献。

对浙商所指的范围，我有一个解释：凡是在浙江大地上创业的人都是浙商；在省外创业的浙江人，和我们浙商有合作的企业家，都属于浙商之列。浙商之所以有那么好的形象和凝聚力、号召力，其中有一个重要原因，就是浙商有情怀、有担当，他们能融入这个社会，他们不仅懂经营、善管理、会赚钱，同时他们也理解这个社会，也参与这个社会，也和这个时代同心同德。市场经济不相信眼泪，亏了就亏了，该破产就破产，但社会是需要爱心、需要眼泪、需要同情心的。因为社会是一个整体，任何时候社会都不是十分完美的，需要有人去奉献。慈善具有永恒价值，原因就在这里。扶贫帮困献爱心一直伴随着浙商的成长，千百万浙商义无反顾地走在扶贫济困的道路上。在企业发展的同时，怎么做到积极地支持教育事业、社会事业，解决社会就业问题，通过各种途径来帮助这个社会，与各个群体共同进步和发展？这是浙商长期以来都在付诸行动的事情。我们跑到省外碰到浙商，他们都会向我们讲起在哪里搞了多少帮扶活动、跟哪里结了帮扶对子。浙商是有觉悟品位的，是有胸怀担当的。他们在市场投资拼搏，在社会播洒爱心。

现在，全国各地总体上扶贫帮困的主要形式大致涉及十个领域：基础设施，通过发展基础设施来推动社会的脱贫；产业和就业，通过增加就业解决脱贫；生态移民；教育；医疗健康；财政金融；社会保障；社会力量包干（专项、行业、社会扶贫结合，结对帮扶）；特困地区特困群体（重点地区）；党建扶贫（干部、组织、人才）。这其中企业大多是可以参与的。事实上，很多企业和浙商早已经参与到这些实际的扶贫工作中了。

扶贫扶长远，长远看产业。精准脱贫重在从“输血”到“造血”的转变。浙商最重要的、最持久的、最有生命力的帮扶优势，就是产业上的精准扶贫，通过项目增加就业。这才是浙商的优势和企业家的特点。产业发展是我们真正能够解决脱贫的重要载体，发展才是最根本的，只有发展起来了才能真正解决贫困问题。浙商在产业扶贫这条路上是走得比较早的，也形成了很好的经济效应和社会效应。

比如，康恩贝集团就走出了产业扶贫的新路子。康恩贝在云南省花了17年时间探索用产业来帮扶，康恩贝从当地村民手里流转了两万多亩的荒地坡地，与他们一同种植中草药，效果很好，使当地农民生活大为改善，家家户户都盖了新房。

阿里巴巴走出了“互联网＋脱贫”的新方式。阿里巴巴最近几年利用互联网平台来脱贫，建立了网上生态扶贫，这都是一些产业扶贫的好案例。2017年12月，阿里巴巴还将脱贫攻坚上升为集团的发展战略，在未来五年投入100亿元，从电商脱贫、妇女脱贫、教育脱贫、健康脱贫、生态脱贫五个维度进行布局，并以互联网技术赋能精准扶贫，助力乡村振兴。

浙商过去、现在、未来都紧紧抓住产业扶贫以及其他各种形式参与到我们国家的整个帮扶行动之中，为中国的扶贫脱贫做出了重要贡献，这是浙商的光荣，也是浙商应该付诸的一个实际行动。

三 鸿慈集团与恩施方合作有望走出产业扶贫、品牌扶贫新路子

说实话，产业扶贫我早就听到、见到过了，但是鸿慈集团的品牌扶贫给我留下了很深的印象。扶贫归根结底是重在精准、贵在持久。要解决的根本性问题，是怎样留下一个永远不走的扶贫项目、永远不走的扶贫动力？答案是要靠发展产业。扶贫脱贫，重在精准，重在持久，而产业就是根本，建立在产业基础上的品牌扶贫，则更具长远意义。

鸿慈集团在恩施开发了枸杞珍酒项目，而且还要做成一个大产业和品牌，这就是产业扶贫、长远扶贫。我相信他们会走出一条新路子。这个案例非常典型。恩施和杭州是结对帮扶的，所以浙商更有义务去做好扶贫帮困的工作。这个项目也是国家的重点帮扶项目，恩施是扶贫重点地区，土地、劳动力等资源丰富。

枸杞大多产自我国的北方地区，北方最好的品种产自宁夏，有红枸杞，也有黑枸杞。南方的枸杞过去我们还不太了解。现在知道恩施那里有南方的野生品种。鸿慈集团通过长期的投资，把南方的野生品种和北方的种植品种杂交在一起，形成了南方的枸杞。同时，不仅建了酒业公司，而且还要准备开发几千亩土地，成立南方枸杞研究院，这就很有战略意义了。这样的努力，完全有可能形成一个新的品种。

到2018年年底，湖北枸杞珍酒业有限公司生产基地辐射带动了4300余户农户种植枸杞，其中贫困户占30%。栽培第一年，每亩可产枸杞约300千克，实现产值3000元左右。据测算，以后逐年递增，到第四年及以后年度，亩产量可稳定在750千克以上，农户年收益稳定在10000元以上，可持续收益约35年。

今后能不能打出“北有宁夏红、南有恩施红”“南方枸杞看鸿慈”的品牌？我想这是有可能的。只要持之以恒，就一定能打出品牌来。鸿慈集团在践行精准扶贫方面已走出了一条“533”绿色食品品牌扶贫路径，即

通过送项目、送文化、送科技、送市场、送温暖的“五送”，激发当地脱贫致富的内生动力；通过选好良种、良地、良法的“三良”，增强当地脱贫致富的能力；通过培育有智、有爱、有品的“三有”，提升当地脱贫致富的精神素质。要继续发挥双方的各自优势，在枸杞原浆纯酿酒的基础之上，完成枸杞医药、枸杞食品、枸杞饮料、枸杞美容保健产品等枸杞全产业链生态布局。所有的核心都在于把枸杞产业做好，这才是撬动持久发展的杠杆。希望鸿慈集团控股枸杞珍酒业坚持以科技创新为驱动，凝聚浙商力量，持之以恒，走出产业扶贫、品牌扶贫、精准扶贫的新路子，为东、西部结对帮扶城市的合作提供一个鲜活的样本。

我问张斌董事长：“你能不能赚钱？不能赚钱的话，精准扶贫也是不能持久的。”他说：“我现在先不考虑赚钱，先把事情做成做大。”张斌董事长在他的家乡找到了这个项目，不断投入，不断向前冲锋。英雄先不问赚不赚钱，这很好，但是希望在搞好项目的同时也能挣钱，这样才能做更大的事。这个案例非常典型，值得宣传和总结，希望鸿慈集团的扶贫品牌能够进一步打响。

产业发展在扶贫脱贫中有着长远的根本性意义，产业基础上的产品品牌扶贫，那就更有长久的意义。如果形成了百年品牌、经典品牌，其价值和意义就更是不可估量了。这是一种胸怀、一种文化、一种历史。

四　反贫困是一个艰难而长远的任务

中国到 2020 年所要消除的贫困人口仅仅是绝对贫困人口，而相对贫困人口则是长期存在的，也可以说是任何时候都存在的。你画一条线，什么是绝对贫困，这个是可以解决的，但是相对于收入高的相对贫困则永远都会存在。大家一定要记牢，中国消灭贫困人口指的是绝对贫困人口，不要以为到 2020 年以后中国就没有贫困人口了，其实相对贫困人口将是长期存在的。

中国现在是按照 2010 年每人每年 2300 元的不变价格作为基数的，2018 年中国绝对贫困线是 3535 元，低于 3535 元的就属于贫困人口，2019 年中国低于 3535 元贫困线以下的还有 1660 万人口。

按照世界银行的标准，赤贫线每人每天标准是1.9美元，如果每一天的收入低于1.9美元的也就是真正的穷人。如果这个国家是中低收入水平的国家，贫困线是3.2美元；如果这个国家进入了中高收入国家水平，则贫困线就是5.5美元。世界上2017年总人口是75.3亿，如果按照5.5美元这个高标准来说，全球还有29亿人口属于贫困人口。2017年中国如果按5.5美元标准计算，则有3.08亿贫困人口，占22.16%；印度则有9.74亿人口。中国现在按3535元标准计算，一年也就相当于511美元，还没有完全达到世界银行的每天1.9美元的标准。如果按1.9美元计算，则年收入要达到4795.27元才算“脱贫”。如果按中低收入国家3.2美元算，年收入低于8076.25元即为贫困人口。如果按照国际上的通行算法，一个国家收入的中位数扣除50%，在50%以下的就属于贫困人口。2018年中国农村农民收入中位数是13000元。

由此可见，我们国家现在脱贫标准还是很低的，但能把这个任务解决好，也是非常艰巨的，是具有历史性意义的。

令人类“痛苦”的是，当今世界，往往是营养过剩的人口大大超过营养不良的人口。因此，反贫困还要反浪费奢华，要精准扶贫还要精准治疗“富贵病”。这就是社会的复杂性、整体性，需要综合施策，才会更有成效。

总之，未来的脱贫或者解决相对贫困问题，仍然需要我们共同去努力，需要我们做出应有的贡献。建设社会主义现代化富强国家，反贫困是一个长期的艰巨任务。

青年浙商要勇做新时代的冲浪者

2018年1月21日，在浙江省青年企业家协会、浙江省农村青年致富带头人协会2018年度工作会议暨浙江青年企业家经济论坛上，作者主要围绕新时代浙商精神的主题致辞。

刚才，大家看到的是由我作词、朱培华先生作曲的《浙商之歌》的视频。这首歌是根据我的一首同名长诗改编而成的。这是我们作为浙江人从心底敬佩浙商的劳动、感谢浙商为浙江和中国发展做出贡献的一份心意表达。今天，我主要就发扬新时代浙商精神谈几点想法。

一　浙商要做新时代发展的冲浪者

我们要发扬新时代浙商精神，首先就要了解中国的发展已经进入了新时代。

党的十九大庄严地向全世界宣告了中国特色社会主义事业进入了新时代。

在政治方面，中国发展进入新时代，意味着中华民族迎来了从站起来、富起来到强起来的伟大飞跃；意味着中国已经摆脱了近代几百年来积贫积弱的状况，现在终于进入了中华民族全面复兴、迈向现代化的新时代；意味着中国在决胜全面建成小康社会以后将开启社会主义现代化的新征程；意味着马克思主义、社会主义在中国大地上生根开花结果，将在中国共产党的领导下，用社会主义制度或者社会主义的方式来推进实现现代化。这是开天辟地的，不但是中国历史上的开天辟地，也是人类历史上的开天辟地。由此，中国共产党将在人类社会现代化发展的征途上走出一条新的道路，探索出一种新的制度。而且，相比世界上其他国家更具有制度的优越性，并将这种探索的经验和文明成果贡献给人类社会。

在思想方面，进入新时代，意味着产生了新思想——习近平新时代中国特色社会主义思想。这是21世纪马克思主义思想，是21世纪社会主义发展的领航灯。新时代新思想，意味着21世纪的马克思主义，21世纪的社会主义不但没有像西方所宣告的那样终结、衰亡，而是成为一面鲜艳的红旗高高飘扬在近14亿人口的中国大地上，指引着中国这艘巨轮驶向更加美好的未来。

在经济方面，迈入新时代，意味着经济发展速度由高速增长转向中高速增长；经济发展方式由扩张增长转变为高质量发展。

新时代经济发展的最本质特征，就是从过去高速增长的阶段步入了高质量发展阶段。也就是说，高质量发展将是中国未来相当长时期内的主基调，是党和国家在未来很长时期内统领经济工作的基本思路。高质量发展是一种生产要素投入少、资源配置效率高、资源环境成本低、经济社会效益好的可持续的发展。进入新时代，我国要决胜全面建成小康社会、开启现代化强国建设新篇章，经济强国是基础性、根本性的，而现代化经济强国必须建立在高质量发展、高效率发展的根基上，才是现实的、可能的。

进入新时代，意味着我国发展迈上了新征程，意味着浙商也要有新使命、新担当。今天的浙商，已经拥有相当的实力、相当的规模，应该承担更多的时代责任，勇敢地承担起新时代赋予浙商的新使命。我们要站在时代发展的高度来看待浙商的使命，尤其是年轻浙商的使命。年轻的浙商要做新时代发展的冲浪者，要做高质量发展的弄潮儿，希望你们高举浙商的优秀品质继续奋勇前行。

浙商在改革开放的浪潮中诞生成长，为改革开放冲锋陷阵，创造了辉煌业绩。正像《浙商之歌》的歌词中所描写的："勇立潮头开拓新路宽广 / 踏着滚滚钱江大浪 / 从浙江大地起航起航 / 胸怀祖国追梦理想 / 从中华大地起航起航"。要不负党和人民的重托，为实现中华民族的伟大复兴梦、建设社会主义现代化强国做出新的贡献，飞向更加遥远的远方。

二　浙商要凤凰涅槃整装扬帆再出发

中国进入新时代，重要的是浙商自身也要进入新时代。整个社会进入了新时代，如果我们自身没有进入新时代，那就意味着我们要落后于时代，成为时代的落伍者。浙商要始终站在时代发展的前沿，要成为新时代冲锋陷阵的闯将。

为什么要强调浙商应自觉进入新时代呢？

我国新时代的经济发展是高质量发展，你能否成为新时代的浙商，取决于能否适应高质量发展的要求，高质量发展需要高素质的企业家队伍。在这个时期，浙商的内在素质无疑需要转换升级。无论是老一代浙商还是新生代浙商，都共同面临着不断提升自己素质的课题。

2018 年正值改革开放 40 周年之际，浙商也恰好处在一个历史性的转换时期。当下一个迫切任务，就是新生代浙商如何顺利完成接班，第二代、第三代浙商如何尽快成长、壮大、成熟起来。浙江省有浙商1000万左右。经查询，截至2017年12月底，浙江全省共有各类市场主体593.28万户，其中注册企业196.25万户，个体工商户389.65万户。在外省注册的浙商近300万，其中有50多万的企业法人；海外的企业法人有10多万个，也有海外浙商100多万的说法。总的概算，浙商是一支约有1000万人的庞大队伍。而1000万浙商中青年企业家（年龄在40周岁以下）的比重约占40%；女企业家在浙商中所占比例大概是28%，约占1/3。

近年来，老一代浙商中有代表性的企业家已有好几位由于健康原因完成自己的使命而去了另一个世界。现在正处在第一代和第二代浙商的接替之际，怎样顺利完成交接班？据我了解，在新一代年轻浙商中，有60%以上表示不愿意接父辈的班，愿意接班的只占1/3左右。这是好还是坏呢？我觉得并不意味着就是坏事。很多年轻人已经看到经营传统产业难度之大。现在年轻人都倾向于进入资本市场或高科技产业，这不见得是坏事。如果从这个角度看，不愿意接班还是值得赞成的。在新兴行业同样可以诞生许多优秀的企业家，年轻人应该勇敢地去开辟属于时代也属于自己的新天地。

另外，年青一代不能忘记老一辈浙商身上所体现出来的那种吃苦、拼搏的精神。如果这种吃苦、拼搏精神你不愿意继承那就有问题了。我认为，浙商最优秀的品质就是勇于吃苦拼搏的创新创业精神，没有这种精神就没有浙商；没有这种精神就没有浙商的辉煌。我曾在一篇文章中讲过：无论是做企业还是做别的什么事业，一定要把拼搏奋斗这几个字高高挂头上，没有拼搏奋斗就没有一切。拼搏奋斗几个字高高挂，才能照亮未来前行的路。

进入新时代，要有新知识、新理念、新科技，同时，浙商的传统优秀精神品质也要带入新时代。新时代的浙商不是凭空产生的，必须有根基，这个根基就是老一辈浙商打下的基业，其中最根本的是拼搏奋斗的创新创业精神，需要年轻的浙商去很好地继承和发扬光大。

希望年轻浙商继往开来，满怀信心迈入新时代。中国共产党的红船是从浙江起航的，中国民营经济也可以说是从浙江起航的，所以，我在《浙商之歌》的歌词里这样写道："踏着滚滚钱江大浪"，浙商飞向祖国和世界的四面八方。浙江民营经济是从钱塘江畔萌发成长壮大的。进入新时代，浙商要续航，要整装再出发，扬帆再起航，去完成凤凰涅槃，创造新的辉煌。

三　中央倡导的中国优秀企业家精神

毫无疑问，浙商精神是一种企业家精神。而企业家精神最本质的特质，就是不断追求市场创新、把企业（产品）做优做精做强的价值情怀和品行毅力。2017 年 9 月 8 日，中共中央、国务院专门出台了《关于营造企业家健康成长环境　弘扬优秀企业家精神　更好发挥企业家作用的意见》，就新的时代条件下，什么是优秀企业家精神、为什么要大力弘扬以及如何营造企业家健康成长的环境，提出了要求，做出了部署。

中央明确认为，中国优秀企业家精神主要是：爱国敬业遵纪守法艰苦奋斗；创新发展专注品质追求卓越；履行责任敢于担当服务社会。其中包括了非常丰富的内容，实际上是九个方面的要求。对企业家精神，用颁布文件的形式来提炼概括，用行政手段来推动弘扬，这在世界上其他国家是做不到的。这就是中国特色和优势，这就是中国的正能量。著名经济学家熊彼特（Joseph Alois Schumpeter）曾提出创新是经济发展最重要的驱动力，而创新则依赖于企业家的“创造性破坏”，也就是企业家的创造性追求使市场“失衡”，从而创造了市场新机遇，推动社会经济新发展。因此，经济发展史上对企业家精神的最经典提炼，就是熊彼特关于企业家天生是破坏市场平衡、创造市场机遇的那种不断追求创新的精神。

中央提出的中国优秀企业家精神，极大地超越了传统意义上的企业家精神。中国的企业家是社会上最为重要的群体之一，承担着重要的使命，引领着社会的文明进步，而且我们要弘扬的是“优秀企业家精神”，因而有些更丰富、更广泛、更严格的要求，也是很正常的。

四　浙商发展进程中三个版本的“四千”精神

讲起浙商精神，大家首先会记起老“四千”精神，即走遍千山万水、说尽千言万语、想尽千方百计、吃尽千辛万苦。这个“四千”精神是描述浙商精神最早的版本，概括得很形象、很真实，也十分容易记。它把老一辈浙商创业的内在特质活灵活现地概括出来了，把当年创业的艰辛表达出来了，而且传播面很广。到现在为止，也许还没有一种表述能达到如此惟妙惟肖的效果。现在，我们讲起浙商精神，大家印象最深刻的还是这个“四千”精神，它早已风行全国，早已内化为浙商的独特品质和精神力量，已经成为浙商的一块响亮品牌。我们推测，提炼概括这个“四千”精神的人，也许是草根，或者可能不是一个具体的人，而是人们口耳相传、慢慢形成的。

第二个“四千”精神是2008年国际金融危机爆发后，浙江省为了应对金融危机，提倡企业家要用新的“四千”精神去应对危机，再创浙商发展新篇章。这个概括是：千方百计提升品牌，千方百计开拓市场，千方百计自主创新，千方百计改善管理。显然，这个概括继承了原来的“四千”表述，但内容更具有时代性，而且打上了当年应对金融危机、寻找发展新机遇的烙印。不过，用“提升品牌”“开拓市场”“自主创新”“改善管理”来提炼浙商精神，似乎并未充分揭示企业家特有的精神特质。

第三个“四千”精神是马云概括的。2016年11月19日，2016世界浙商上海论坛暨上海市浙江商会成立30周年大会在上海举行。论坛的主题是“熔炼浙商新精神，拓展国际新格局”。为什么要提炼浙商的“新精神”呢？因为，时代发生了很大的变化。就经济领域的变化而言，马云概括为五大新变化，即新零售、新制造、新金融、新技术、新能源。这是经济发展层面出现的“五新”变化，那么，我们也应该从新观念、新思维、新思想、新精神方面去提炼相应的“新变化”。

马云等人认为，我们应在继承老一辈浙商的传统精神的基础上，提炼概括出“新的浙商精神”和“新的浙商使命”。马云提出，相对过去的“四千”精神，也许未来的“四千”很有意思：千差万别、千锤百炼、千思万想、千家万户。马云先生很聪明，他话锋一转说，关于新浙商精神，我觉得很难下定义，有人让我给新浙商精神下定义，但我们的浙商精神，不是谁下定义做出来的，浙商精神是实践摸索出来以后，后人总结出来的精神。我今天依旧这么觉得，新浙商精神，一定是我们在经历巨大的技术变革、社会变革过程中百折不挠、学习、改变中积累后，后人替我们总结出这样的精神的。

尽管人们对马云等人概括的新“四千”精神有这样那样的不同认识，但这种探索是很有意义的，体现了随着时代的变化，浙商精神也要与时俱进，不断丰富提升。

三个不同历史时期的浙商“四千”精神，是浙商发展历史的生动记录。

五 新时代的浙商精神

党的十九大宣示中国发展进入了新时代。新时代，新征程，新使命。党的十九大召开前，中共中央、国务院就下发了《关于营造企业家健康成长环境 弘扬优秀企业家精神 更好发挥企业家作用的意见》，明确了中国优秀企业家精神的基本内涵。为深入学习贯彻党的十九大精神和有关文件精神，根据新时代实践发展和浙商素质提升的需要，省委省政府在调查研究和征求意见的基础上，提炼概括出了“六句话”的新时代浙商精神，即坚忍不拔的创业精神、敢为人先的创新精神、兴业报国的担当精神、开放大气的合作精神，诚信守法的法治精神、追求卓越的奋斗精神。

对新时代浙商精神，我从两个方面做点说明。

第一，新时代的浙商精神和红船精神是一致的；浙江省提出的新时代浙商精神和中央提出的优秀企业家精神是一致的；新时代浙商精神和过去的“四千”精神也是有内在联系的。虽然字面上不完全一样，但精神实质都是相通的。当然，与过去的“四千”精神相比，涵盖的内容更为广泛，表述更为规范，要求标准也更高更严了，体现了党和政府、人民群众和时代发展对浙商的新要求、新期待，也说明企业家的社会地位、价值和作用更高了。但是，我们千万不能有了新时代浙商精神就把过去讲的“四千”精神丢弃了，尤其不要忘记老一辈浙商的那种吃苦拼搏的奋斗精神。

第二，中央对优秀企业家精神、浙江省对新时代浙商精神为什么这样概括和表述？我们仔细看看中央对优秀企业家精神的概括，可从三个层面理解：第一个层面是“爱国敬业遵纪守法艰苦奋斗”，这实际上不仅是企业家精神，而是我们每个公民、每个党员、每个领导干部都应该做到的。

从中我们可以分析得出的结论就是企业家首先也是社会公民。第二个层面是“创新发展专注品质追求卓越”，这实际上是专门针对企业家讲的，也就是企业家特有的优秀品质。第三个层面是“履行责任敢于担当服务社会”，这实际上是中央把企业家作为当今中国社会发展的先进群体、优秀分子说的，企业家是社会发展的骨干力量，是中国特色社会主义事业的建设者、新时代的建设者。对企业家们应该有更高的要求，企业家应该承担起引领社会发展的时代责任。如此大家就可以理解，为什么党中央把优秀企业家精神概括成这三句话了。这样概括是由企业家的身份、地位、作用所决定的，也是党和人民对企业家的厚爱、关爱，更是一种期待和希望。

六 年轻浙商要做“浙商精神”的薪火传人

年轻的浙商要永远做跟党走的浙商。要听党的话跟党走。我们是在党的领导下发展自己的事业，发展自己的企业的。只有听党的话、跟党走，才能真正成为成功的企业。我曾在一个场合公开、鲜明地提出：在中国大地上，作为企业家，只能做中国的、这个时代的企业家，是不可能离开新时代中国这个大环境的。所以，在中国，真正的企业家一定是要讲政治、懂些政治的，但企业家千万不要去参与不该参与的政治活动。

年轻的浙商要永远做创业型的浙商。无论企业做得多大，都要不断去踏实创业。创业是任何一个企业家、任何一个人都应该具备的精神。记得有一位读者对我发表的一篇关于创客的文章给予评论：我们来到世界上，不应该做过客，而应该做创客。只有做不断创业的“创客”，才能有所作为，人生才有辉煌。所以，大家一定要做创业型的企业家。

年轻的浙商永远做创新型的浙商。企业家内在的本质是创新，没有创新只能勉强维持企业；只有不断创新才能推动企业生机勃勃地发展。企业家苦在哪里？就是越做越大，越做越累，越做则压力越重，没有回头退缩的后路可走。你要做企业家，就只能往前走而没有回头路。佛教中讲道：苦海无边回头是岸。但是企业家是没有回头路的，再苦也只能硬着头皮不断往前走，不断去创新发展。不创新不开拓不去闯，迟早会被市场淘汰。这是企业发展、市场经济的规律使然。

年轻的浙商永远做学习型的浙商。人和动物的最大区别就是学习。从本质上讲，人其实就是一种学习型的动物。浙商如果不学习就不是我们所说的浙商了。拒绝学习就是拒绝进步；不要学习就是不要发展。浙商有一个优秀品质，就是爱学习，很多浙商都在商学院、研修班等学习。各种商会、协会、研讨会，都是一种“学习会”。浙商是很善于抱团取暖、善于抱团学习的。

年轻的浙商要永远做仁爱型的浙商。要义利并举，在创造物质财富的过程中，也需要有仁爱之心。市场经济不相信眼泪，但在激烈的市场竞争之外的其他领域，就应该怀有一颗同情的心。社会永远有需要帮助、关心的人，也永远需要有慈善之心、仁爱之心的人。年轻浙商要有一颗火热的同情心、仁爱之心。

年轻的浙商永远做开放型的浙商。要包容、开放，要不断向着世界飞翔。我们不仅要从浙江大地起航，还要从中国大地起航，飞向世界各个角落。随着“一带一路”倡议的实施、随着中国不断走向世界舞台的中心，浙商也要成为全球化的浙商。

新时代高质量发展呼唤高素质的浙商

2018 年 1 月 26 日，作者出席浙商成长智库论坛“新时代浙商精神”学术研讨会，以“新时代高质量发展呼唤高素质的浙商”为题做总结发言。

改革开放 40 年风雨征程，浙商一直勇立于中国市场经济的潮头，创造了无数个发展奇迹。如今的浙商，已成为浙江的金名片和耀眼四方的一支强军。我认为，浙商精神是浙商群体的一个重要标识。今天，由浙商群体共同哺育、锤炼出来的浙商精神，已成为激励一代代浙商前行的巨大财富和不竭动力。

党的十九大报告指出，中国特色社会主义事业进入了新时代，中华民族迎来了从站起来、富起来到强起来的历史性飞跃。当前，我国社会主要矛盾已转变为人民日益增长的美好生活需要与不平衡不充分的发展之间的矛盾。新时代、新征程，必然带来新使命、新要求。我们今天探讨新时代浙商精神，不只是为了探寻以往浙商辉煌背后的根脉，更重要的是要思考我国经济社会深刻变革和发展进入新时代后，浙商在新时代如何承先启后，继续成为新时代改革发展的开拓者、引领者，继续走在时代发展的前列。这是我们讨论新时代浙商精神的基本立足点。

下面，我想围绕这个主题谈几点看法。

一　从共性与个性相结合的视角去探讨新时代浙商精神

新时代浙商精神是个大话题，我们可以从不同角度去探讨，但任何研究视角都要建立在正确的方法论基础上。

我认为，研究新时代浙商精神的内涵及其意义，一个首要问题，就是应遵循企业家精神的共性和个性相统一的方法论。

（一）执着追求市场创新是所有企业家共同的精神特质

新时代浙商精神当然内在地包含着共性的企业家精神。从普遍性意义上讲，作为企业家，无论是浙江企业家还是其他省区市的企业家，也无论是中国企业家还是国外企业家，都有着共同的、普遍意义上的企业家特性及企业家精神，也就是人类社会企业家共有的精神品质。这个共性的企业家精神的基本内核，就是企业家那种近乎天性地不断追求市场均衡的“创造性破坏”（创新）的驱动力量。

因此，作为共性或者说经典意义上的企业家精神，就是指企业家那种执着追求的市场创新精神，这种市场创新精神对企业家而言，是近乎本能的一种自觉追求或者说是内在驱动力量。当然，企业家的创新是市场的创新，或者说是以市场为本位的创新精神。只有那些引领企业执着追求市场创新的企业家，才能充分体现企业家精神的内在本质，这样的企业家才具有企业家的内在特质。真正的企业家把经营企业和经营市场视为自己的生命、自己的事业、自己的理想和自己至上的人生价值。企业家固然要以追求利润为目的，但真正的企业家通常超越了个人的发财致富，如果只想赚钱，那只不过是普通商人而已。企业家行为最突出、最主要的动机，是来自于创造市场奇迹的“人生价值”，及对企业创新活动的巨大激情、喜悦和追求卓越的坚强毅力，等等。

正因为如此，我们可以说，企业家的市场创新精神，是一种超越了单纯物欲及物质财富的精神品质。正是企业家这种天然的创新精神，才使得原本均衡的市场被“创造性破坏”，从而产生市场新的不均衡即市场发展的新机遇。市场就是在这种均衡—不均衡—新均衡的螺旋式运动中向前发展的，并由此推动了整个社会经济的发展。

（二）“千方百计”创新创业是浙商特有的优秀品质

浙商除了共性的企业家精神外，有没有自己特有的浙商精神呢？

我觉得浙商精神的个性就是“千方百计”。大家熟知的有一个“四千”的浙商精神，即“走遍千山万水、说尽千言万语、想尽千方百计、吃尽千辛万苦”。这是老一代浙商创业经历的生动写照，也是浙商完成“从无到有”“从小到大”的精神根基所在。

可以说，“四千”精神已经深深地融入了浙商群体的血液，已成为浙商区别于其他商帮的个性特质，也是浙商应时崛起、行稳致远的发动机，它体现了老一代浙商敢闯敢试、敢想敢做、敢冒风险、敢于吃苦、敢于拼搏、敢于作为的魄力和勇气，没有这种精神和品质，就没有今天浙商的辉煌成就。如果丢弃了这“四千”精神，浙商可能就被其他商帮同化消融了，浙商的生命力也可能就此衰亡了。我认为，“四千”精神的内核，是浙商立身立命的生存基因和行走天下的“传家宝”。

当然，“四千”精神的具体内容应该与时俱进，随着时代的发展而不断丰富完善。正如清华大学有位教授所说，以前的“千言万语”可能是温州话、台州话等方言，今天的“千言万语”是普通话、英语、德语；以前的“千山万水”是浙江的山水、中国的山水，今天的“千山万水”是世界的山水；以前的“千方百计”是“千方百计”找门路，今天的“千方百计”也许是千方百计提升品牌，千方百计自主创新。

进一步地说，企业家无疑是要有艰苦创业、开拓创新、专注卓越、诚信守法、爱国敬业、合作开放、义利并举、责任担当等精神品质的，而且还可以再加上其他方面的更多要求，因为企业家无论是作为现实社会中的一员还是一个群体，本身是有多重社会角色和社会责任的，人们可以对企业家提出更多的精神特质要求。比如，2017 年 9 月中共中央、国务院发布的《关于营造企业家健康成长环境　弘扬优秀企业家精神　更好发挥企业家作用的意见》，就将企业家精神提炼为“爱国敬业遵纪守法艰苦奋斗的精神、创新发展专注品质追求卓越的精神、履行责任敢于担当服务社会的精神”三个层面九个要求；浙江省对新时代浙商精神则概括为“坚忍不拔的创业精神，敢为人先的创新精神，兴业报国的担当精神，开放大气的合作精神，诚信守法的法治精神，追求卓越的奋斗精神”六大内容。所有这些内容和要求，都应是当代中国优秀企业家和浙商群体共同拥有的精神特质。

那么，浙商有没有自己更鲜明的个性化精神品质呢？如果有的话，又是什么呢？我认为，无论是作为历史上的晋商、徽商或别的商帮，还是当今的浙商、粤商或别的商帮，肯定有共性的品质，同时也有个性的特点。商帮的个性化特点，主要是由区域、历史、教育、文化和时代实践的差异所导致的。“千方百计”作为浙商精神的个性化特质，就是由浙商所处的区域、历史文化和当年那个时代铸造出来的。就企业家共性讲，各个省区市的企业家都在创业、创新，都在敬业、兴业，这是共同的。但是，浙商的创新创业有自己的个性特点，就是“千方百计”。浙商是特别能吃苦、特别能创业、特别能创新的群体，他们的创新创业是“千方百计”的。

我认为，浙商生存和发展的一切“秘密基因”，就在“千方百计”上，这是浙商最为可贵的品质，也是浙商区别于、优于其他商帮的“法宝”。新时代浙商精神自然不能丧失而应该内在地包含着这个“千方百计”，都应该去珍爱和弘扬这个精神，这是浙商的“特产”和“品牌”。

总之，我们既要从共性的企业家精神中去理解、把握新时代浙商精神，又要从个性的特质去揭示、提炼新时代浙商精神。

二　从新时代高质量发展的视角去倡导新时代浙商精神

顺应时代发展潮流，才能勇立时代潮头。浙商要成为引领时代发展的百年商帮、千年商帮，就要紧扣时代发展脉搏，洞察时代变革趋向，发出时代前行先声。中国特色社会主义进入新时代是我国新的历史方位。从经济角度看，我国新时代经济从高速增长阶段转为高质量发展阶段，高质量发展迫切要求培育、打造与这个时代相适应的高素质的优秀企业家队伍。

那么，新时代高质量发展有哪些主要特征呢？

其一，经济进入高质量发展阶段意味着我国将跨越“中等收入陷阱”，迈向高收入国家行列。

纵观人类社会经济发展史，我们可以发现：在一个国家从中等收入向高收入迈进的过程中，会面临一系列艰难的挑战，其中最大的挑战便是“中等收入陷阱”。

根据世界银行对“中等收入陷阱”的分析，很少有中等收入的经济体能够成功跻身于高收入国家行列。据统计，第二次世界大战后，曾经到过中等收入的经济体有 100 多个，而真正迈入高收入行列的只有 13 个。对大多数中等收入国家而言，“中等收入陷阱”也许就是一场噩梦：掉入“中等收入陷阱”的国家往往陷入经济增长的停滞期，既无法在工资方面与低收入国家竞争，又无法在高新技术方面与富裕国家竞争，问题的关键就在于经济发展无法实现由数量增长到质的转型升级，即无法实现高质量发展。

改革开放以来，我国国民经济蓬勃发展，经济总量连上新台阶，于 2010 年左右，我国开始步入中等收入国家行列。2018 年，我国人均国内生产总值达到 64613.5 元人民币，接近一万美元，按照世界银行的标准，已步入中等偏上的收入阶段。今天的中国，就处在能否顺利跨越“中等收入陷阱”的关键时期。

由中等收入迈向高收入阶段，表面上看只是经济增长问题，但从深层次看却是经济社会结构性转型升级问题。世界现代化发展进程表明，这个阶段是经济增长方式由粗放型向集约型提升、产业结构由中低端向中高端提升、阶层结构由“哑铃型”向“橄榄型”提升、生活方式由生存型向发展型提升、社会结构由传统社会向现代文明社会提升的转型时期。转型成功就意味着跨越“中等收入陷阱”进入了现代发达的文明形态；转型失败则会落入“中等收入陷阱”而徘徊不前，甚至陷入社会混乱、发展停滞或倒退。只有将结构性问题解决好，实现高质量发展，才能顺利迈入高收入国家行列。

从我国国情来看，要成功跨越“中等收入陷阱”，最关键的是要推动以技术升级、产业升级为核心的供给侧结构性改革，推动产业结构高端化、产业制造智能化，使供给能更好地满足市场需求。技术升级、产业升级本质上是经济增长动力的转型，而经济增长动力的转型是一场深刻的经济社会变革。因为，新旧动力有着本质上的区别：旧的增长动力主要依靠要素驱动、投资驱动、量的扩张，而新的增长动力主要依靠创新驱动、科技驱动、质效提升。具体来说，要由原来主要依靠劳动力、资本、自然资源的大投入拉动经济增长，转变为更多地以科技、制度供给来驱动经济增长。科技进步对经济增长的贡献率应大幅地上升，起码要达到 65% 以上或 70% 左右。2017 年我国科技进步对经济增长的贡献率为 57.7%，但目前多数发达国家的科技进步对经济的贡献率达到了 70% 以上，美国、德国甚至接近 80%。

其二，经济进入高质量发展阶段意味着经济发展从单纯追求总量扩张，转变为适应人民更美好的生活需求。

党的十九大报告提出，我国社会主要矛盾已经转化为人民日益增长的美好生活需要和不平衡不充分的发展之间的矛盾。经济的高质量发展最终要惠及人民，使人民有更多的获得感，过上更美好的生活。当前，人民对美好生活有着更高的标准，呈现多样化多层次高品位的特点，这是我国经济发展长期快速增长后的必然结果。

中国作为世界第二大经济体，人均 GDP 已接近一万美元，正从中等收入国家向高收入国家迈进。随着人民群众收入的增加，其生活水准品位以及安全、教育、卫生、社保、精神文化等需求自然会水涨船高。正如习近平总书记指出的，人民群众“期盼有更好的教育、更稳定的工作、更满意的收入、更可靠的社会保障、更高水平的医疗卫生服务、更舒适的居住条件、更优美的环境、更丰富的精神文化生活”，这就要求新时代高质量发展必须去回应和满足人民生活的新期待。

在经济高质量发展阶段，消费升级是人民对美好生活追求的直接体现。到了工业化中后期，国家和家庭财富都基本完成了原始积累，人民生活水平也步入了小康和中高收入阶段，人们的生存、生活、行为、消费观念发生了重大变化，温饱生存需求不再占据主导地位，而是更多地向发展型、享受型需求转变，传统的生存型、物质型消费开始让位于发展型、服务型等新型的消费，娱乐、休闲、教育、健康、旅游、安全、环境等领域的消费出现快速增长，从品质和数量两方面对供给结构形成了牵引，从而充分发挥出消费在经济增长中的基础性作用和促进产业转型的关键作用。

其三，经济进入高质量发展阶段意味着现代经济体系将逐步形成。

在这个转型发展阶段，需要我们很好思考的一个大课题是，支撑人类现代经济发展的最主要动力是什么？

我经过多年研究后认为：支撑现代经济快速发展的是一种“一体二翼三平台一核心”的基本动力结构，如同飞机起飞一样。“一体”是指实体经济，如同飞机机身躯体，但它要起飞，必须有赋予其动力的“二翼”（动力引擎），就是现代科技和现代金融。科技进步在经济社会发展中的动力作用，是早有共识的，但金融的动力地位则往往被世人所忽视。“三平台”就是城市化（机场跑道）、生态环境（飞行气候）和市场规则（飞行规则）。“一核心”就是人、人才（飞行驾驶员）。

实践证明，哪个国家的“一体二翼三平台一核心”这七大要素规模越大、结构越合理、组合机制越成熟，哪个国家的经济社会就越发达、越强大、越有活力。对现代科技和现代金融在现代经济发展中的动力、杠杆的“起飞翅膀”作用，我们要有更深刻的理解。

在当代中国迈向现代经济体系进程中，要解决好的另一个重大而紧迫的挑战，就是要很好地解决存量财富、资产的资本化问题，也就是经济、财富的金融化问题。

经过改革开放 40 年来经济的大发展，中国经济的货币化、资本化、金融化水平大为提高。目前，无论是国家、单位还是个人、家庭，都已积累了庞大的财产性、金融性资产。2017 年 2 月末，我国的本外币存款余额高达 159.56 万亿元。据央行 2017 年 5 月公布，我国境内居民住户存款也达到了 62.6 万亿元，减去同期境内居民人民币贷款 36.4 万亿元后，全国居民净存款也有 26.2 万亿元。此外，我国还有大量外汇积蓄。“激活”这些巨量财富，使其更多更合理地转化为投资性资本，在“钱生钱”中优化配置资源，进而推动经济新发展，创造社会新财富，激活社会创造力，其发展潜力无疑是相当可观的。

没有现代金融就没有现代经济，不懂得现代金融就不懂得现代经济。建立在经济社会发展基础上的现代市场、现代法治（制度）、现代科技、现代金融、现代产业、现代劳动力、现代城镇等重大要素的有机结合，是现代经济体发达程度和综合竞争力的基本标志。我们要建设现代化经济强国，最重要的也是取决于这几大方面能否合理高效配置，而这种有机的高效组合配置，又取决于经济社会体制的现代化。

其四，经济进入高质量发展阶段意味着经济发展和生态环境保护实现良性共生。

我们不得不承认，由于历史的局限，我们曾走过以牺牲自然环境和生态资源来发展经济的路子，当我们正为自己取得的辉煌发展奇迹而欢欣雀跃的时候，自然界也常常以空前的灾难给我们以无情的报复。

多年来，环境污染、生态恶化成为中国发展进程中的“心头之患”。实践证明，经济社会发展与自然生态环境和谐共生，才是功在当代、利在千秋的可持续发展之路。党的十九大报告强调，我们必须牢固树立和践行绿水青山就是金山银山的理念，坚持节约资源和保护环境的基本国策，像对待生命一样对待生态环境，形成绿色发展方式和生活方式，坚定走生产发展、生活富裕、生态良好的文明发展道路，建设美丽中国。这些重要论述，深刻回答了推进生态文明建设的一系列重大理论和实践问题，为建设美丽中国、实现中华民族永续发展指明了前进道路和方向。

对人类生存和发展来说，良好的自然生态环境才是最大的财富。未来中国，应该是美丽的中国。如果我们的现代化是以牺牲生态环境为代价的，那就不是人民所企盼的真正的现代化。无论是别国的现代化发展先例还是中国自己的现代化建设实践，都反复昭示我们：必须走现代化发展的生态文明之路。可以说，生态文明是工业文明发展到一定阶段的产物，是人类对传统工业文明带来的生态环境危机反思的重大成果，是人类在更高层次上实现人与自然、人与人的和谐发展，走绿色循环低碳发展之路的新追求，也是人类文明发展的新方向。

生态文明反映了人类社会与自然界之间良性互动的关系，是人类经济社会持续发展的一种文明形态。生态文明的实质，就是要培育、创造出以能源资源、生态环境承载为基础，以自然规律为准则，以可持续发展为目标，建设生产发展、生活富裕、生态良好的文明社会形态。从经济现代化角度讲，绿色循环低碳发展是生态文明的基本内涵，也是实现生态文明的主要途径。只有在经济建设和社会发展的各个方面都充分考虑自然资源和生态环境承载能力的基础上，推动城乡建设和生产、流通、消费各个环节的绿色化、循环化、低碳化，实施经济循环发展，并加大环境保护力度，加快生态修复保护，我们才能有效地促进生态文明建设。

其五，经济进入高质量发展阶段意味着我国对世界经济的影响力将进一步提升，同时也将面临一系列全球挑战。

改革开放以来，我国由封闭僵化的计划经济模式转向开放包容的社会主义市场经济体制，使得我国成功把握住了发达国家产业转移的历史性大机遇，利用国内国外两个市场、两种资源实现了经济的持续快速发展。40年来，中国经济不仅实现了自身跨越式发展，更成为全球经济增长的“主引擎”。据世界银行数据测算，2012 年至 2016 年主要国家和地区对世界经济增长的贡献率，美国为 10%、欧盟为 8%、日本为 2%，中国则达到 34%，超过了美国、欧盟、日本的贡献之和。

中国经济在对世界经济影响力不断提升的同时，也面临着一系列挑战。世界经济论坛发布的《2018 年全球风险报告》中指出：当今世界，民族主义和民粹主义政治抬头，孤立主义、保护主义思潮涌动，美国一再“退群”，伤及多个国际多边经济、安全机制，世界分化加剧，全球面临挑战更为严峻。从我国发展的阶段性来看，推动中国 40 年来高速增长的以劳动力富足、廉价为主的“要素红利”，以市场化改革为突破口的“体制创新红利”，以拓展国际市场为主的“全球化红利”，正随着时间推移而逐步递减，以大规模投资拉动为主要动力的“投资红利”也开始弱化。当前，中国经济发展的生产成本大为上升，国际市场传统竞争优势弱化，迫切需要形成新的竞争和发展优势。这是我国经济进入高质量发展阶段后，必须面临的全球化新挑战。

问题是发展的土壤，挑战是进步的动力。中国企业家精神也是随着时代发展而不断锤炼和升华的。习近平总书记在党的十九大报告中指出，中国特色社会主义进入了新时代，“我国经济已由高速增长阶段转向高质量发展阶段，正处在转变发展方式、优化经济结构、转换增长动力的攻关期，建设现代化经济体系是跨越关口的迫切要求和我国发展的战略目标”，在这个跨越“中等收入陷阱”、推进经济社会转型和高质量发展的历史新时期，无疑对企业家的素质提出了新的更高的要求。我们应结合新时代发展实践，去阐述和倡导新时代浙商精神，在推进新的时代发展、回应新的时代课题中去不断丰富和提升浙商精神，更好地助推浙商群体的健康成长。

三　全面理解和践行优秀企业家精神

新时代的号角已经吹响，展望未来，中华民族将进一步喷发出积蓄已久的磅礴伟力，向全世界展现中国自信、中国力量、中国奇迹。

只有与时代发展同命运的人，才能赢得光明的未来。“浙商”作为当今中国重要的乃至享誉全球的商帮，唯有与时俱进，不断挑战自我、提升自我、超越自我，具备与新时代高质量发展阶段相适应的企业家精神，才能使自身成为时代发展的助推器，才能承担起新时代赋予的历史使命。

我认为，在倡导新时代优秀企业家精神或浙商精神时，尤其要突出以下几个重点。

（一）敢于变革的创新品质

新时代是充满变革的新时代，创新是引领发展的第一动力，是一个民族前行的灵魂，同样也是浙商的生命线。浙商生于变革创新，长于变革创新，强于变革创新。我们的任何发展过程，实际上都是创新过程。我们要树立创新发展理念，转变创新发展模式，完善创新发展体制，转换创新发展动力，营造创新发展环境，抢抓创新发展机遇，发挥创新发展优势。

停留于过去的成功，陶醉于昔日的辉煌，满足于已有的业绩，不思进取，终会坐吃山空，难成大业。企业发展是一个创新的过程，企业家本质上是创新的群体。新时代的浙商，自然应成为创新创业的闯将，成为创新创业的榜样。创业无止境，创新无尽头。创新则立，创新则成，创新则强。创新最难的是否定自我、赶超自我。

在经济高质量发展的新时代，浙商创新发展还面临着一个重要任务和使命，就是要培养、扶持新一代、少壮派的新浙商，使他们成为浙商的薪火传人，继以往开新业。

（二）胸怀全球的世界视野

在新时代，中国向世界开放的大门越开越大，面临的国际竞争也越来越激烈。浙商是浙江的浙商，也是全国乃至世界的浙商。根据有关数据，在浙江省外和境外约有 600 万浙江人在经商创业，浙商创业发展是世界性的现象。

“世界浙商”虽然首先是指浙商在天南海北世界各地创业经商，但更应该是指浙江企业家要有世界眼光。新时代的企业家应竭力向全球化的世界级水平去拼搏奋斗。浙商早已由农村走向城市，由浙江走向全国，由中国走向世界。随着中国经济国际化、全球化水平的不断提高，浙商应该在搏击国际市场的风浪中有更大的突出表现和作为，为中国经济全球化和中国企业跨国发展做出新贡献。

可以预见，未来中国的发展，在引进国际资本的同时，将会有越来越多的中国资本走出去，更多地参与全球企业并购重组，更多地参与国际经济合作，参与“一带一路”投资建设，更广泛、深刻地融入世界经济的全球化发展。作为世界的浙商，不能仅仅满足于做产品出口的企业，而应该胸怀全球，更多地到海外投资经营，更广泛地利用海外资源谋求新发展，不断提高应对国际市场的竞争能力，做驾驭国际市场的强者，努力培育出一批有国际声誉的浙江名品名牌名企，使自己成长为有世界影响力的优秀的浙江企业家，打造出一批有全球知名度的跨国公司。

（三）义利并举的家国情怀

浙商作为经商者，自然要按市场经济规律办事，要讲利，要赚钱。但浙商绝不是赚钱机器的代名词，而更应该是仁怀天下的儒商、圣商，应成为“立功立业、立德立爱、立言立文、立家立后”的新时代浙商。

新时代的浙商，讲利而不唯利是图，讲钱而不视钱如命，致富而不为富不仁，要义利并举，以利尚义，我中见人，钱中见仁，经商与做人相统一。浙商应成为有文化的浙商、有品位的浙商，成为利人利天下的浙商，也就是我们要倡导的利而不俗，富而不奢，贵而不骄，强而不傲，上善若水，厚德载物，仁怀天下，人我合一。

新时代浙商应有积极向上的财富观，坚持“得诸社会、还诸社会”，正确处理好赚钱与用钱的关系，尊严做事，仁爱做人，成为有仁义之心、道德情怀的浙商。富润屋，德润身。如果我们能用诚信、仁义、厚德等情怀来推进企业发展，来提升经营之道，来丰润自我品行，那我们就可以成为真正的儒商、圣商，也就是成为有时代担当情怀的浙商。

（四）“无问西东”的强大心灵

创业是艰辛的。创办企业，意味着从无到有，经营企业，也需要不断翻篇归零。企业家创业的艰辛远比表面看到的光鲜要多得多。在创业过程中，资金、市场、人才、技术、管理、人脉等各种各样的问题，会让创业者时时有举步维艰的感觉。这些都需要创业者持续付出超出常人的智慧和心血。

但在家国情怀面前，企业家应该“无问西东”，不管多大困难，都应有强大的内心世界，去执着地追求自己的理想和目标。企业家也许经常会面对内心的孤独，会不断追问自身的价值和意义，哪怕企业做大了，企业家也往往还会追问自我，追问自己生命的价值，他们会不断追问自己到底从哪里来，到哪里去，自己到底为了谁？这就需要有人生哲思、人生智慧的营养润泽。

随着我国经济进入高质量发展的新时代，企业将会有空前的机遇，也将面临空前的风险。新时代的企业家应具备无畏无惧的强大心灵。一个成功的企业家，必须在市场经济的大潮中摸爬滚打，在风雨的锤炼中长大。压力躲不掉，心灵难免时有拷问。一个企业家要耐得住寂寞，耐得住诱惑，还要耐得住压力，耐得住委屈，外练一层皮，内练一颗心。这一点很重要。铸就新时代浙商无畏无惧的强大心灵，除了企业家自身的素质外，还需要传统文化来滋养、来启迪，比如，王阳明的心学，就是一个非常值得研究和探讨的话题。

总之，在新时代的发展征程中，浙商承担着重要使命。我们期待将新时代浙商精神的研究继续深化下去，形成一个好氛围，创造一个好环境，以凝练和传播浙商精神、强化浙商精神的优秀特质，助推浙商奋力前行，继续引领浙江发展，勇立时代发展前列。如此观之，探讨和弘扬新时代浙商精神是很有意义的。

悟阳明心学精义，求现代“圣商”境界

2019 年 6 月 23 日，由宁波市王阳明研究院、宁波市王阳明文化研究促进会主办，宁波酩荟贸易有限公司承办的“阳明心学与企业家精神对话会暨《王阳明语录》首发式”在宁波举行，作者以“阳明心学与企业家精神”为主题发表演讲。

“初心”，是我们今天会议的核心理念。据学者考证，“初心”一词，最初来源于大乘佛教的经典《华严经》，是指菩萨修行的开始。“初心”是菩萨修行的开始，以觉悟成佛得“正果”为终。从最初的“发心”到最终的成佛，都以一心贯之，不变不易。我们现在常说的“不忘初心，方得始终”，即从此演化而来，但更具有了共产党人为国为民的宏大情怀。可以说，“不忘初心”是中华民族文化基因的一部分，是中国人民追求理想、不懈奋斗的精神品质。

我们每个人都有自己的“初心”，同时这个“初心”又是不断丰富和发展的。换句话说，人的一生，也是“初心”的螺旋式展开过程。那么，如何让“初心”的展开过程充满阳光，让“初心”的画卷艳丽多彩，使我们的人生波澜壮阔，为社会多做贡献呢？一个很重要的方面，就是不断修身养性，不断升华自己的“初心”。而学习、悟透王阳明先生的心学要义，是一个重要“法门”。

王阳明继往圣之学，开儒学之新境界，集心学之大成，是将心学本体化、系统化、世俗化的先师，王阳明心学具有鲜明的逻辑体系。

一 阳明心学的逻辑主旨：“圣贤之道”

阳明心学义广精深，历久弥新。如今，阳明心学研究已成为当代显学，不同的研究者从各个角度对阳明心学要旨提出了各自的理解。现在，对王阳明心学有过于“神话”的现象。如果对王阳明心学体系进行逻辑结构分析，我们就能从纷纭复杂的语境中得其要义。

我认为，阳明心学的主旨，可用四个字概括，即“圣贤之道”。王阳明言：“圣人之学，心学也，尧舜禹之相授受。”中国儒学亦可谓“修身、齐家、治国、平天下”的“圣贤”之学，有时也称之为“内圣外王”之道。阳明心学承袭这一传统，他的思想宗旨也是主要围绕怎么做一个圣贤之人而展开的。用今天的话来说，王阳明实际上提出了一个带有根本性意义的问题：什么是人？应该成为怎样的人？普通人如何达到圣贤境界？围绕这一“人之为人”“人之为圣”的根本问题，王阳明构筑了一个完整的心学体系，这个体系坚持了世界观与方法论的统一。王阳明的“心”是本体、主体，是有巨大能量的“大心”，这个“心”打通了人和世界的关系。

二　阳明心学的逻辑起点：“心即理”

在中国哲学史上，“理”指宇宙万物的普遍法则，以儒家为代表的众多思想家不断追问“理”之根源，不断思考“达理”之途径。如朱熹认为，“理”寓于外物，提出了“格物穷理”的观点。格物穷理当然也是人们获得对世界与自我认识的基本途径，但当时流行的理学已将朱子思想滥化为求取功名利禄的工具，失其本心。针对此弊，及根据心物关系原理，阳明心学认为，“理”不存于物而存于心。强调“心外无物，心外无义，心外无善”，即提出了“心即理”的命题。心与理的关系，是共生关系，心之所达，理随心至。

通俗地讲，我们之所以看到“大海”“大山”等万事万物，是因为我们心中有“大海”“大山”等万事万物的意念。当我们没有感知到“大海”“大山”等万事万物的时候，那么，万事万物和我们一样归于寂静。万事万物之所以能像你感知的样子呈现出来，是你的心所赋予的。王阳明一日与朋友“南镇观花”（另一说法为“山中观花”），回答朋友对“心外无物”的质疑时说：“你未看此花时，此花与汝同归于寂；你来看此花时，则此花颜色一时明白起来，便知此花不在你的心外。”“南镇观花”是典型的“天人一体”“心物合一”的观点。当然，王阳明是从“主体人”“心”的角度看世界万物的。从世界对人的价值意义和心理学、视觉学角度讲是很有道理的。这样引申下去，就成了王阳明所说的“吾心便是宇宙，宇宙便是吾心”了。

之所以说“心即理”是阳明心学的逻辑起点，是因为它充分肯定了人的主体性，用“心”统领世界，也是阳明心学体系的逻辑原点。人“成圣”的根源在于自我的心体力量和自我成圣的潜在能力。人心即有“天理”“良知”。

三 阳明心学的逻辑主体：“致良知”

“良知”一词，最早出自《孟子·尽心上》。孟子曰：“人之所不学而能者，其良能也，所不虑而知者，其良知也。”这里的“良”为“天生本然”之意，“知”可理解为“知识”“智慧”，其实更多的是指“道德本体”，人之为人的“是非善恶”的本体意念。王阳明继承和发展了孟子的“良知”思想，将其作为心学的主旨，强调“致吾心良知之天理于事事物物，则事事物物皆得其理”。

阳明心学要解决的是普通人如何成长为圣贤的问题，“致良知”便是王阳明对这一问题所给出的答案。先前大儒诸家大都认为“天理”心外，格物致知。阳明心学的重大贡献，在于“心上求理”。龙场悟道，最终悟出了“始知圣人之道，吾性自足，向之求理于事物者误也”。“天理”“良知”在“心”上，孔孟“圣人之道”不在事外而在自己心上。由此，王阳明把天理、良知打通，又突出了“致”良知，彰显了阳明心学的人的主体性、实践性，开启了“内圣外王”的新阶段。这是阳明心学确立的重要标志和对儒学的重大贡献。甚至于可用“致良知”三字概括阳明心学：“近来信得致良知三字，真圣门正法眼藏……某于此良知之说，从百死千难中得来，不得已与人一口说尽。”

正因为如此，我们把“致良知”看作是阳明心学的整个大厦的主体构架，也联结并支撑起这个心学体系的各大组成部分。

王阳明认为，如果一个人的行为都能达到自己内心良知的要求，或者都能遵从内心良知去做事，那么这个人就是圣贤之人。我们每个人原本就有一颗非常光明的心，但是由于被现实世界各种不当欲望所蒙蔽，往往被各种不好的事物所影响，所以总要出现违背“良知”的“假”“恶”“丑”等言行，从而违背了天理、良知和圣人之道。

因此，阳明心学以“致良知”为核心，认为心学修炼的目的是通过不断完善自身人格，把自己天生的善良之心发现出来、挖掘出来并知行合一，从而达到至善的“良知”状态。

四　阳明心学的逻辑落点：“知行合一”

王阳明总是将外部本体世界与人的世界（心）相联系，认为“天地无人的良知，亦不可为天地矣”（《传习录》下）。这个“天地”是主客体相关律视域下的“天地”，而不纯粹是与人无关的自在世界。这样，“良知”也就具有了先天性的“本体”，良知与天地万物一体，心即天理。与正统理学化良知为天理不同，阳明心学重点是化天理为良知，良知非“出于天”而是“系于人”。

“良知”作为先天本体的“良知”，还不是主体“明觉”形态的“良知”。所以需要主体“致”良知。致良知就是从本然状态走向明觉状态。“致”主要是“行”，这就涉及知与行的互动。致良知便与“知行合一”直接相关。一般地说，王阳明在龙场之时已提出了知行合一之说，同时也开始形成了“良知”和“致良知”的思想。但明确用“致良知”来概括自己心学要义的，略晚于“知行合一”。从含义上讲，“致良知”包含了“知行合一”的主旨，因而学界研究发现，王阳明自提出“致良知”后便不再多用“知行合一”。

从逻辑关系上讲，致良知说的展开，必然要涉及“何以致”“如何致”问题，因而知行说是“致知”的题中之义。如果说“良知”是本体的话，那“致良知”则是功夫。“知行合一”就是“致良知”的功夫论、实践论，致良知的现实展开及达到明觉状况，即知行合一的过程。用知行合一来揭示知行关系，是王阳明知行学说的独到特点，使先知后行、先行后知以及知行难易之说相形见绌。

王阳明的知行合一说主要讲“行”的功夫。如何“行”、如何达到明觉的“良知”，有着更为丰富的内容，同时它要解决的问题和重点也与“致良知”有所不同。所以，“知行合一”并不能完全消融在“致良知”中，有其独特价值和意义。尽管王阳明的“知行合一”本义与今天人们理解的“知行合一”有很大不同，但“知行合一”的思想学术价值和现代意义是不言而喻的。

五 阳明心学的逻辑旨归：“明德至善”

中国历史上的理学大都以成圣、内圣外王为终极目标，因而理学有“圣学功夫”“希圣之学”之称。阳明心学继承了理学如何成圣之传统，他本人也以成圣为人生第一等事。

阳明心学通过心即理、致良知、知行合一，把人与世界万物、心与万事万物相连，将本体与主体、知与行相统一，化天道良知为主体境界与化主体境界为践行的统一过程，从而达至成圣的终极目标。

达到圣人之境，也就是阳明心学要追求的“明明德、亲民、止于至善”，以达到人我、万物一体：“大人者，以天地万物为一体者也。其视天下犹一家，中国犹一人焉。”（《大学问》）这是王阳明心学的使命和归宿，也是典型的内圣外王之道。

六 阳明心学给企业家的启示：努力成为“圣贤之商”

阳明心学蕴含着各行各业行稳致远的智慧。对企业家而言，要把企业做大做强，要承担起社会和国家的责任，同样需要阳明心学的“洗礼”，用阳明心学去引领自己心灵的修炼和净化。我认为，现代企业家最应该学习的是王阳明先生的“圣贤之道”：品悟阳明心学的“内圣之境”，修炼自我，从而成为立功立业、无畏无惧的“圣商”。

何为“圣商”？“圣商”即“圣贤之商”。具体讲，“圣商”便是将王阳明的“圣贤之道”融入企业文化，以强大的内心强固根基，知行合一，进而为社会与国家创造价值，成为一位义利兼顾、功德并行的现代企业家。

我们过去常讲要成为“儒商”，大多指有文化、有智慧、举止文雅的商人、企业家。而现实生活中的“圣人”又被神圣化、神秘化，以至于人们认为中国几千年只出过两三个“圣人”。这样的“圣人”也就无人可及了。然而，阳明心学恰恰强调人人都可成为“圣贤之人”，每个人天生就有一颗“圣贤本心”，只要感悟这颗“本心”，践行“初心”良知，并努力致良知及知行合一，行善去恶，人人都可成“圣贤之人”。这是阳明心学世俗化、通人心、“接地气”之所在。它把传统儒学从繁文缛节的“胡同”中解放了出来，走向了活生生的人间天地。

我们企业家也是人人都可以成为“圣商”的。真正的企业家是有脊梁、有美好心灵的。一个人内心强大，才是真正的强大，然后尽力去行动，就可成为活生生的“圣商”。“圣商”比“儒商”要求更高、意义更大，是对“儒商”的升华。

那么，如何才能成为“圣商”呢？我们从中国传统文化和阳明心学中可以得到启示：成为圣商最核心的是要达到“立业”“立德”“立言”“立后”。

成为圣商的第一步是立业。就是要把企业做大做强做好，在企业经营事业上有所成就。企业办好是基础，才能谋长远，办好事。

成为圣商的第二步是立德。企业根基扎稳后，企业家就要树立家国情怀，有社会责任感，大爱无疆，德行天下，关爱他人，造福世界，在推动社会文明进步上有所成就。

成为圣商的第三步是立言。就是要对自己的企业经营、自己的目标历程和所作所为进行总结概括，形成一定的经营理念和经验体会，进而影响、教育他人，在精神文化上有所成就。

成为圣商的第四步是立后。也就是培养好接班人，教育好后代。“后代”既包括自己的子孙后代，也包括企业经营骨干和员工，还有社会上的年轻人，实际上就是“关心下一代”。这是我们生命和事业的延续，要给他们做表率，为他们的成长创造条件。

总之，作为现代企业家，要行稳致远，肯定要有自己的信念，有自己的思想，有自己内在的灵魂。而这个灵魂，这个精神支柱，这个内在的正念，就是企业的“良知”，企业家的“光明之心”。我们要用这颗心去引领事业，引领人生，引领企业以及员工，把自己的企业做成有灵魂、有温度、有善心的企业，尽力去立功立业、立德立爱、立言立文、立人（家）立后，成为现代的“圣商”“圣企”。

我认为，这样的企业家便与阳明先生的心相印相通了。

新时代浙商该如何成为圣贤之商

2019 年 7 月 29 日，2019 浙商新疆论坛暨新疆浙江企业联合会（商会）第五届理事会就职仪式在新疆国际会展中心举行，作者以“新时代的浙商要努力成为圣贤之商”为主题发表演讲。

下面，我想就浙商应从千变万化的形势中思索其不变的东西，也就是从动态发展的角度去审视浙商应坚守的东西，同大家做个交流。

一 浙商如何以不变应万变，以变化来提升自己的不变

我们这个时代是一个变幻莫测的时代，也是一个取得巨大进步的时代。这个世界实在太精彩，国际政治、经济、军事局势瞬息万变。国内而言，中国特色社会主义进入新时代，我国经济已由高速增长阶段转向高质量发展阶段，全面建成小康社会进入最后攻坚阶段，即将迎来现代化建设新时期。总之，一切都在变，变化之快令人应接不暇。当然，当今世界变化最快的人，莫过于特朗普先生。他的对华政策用朝令夕改、反复无常、出尔反尔来形容，可以说再合适不过了。古人有云“君子一言，驷马难追”。特朗普先生的这种做法真让人匪夷所思，也让世人疲于应对。

商业竞争如同一场没有硝烟的战争。有人说，这是一个消灭你没商量的时代，也是一个你不知道将会被谁消灭的时代。因此，大家千万要牢记，

在这个瞬息万变的时代，不该变的东西千万不要轻易变。我们要用自己的确定性去应对外部世界的不确定性。否则，你会被“变”的洪流吞没。

我们搞哲学的人都知道，古希腊哲学家赫拉克利特有一个非常著名的论断，即“人不能两次踏进同一条河流”。赫拉克利特创立了一门“变”的哲学，他用非常简洁的语言概括了关于事物运动变化的思想：“一切皆流，无物常住。”在他看来，宇宙万物没有什么是绝对静止的和不变化的，一切都在运动和变化之中。在变幻莫测的世界当中，如何客观全面地看待变与不变，如何用自己的不变应对变、用变来巩固提升自己的不变，需要掌握和运用辩证思维。我们做人做事要有安身立命之道，也就是说我们办企业或者做事都要有主心骨的东西。

那么，如何做到变与不变？如果变，那么在这个变的过程中，要明白哪些是始终不能变的？因为，如果把自己需要始终坚守的根基变了，那么你或者你的企业、品牌将成为随波逐流的“树叶”，随时可能被大海吞没。企业家在这个巨变的时代，应保持战略定力，把握住未来发展的基本走向。

今天，浙商要发展、要成长、要做强做大，一方面要随着时代的变化而变化，但是你不能把自己变没了，不能把筋骨变没了，不能把自己的初心变没了，不能把自己的根基变没了。如果这样，你将会走向毁灭。有人说，今天是个谁消灭你都不知道的时代，其实，真正能够消灭你的又能是谁呢？是外部世界吗？可以说与外部世界有关系，但归根结底，能让我们获得重生或者毁灭的只有我们自己。因为一切选择和决定都是我们自己做的。所以，是毁灭还是生存？是成长还是消亡？是做强做大还是原地踏步？最关键的还在于我们自己的修炼。值得庆幸的是，浙商这个群体是一个特别能适应时代之变，又特别善于坚守初心的群体。

浙商是沐浴着改革开放的春风和阳光雨露而成长起来的，是随着时代的发展而不断壮大的。但在发展变化的背后，它始终不变的是：浙商要追求更美好的生活，要改善自己的生存和发展环境，要用自己的双手去改变自己的命运，去创造更加美好的生活。从哲学的角度来讲，不仅仅是浙商，而是所有人，都应该发挥主观能动性，通过自己的奋斗来改变自己的命运。浙商当年为什么能在那种环境下闯出一片新天地？能够从深山、田间走向城市，能够从钱江两岸飞向祖国的大江南北，世界各地？我们过去讲，“凡是有人的地方就有浙商”，后来有人认为，这句话还不能完全反映浙商那种奋斗创新、敢为人先的精神。所以，就有了另一句话，即“凡是有阳光的地方就有浙商”。在一些没有人群的地方，浙商也去创业，也能开辟新的天地，最终在那里站稳脚跟并不断发展起来。这从人的本质的角度讲，浙商是最能把生命的本质力量充分发挥出来的一个群体。我们要始终思考，怎样才能过上更美好的生活，更好地改变自己、改善生活环境、提高我们国家的发展水平。通过我们的坚持不懈、艰苦奋斗，去实现这些目标，并持续向好发展。因此，这种对美好生活的追求是不能变的。

刚才大家都提到了浙商精神。我认为，浙商精神最关键、最重要的就是艰苦奋斗的创业精神。当然，各行各业、全国各地的企业家都有创业精神，但是浙商的创业是千方百计的创业，是特别能吃苦的创业。无论是过去讲的浙商“四千”精神，还是现在六句话的“新时代浙商精神”，最关键、最根本的就是艰苦创业，千方百计创业创新。因此，这种创业精神也是不能变的！也有人讲，过去讲“吃苦”，现在主要靠“知识”；过去讲“创业”，现在主要靠“创新”；过去讲“关系”，现在主要靠“诚信”，所以“四千”精神已经过时了。其实，“四千”精神的核心是指千方百计的创业精神，这个永远不会过时，也不能丢。“创新”“诚信”都需要千方百计去做。同时，不要误认为创办企业头几年才是“创业”，其实，企业做得再大，事业做得再好，永远都是一个创业的过程。如果把“创业”与“守业”割裂开来，那就离“败业”不远了。

还有，光讲创业赚钱也是不够的。浙商作为企业家群体是要赚钱的，但经过几十年的发展，今天的浙商已经不局限于思考赚钱的问题了，而是要用更大的胸怀去反哺社会、奉献社会。这也应是浙商的情怀，是浙商的家国情怀。浙商要义利并举，做到利人利己相结合，同时要奉献国家社会，这是浙商身上传承已久的、非常优秀的品质和特点。这种浙商情怀也是不能变的！

浙商其他不能变的东西还有很多。包括我们现在讲的“不忘初心，牢记使命”，落实到浙商身上，这个初心、这个本心、这个良知，就是要有温良之心。但是，我们要在这个基础上去主动适应时代变化，在变化中去丰富和提升自己。任何一个人、一个政党、一个国家，都是在当下的基础上面向未来的，都是在不变当中达成新变的。这就是守正出新。

我们要有战略定力。如果我们简单地根据外部世界的变化而随意变化，那结果就会变得很糟糕。特朗普的“贸易战”搞垮你真没商量，他可以让你心跳加速，如果正常心跳一分钟 70 次的话，他可以给你搞到 140 次，甚至更高，你受得了吗？受不了！这就需要学会用“敌军围困万千重，我自岿然不动”的心态去应对，你想我跳 140 次、200 次，我就不随着你的节奏去跳那么快，也就是要坚持自己的基本脉搏心率（原则）。比如，华为就是如此，任正非的心率就不去跳 140 次、200 次，他从容淡定得很，不急不躁，沉着应对，华为现在不就挺过来了吗！当然，这要有实力做后盾，要靠平时打基础。

所以，我们自己不能随意变，自己的根基不能随意变，自己的产业不能随意变，自己的方向不能随意变，自己的朋友不能随意变，自己的形象不能随意变，自己的精神不能随意变，自己内在的东西也不能随意变。要在这个不变的基础上去求变，这样才能强大起来。

二　美丽的新疆是浙商创业的好地方

据统计，截至目前，有 26 万浙商在新疆创业，我们扎根新疆大地的决心不能变，而且根要扎得越深越好、越牢越好。

新疆是个美丽的地方，这里有大美的天山，这里有盛产美味葡萄的吐鲁番，这里有辽阔的草原，这里有蓝天白云，这里有马欢羊笑，这里有丰富的资源，这里有“三千”精神的胡杨，这里居住着 56 个民族，近 2500 万人口，生活在这里的人们每天都是欢天喜地、载歌载舞……新疆是个好地方，这里阳光灿烂、景色万千，一派大美。在新疆创业的浙江企业家，个个都精神饱满，笑容满面，我想这与新疆的美丽环境是很有关系的。

总之，新疆的资源非常丰富，战略地位非常重要，现在又是“一带一路”建设的核心发展区。发展前景如此美好，自然风光如此美丽，浙商要扎根在这里，好好创业，不断发展，把自己的事业与新疆经济社会的发展紧紧联系在一起，为新疆的发展和进步做出更多的贡献。

三 新时代的浙商要努力成为圣贤之商

浙商经过改革开放40多年的发展，进入新时代的今天，也应该有新作为、新担当、新形象。那种靠原始积累的时代已经过去，而且不光是原始积累时代，就是粗放增长的时代也已经过去了。现在已进入第三个大阶段，也就是高质量、创新发展的新时代了。浙商的素养、品位也需要不断提升和完善。

那么，浙商的品位如何提升呢?

我曾经反复提过，王阳明的阳明心学蕴含着各行各业行稳致远的智慧，现代企业家通过阳明心学的自我修炼，可以成长为立功立业、立德立言的“圣贤之商”。王阳明是我们浙江人（古时绍兴，现宁波余姚人），是我们的老祖宗。

阳明心学义广精深，历久弥新。如今，阳明心学研究已成为当代显学，不同的研究者从各个角度对阳明心学要旨提出了各自的见解。比如，我们之前立项的一个课题叫《阳明心学与企业家精神研究》，就是从企业家角度研究阳明心学的。王阳明生活的时代有商人，虽然还没有我们今天讲的企业家，但阳明心学的确对企业家群体，对我们每个人如何提升和完善自己，都有极大的借鉴作用。

阳明心学承袭了中国儒学的经典。中国儒学的经典是什么？就是“修身、齐家、治国、平天下”的圣贤之学，有的也称之为“内圣外王”之道。通俗一点讲，就是怎么能成为一个比较完善的、高尚的人；成为一个能够为社会做一些好事、大事的人，更高的要求则是成为一个圣贤之人。

王阳明的思想主要是围绕怎样做一个圣贤之人而展开的。他强调人人都可以成为“圣贤之人”，每个人天生就有一颗“圣贤本心”。他认为，每一个人，哪怕这个人现在是小偷，哪怕这个人现在是皇帝，哪怕这个人是罪犯，但这个人本质上都是有圣贤因子的。他认为，每个人本来都是可以成为圣贤之人的，但人来到世界上以后，有的人受各种不良环境的影响，以及各种不成熟心智的蒙蔽，所以会干出这样那样一些不利于社会和他人的事，也就是缺乏良知的行为。

王阳明的心学和朱熹的理学不同。朱熹认为，“理”寓于外物，提出了“格物穷理”的观点，是要从外部世界发现“天理”。王阳明不赞同这一观点，他认为“理”不存于物而存于人的心里，只有从自己的心中去发现即可。他说，一旦离开了心，外面世界就不存在理不理的问题。所以，他提出“心外无物，心外无义，心外无善”，故而有了所谓的“心即理”。当然，这个“理”，指的是一种先天的道德规则，即所谓的“天理”，也就是做人做事的基本“良知”。

那么，要怎么做才能成为圣贤之人呢？阳明心学告诉我们，那就是要去“致良知”。

“良知”可理解为“知识”“智慧”“良心”，最主要是指做人做事的基本“道理”，所以更多的是指“道德本体”。王阳明认为，如果一个人的行为都能达到自己内心良知的要求，或者都能遵从内心良知去做事，那么这个人就是圣贤之人。因此，要努力去发现、去挖掘、去修炼自己的心，把“良知”挖掘出来。而挖掘“良知”的过程，就是要“致力”、去行动，自己要努力，“知”了、认识到了，同时也就意味着你认可了、你要去做了，因而就有了“知行合一”这一说。他是不赞成先知后行、知难行易等学说的。在他那里，知即行，行即知。他认为，做到知行合一，你就成为一个圣贤之人了。用我们今天的话来说，你就成为一个高尚的人，成为一个对社会有用的、有良知的、高素质的人了。

可以说，“阳明心学”是企业家自我修炼、修身养性的一种好指引。中国古人讲的“圣人”要做到“三不朽”，即要立功、立德、立言。做到“三立”就是圣人了。显然，“三立”有个程度问题，所以“圣人”也有个大小，而且人的一生中，总会做一些“三立”的事，但一辈子事事处处要做到“三立”就难了。所以，绝对好与绝对坏的人恐怕是没有的。毛泽东同志说过，只有死人才不会犯错误。“三立”中的“立言”比较难些，但不只是指“著书立说”，而是指广义上的“说教”，即把好的观点、想法、做法去传播、去宣讲，也属“立言”。

我主张在立功、立德、立言之外，再加一个“立后”。“立后”是指把自己的子孙后代教育好，同时关心社会上的年青一代，把他们培养教育好。这也应该是“圣贤之人”的职责。因为我们的所有一切都是要靠后代去传承的。做到了这“四个立”——立功、立德、立言、立后，就可以称得上是圣人了。企业家也就可以成为现代圣贤之商了。

那么，具体要从哪些方面来提升和要求自己呢？

第一，让心强大，做有高度的浙商。我们的心应该成为一颗能够牵引自己和牵引社会的心；我们的心应该成为一颗充满爱和感恩的心；我们的心应该成为一颗充满活力的心，我们的心应该成为一颗充满正能量的心。我们的心应该成为一颗澎湃的心，像太阳一样充满着正能量。这个世界上最宏大的东西是什么？绝不是风浪，也不是大海，而是“心”，它可以统领、涵盖整个宇宙。阳明心学最厉害之处，就是认为心可以打通世界，心我合一，心和万物相连。

第二，让脑发达，做有智慧的浙商。今天的浙商，不能仅仅是通过体力让自己发展壮大的浙商，要利用一切学习的机会，用各种知识来武装自己，把自己的大脑武装起来。四肢发达，脑袋也要发达。以前是靠苦力，或者是靠胆力去赚钱。现在看来这已经行不通了，现在的社会是知识型社会，是知识、智慧经济时代，知识、智慧就是最大的财富。所以，今后要想把企业做大做强、要想让企业拥有可持续发展的能力、要想让企业立于不败之地，就需要不断地用新知识来丰富自己，坚持学习，坚持调查研究，在此基础上不断去创新产品、创新企业管理。

第三，让行执着，做有匠心的浙商。也就是说我们要心行合一，我们的行动要执着、执着、再执着。我们做企业的要义无反顾，一定要把自己企业的产品、产业做深、做精、做好。比如说，任正非创业 30 多年，他始终对着一个目标，始终对着一个“城墙口”冲锋，他组织了几百人、几千人、几万人，现在是组织了 18 万多人，一直只对着这个“城墙口”进行了大量的财力投入，现在华为每年是 150 亿美元以上的投入，未来每年将达到 150 亿到 200 亿美元的投入。每年这么大的投入，就只对着一个“城墙口”。这个“城墙口”是什么？就是他从事的信息通信产业，或者说得再窄一点，就是信息管道，他就是“瞄准”这个点，花几十年，把它做精做好。这就需要有一种专业精神、专注精神，一种工匠精神。伟大的背后都是苦难，辉煌的背后都是磨炼。成功都是靠艰苦奋斗换来的。

第四，让我放大，做有大我的浙商。我们浙商一定要把自己这个“我”进一步放大到整个社会，把自我和整个社会打通，看问题、做事情不要仅仅局限于得到一时的好处，一定要与整个社会进步同心同德。比方说，我们在新疆的浙商，一定要把“我”放到整个新疆中去谋划，放到整个祖国的发展中去考虑。当然，企业做到世界级，就要有全人类的情怀。把“我”不断地放大，把自我这个“我”和整个社会打通，“我”在做的这件事是否有利于社会，“我”这件事做成了，是否为社会发展进步起到了促进作用。比如，任正非率领的华为，它有一个非常好的价值观念：华为始终以客户为中心，具体内容很多，其中有一条——企业成功不成功，不是赚钱多少，而是怎样为客户创造价值，让客户成功！

第五篇

致敬：改革大潮中的浙商群体

奔向远方世界的浙商

2018 年 2 月 3 日，在 2018 华侨基金年会暨产业变革与全球资产配置论坛上，作者以“奔向远方世界的浙商”为题发表演讲。

现在的杭州，正是“风雨送春归，飞雪迎春到”的好时节，前几天下的雪还没有完全融化，春天说到就到了。

一年之计在于春。大家都希望更多地了解 2018 年国内外经济发展走势。这里，我只简单说两句话。第一句，2008 年国际金融危机后，世界经济经过整整十年时间的调整，2018 年很可能是一个转折年，过去那个周期也许告一段落，世界经济将开启新一轮发展周期。

第二句，我们国家进入了新时代，我国经济发展也恰恰在这个时间点上进入了一个加快向高质量发展的新阶段。总体上来讲，2018 年我国经济发展应该说是相对比较乐观的。当然，未来会不会有经济或者金融方面的风波，无论对国际还是对国内来讲，都是有可能的，也许是一个大概率的事。

在此，我重点讲讲新时代的浙商精神。

一　现代经济发展的动力结构

中国发展进入了一个新时代，这个新时代是从党的十八大开始，由党的十九大正式对全国人民、全世界宣告的。中国进入了中国特色社会主义新时代，这是全方位的新时代。

从经济上讲，进入新时代最重要的标志有两个：一是形成了习近平新时代中国特色社会主义经济思想；二是中国的发展由过去的高速增长进入到高质量发展。

要把握中国经济发展大势，需要我们了解一下人类现代经济发展的基本动力结构。显然，经济发展形势一个时期甚至每年都会有这样那样的变化，但其宏观走势总体上是“常态”的。我给大家介绍一个自己多年研究后得出的结论，就是当代中国或者当今世界经济发展动力的基本结构，这个结构框架我概括为“1231”。

“1”是一个主体，即各种实业、各种产业组成的实体经济。这是任何时候、任何国家经济的主干。如果这个主干、这个主体弱化了，那经济发展的根基就动摇了。

“2”是两大动力：实体经济如何前行起飞、飞向高空呢？需要像飞机起飞那样有两翼动力。现代实体经济发展的第一个动力就是现代科技。没有现代科技发展，经济发展或高质量发展是不可想象的。当今世界，现代信息技术、互联网技术正成为一种广为泛化的技术，也是科技和经济结合的最成熟技术。“互联网 +”正颠覆经济发展的很多旧模式，它在改变世界：在破坏一个旧世界的同时，又创造着一个新的世界；不仅改变生产制造方式，而且也改变人们的生活方式；不仅改变物态化的世界，而且也改变我们的思维观念方式，改变我们的灵魂世界。

综观今天的世界，哪里最为精彩？当然在座的从事资本经营的朋友们已经很精彩了，但是真正最精彩的还是网络世界。现实世界里没有的东西，网络世界都会有。我们过去讲两个世界，即物质世界和精神世界。但今天的世界是三个世界了，第一个是可见的物质世界，第二个是肉眼看不见的思想精神世界，第三个就是两者结合后新创造的网络世界。今天的经济发展，如果离开网络技术那将是无法想象的，不管你做什么产业、什么产品，都需要运用网络信息技术。你一定要接轨网络世界，不接轨或接轨不好就会被淘汰。你要赶上时代，要继续前行，那就要把你的事业与互联网结合起来，要深度运用互联网技术。

当代中国很幸运，中国终于在信息技术的运用方面，特别是与产业、生活的结合方面，抓住了这次历史性机遇。互联网技术的市场化运用方面，现在我们不比美国等发达国家差，甚至我们要比他们运用得更为广泛。

第二个动力是现代金融。没有现代金融就没有现代经济。你要建设现代化经济体系，没有现代金融发展是不可想象的。现代金融是现代经济的核心，对经济发展起着倍增的杠杆作用和极大的调控作用。在一定程度上讲，现代金融对经济发展的作用要大大超过科技的作用。

现代经济最大的竞争是金融的竞争。我们改革开放以来最大的进步之一，是经济金融化的加速发展。为什么我们的 GDP 涨得那么快？除了创造出新的财富外，很大程度上是通过经济的金融化水平的提升，还有货币的放大来实现的。所以，对中国经济的快速发展，大家都有贡献，我们老百姓也都有直接的贡献。金融资本的杠杆撬动作用是很厉害的，但它也是现代经济的晴雨表，近现代以来经济危机爆发点几乎都首先发生在金融领域，所以它是一把“双刃剑”。但不管怎么说，现代金融一定要发展起来，才能实现经济的现代化。我们今天的时代，在一定意义上讲是一个基金时代，各类理财、投资基金如雨后春笋般地生长出来，也就是这几年的事。现在有这个基金小镇，那个基金园区，这对未来发展意义重大。

我们对浙江未来经济发展充满信心。因为，现在浙江经济发展转型往哪儿转的问题越来越明朗起来了。如果把现代科技，特别是互联网技术（信息经济、数字经济）发展起来，把金融资本或者说（区域、地方）资本市场发展起来，扎扎实实打造好杭州城西科技大走廊和钱塘江金融港湾，在这两大领域能蹚出新路，走在前列，那么，浙江发展前景广阔，有望在推进高质量发展、打造区域现代化经济体方面起引领作用。

“3”个平台：第一个平台是城市化，因为所有发展都是要落地的。第二个平台是生态环境。第三个平台是建立在市场经济基础上的现代法制、现代制度规则，即制度体制安排。这是发展的三个大平台或者说三个大环境条件。

“1”个核心：人才是核心。一切发展最后都要归结到人。经济实体也好，两翼动力也好，三个平台也好，都取决于人才、人的素质。中国经济越向前发展，人的重要性也会越来越突出。人才竞争将是当前和下一轮各地竞争的重点，资金、项目的竞争将让位于人才的竞争。

总之，现代经济发展基本结构就如同一架飞机起飞的飞行原理那样，“一主体二动力三平台一核心”：飞机机身是主体，两翼是动力，机场跑道、天气气候、飞行规则是平台，驾驶员是核心。现代经济发展动力的基本结构大致也是这么一个结构。谁把这六大要素结合得好，谁就是大企业家。哪个国家结合得最好，哪个国家的经济体就最为成熟。

在我个人看来，我国经济总量很快会超过美国，但是要在整体结构上超过美国，仍然有很大的距离，有很长的路要走。美国在这六个方面的结合，尤其是科技和金融的结合是非常灵活、非常灵敏、非常高效的，有许多东西值得我们学习借鉴。中国经济正朝着这六大方面统筹结合的方向发展，对此我们充满信心。

二 侨商是华商中一支重大力量

浙商是一支开疆拓土的精兵强将，他们走向全国、走向世界，有的成了侨商。

浙商人数规模有多大？有的说 800 万人，有的说 1000 万人，也有的说 1200 万人，甚至有 1500 万人的说法。根据我的大致分析，如果剔除重复计算的大约有 1000 万人。

浙商在浙江大地上有 600 多万人，其中注册企业有近 200 万家，个体经商户近 400 万。在外省，有的号称五六百万，我估计这个数字有点大，应该在三四百万。在海外的浙商，取一个整数，也就 100 万左右，当然，100 万的主体是侨商，但这些年浙商到世界各地投资经商越来越多，这个队伍还会扩大起来。

浙江省有 1000 万浙商，这个数字也不算小了。过去有“百万雄师过大江”，现在有“千万浙商奔市场”。浙江省总人口是 5600 万人，按浙商 1000 万计算，就是 5 个人中就有一个是经商办企业的，这个比例已经很了不起了。如果剔除老人儿童、在校学生和公务人员等其他就业人数，大致是不到 3 个人中就有 1 人是经商办企业的，这个比例是相当高的。

1000 万的浙商，这支队伍是相当了不起的。他们沐浴着改革开放的春风，在钱江两岸踏着滚滚波涛起飞。浙江是中国共产党红船起航的地方，浙江是中国改革开放的重要先行地，浙江也是习近平新时代中国特色社会主义思想的重要萌发地，浙江还是中国民营经济的重要先行地。浙商不仅为浙江发展做出了贡献，而且为中国的改革开放做出了贡献。今天的浙商不仅在中国大地上创业发展，他们还走向世界，谋求新的更大的发展。

在浙商走向世界的进程中，有华商和华侨的重大贡献。华商和华侨是浙江省发展的一个重要特点，浙江是华侨的重要省份，而且非常有特点，数量非常大，又非常能干。这支队伍为浙江省、为中国和世界各国的交流发展搭起了桥梁，发挥了纽带作用。事实上他们站在改革开放的最前沿，也站在世界发展的重要前沿，从而反哺并推动、引领中国的发展。华侨和华商是我们一支非常重要、非常宝贵的力量，而且是一支精兵强将。

有位法国的华侨朋友也来邀请我到法国给侨商去讲一讲。她发了一些视频，说在海外的华侨非常爱学习。我也接触了其他一些华侨。我感到华侨华商现在在海外创业真的不容易。为什么？他们当年能够赚钱的一些优势慢慢没有了，最主要的是三个方面：一是低成本，现在我国产品的成本也提高了；二是西方商人也比较熟悉中国了、聪明起来了，你去看义乌市场，有很多他们的身影；三是外汇管制越来越严格了。所以，华侨华商传统的赚钱方式优势弱化了。他们融入当地文化也是很难的。

三　浙商群体的优秀品质

浙商精神过去有一个“四千”精神的表述，即“走遍千山万水，说尽千言万语，想尽千方百计，吃尽千辛万苦”。这个很可能是民间的概括。“四千”的概括真的应该授予“诺贝尔奖”，它对我们提升浙商、扩大浙商的知名度作用巨大。“四千”活灵活现地把浙商当年的创业艰辛表达出来了。

2017 年，浙江省里又提出了“六句话”的新时代浙商精神，即坚忍不拔的创业精神，敢为人先的创新精神，兴业报国的担当精神，开放大气的合作精神，诚信守法的法治精神和追求卓越的奋斗精神。这六个方面的提炼概括，既体现了中央提出的优秀企业家精神，也继承了过去的“四千”浙商精神，所包含的内容是十分丰富深刻的，体现了浙江省委省政府和全省人民对新时代浙商的新要求。

下面，我再简单谈谈浙商群体的优秀品质，作为浙商精神的重要内容。

千方百计跟党走（讲政治）。中国企业家只能在中国环境条件下成长、办企业，必须听党话、跟党走。一定要懂点政治、讲些政治，但千万不要去搞你不该搞的政治，否则会搞出麻烦的。马云很聪明，他讲企业家和政治的关系，就是只跟政府谈恋爱，不和政府结婚，一结婚那个味儿就没了，关系就扯不清了。我们要保持“亲清”政商关系，最好只谈恋爱不结婚，甜甜蜜蜜有底线。

千方百计闯天下（闯劲）。英语、外语一句不会，但凭一张地图走天下、闯天下，谁能做到？浙商、浙江人就能做敢做。“闯”就是一种勇气、一种精神，也是一种能力、执行力。

千方百计创新业（创业）。不创新就是停留在原地，就是不前进，等于在退步。有人阅读了我关于企业家要永远做创客的文章后评语道：“人生不做过客，要做创客。”“过客”“看客”就是碌碌无为过去了，一定要做干事业的创客，企业家永远要做创客，我们人生也要永远做创客。

千方百计干实处（务实）。浙商有时候不太多说话，有人说是埋头干活、埋头赚钱。实际上浙商是一个非常低调务实的群体，他们执行力强，醒得早、起得早、干得早。他们崇尚经世致用、知行合一，务实讲效用。

千方百计爱学习（卓越）。各种各样的学习班、培训班很多。浙大管理学院、北大光华、清华各种班都有浙商的身影。不断学习是浙商的优良品质。就拿开年会来说吧，我碰到过很多浙商的年会，都有请北京等地的专家教授来讲课的习惯，这都是爱学习的表现，也是浙商的一种优点。只有爱学习、善学习才有进步的希望。学习不仅是为了做生意，还有人生自我境界的提高，还有诗和远方。

千方百计讲仁爱（担当）。我们1000万浙商要成为仁爱浙商、慈爱浙商。浙商是有情怀的，浙商是能够义利并举的，浙商是能够贡献社会的。

我主张，浙商要成为“四立”的浙商，即立功立业——敢问东西南北（经功业）、立德立仁——无问北南西东（济沧海）、立言立文——要问天道人心（致良知）、立家立后——再问何处安身（归本真）。

王阳明讲的致良知、知行合一，是讲人生的较高层面的追求。他认为，人人本是“圣贤之人”，人人都可成“圣贤之人”，人天生就有“圣的本心”，发现、感悟这“本心”“初心”的良知，并努力知行合一，尽力去除恶行善，就可以成“圣贤之人”。

我们浙商是有脊梁骨、有美好心灵的。一个人内心强大，才是真正的强大，然后尽力去行动，就可成为活生生的“圣商”。“圣商”比“儒商”要求更高、更有意义。但是，在现实生活中，人们把“圣”字太神圣化、神秘化了，几乎是无人可及的了。其实，“圣商”也就是“圣贤之商”“仁爱之商”的意思。

最后讲一讲“立家立后”。对此大家反响热烈。我们干事业闯天下，最后自己的家还是要顾牢的。家国或者说国家，“家”和“国”相依相通。把我们自己后代教育好、培养好，使自己的家族得以延续，实际上也是国家和民族的延续。如果大家都没有后代的话，这个社会、国家还怎么生存下去？据说，现在不少女同志不愿意生二孩了，2017 年比预计指标少生了 300 万。这样下去又会成为一个大问题。人生到了最后，我们何以安身立命，最后你躺在病床上，陪着你的、你感到后继有人的，能够让自己心安的，能够把自己的灵魂、自己的生命延续下去的，就是你的子孙后代了。所以，我们还要立家立后，我们要把自己美好的事业交给下一代、再下一代，在后代身上体现自己的价值、自己的生命，也体现我们这个社会和国家的生命。

总之，我们浙商、我们企业家是完全可以做到“四立”的，我们应做新时代的圣贤之商。

以改革开放的名义，向浙商们致敬

2018 年 9 月 27 日，作者出席中国改革开放 40 周年浙商之路主题展暨浙商改革开放学术研讨会，围绕主题“中国改革开放 40 周年浙商之路”发表演讲。

2018 年是中国改革开放 40 周年，人们也希望这将是开启改革开放未来新征程的破局之年。

我们纪念、回顾过往，毫无疑问是为了今天和明天，是为了继往，更是为了开来。

中国共产党领导下的改革开放40年，可谓风起云涌，跌宕起伏，波澜壮阔，也取得了惊天动地的历史性成就。在这个大背景下，浙商在成长，在发展，在远航，在奋进，他们与改革开放的历史进程同呼吸共命运。

浙商是一个时代性的伟大群体。它属于这个时代，是时代潮流中的巨浪；它属于浙江，是浙江儿女中的优秀中坚；它也属于它自己，是一个坚韧奋斗的企业家群体。

一　40年浙商见证并参与了一个伟大时代的创造

我们首先应从更高的视野来思考浙商的成长和发展问题。浙商是改革开放的产物，是中国改革开放40年历史进程的一个缩印、一个标识。一个伟大的时代，哺育出了一个伟大的群体。

改革开放的40年，是风雨兼程的40年、如火如荼的40年、酸甜苦辣的40年、景象万千的40年。40年激越拼搏，40年追梦前进，40年书写时代华章。

浙商这40年的发展，同样是值得大书特书的，是值得我们歌颂的，是值得我们鼓掌喝彩的。浙商的最大贡献与成就，起码有以下几个方面：

（一）浙商参与创造了当今中国的变革时代

浙商是改革开放这个时代的符号、形象，体现着特有的时代内涵和本质。在很大程度上，浙商就是中国改革开放的弄潮儿，而且是勇立时代潮头的弄潮儿。中国改革开放40年，最深刻的划时代经济变革，就是以市场化为取向的经济体制的形成；最根本的划时代发展意义，就是市场经济主体——企业家群体的形成。企业家群体是过去40年也是未来中国推进改革开放的中坚力量，更是发展进步的主力军，他们与人民一起，共同谱写了这个时代发展的主音符。

有1000万人的浙商，无疑是当代中国企业家群体的优秀代表。浙商和中国企业家群体一起，共同参与并创造了我们这个时代。

（二）浙商影响了当代中国的基本经济制度

浙商的另一个极具时代意义的名字，就是当代中国私营经济或者说民营企业的代表。

民营经济的成长和发展，从根本上改变了当代中国经济的基本结构，进而形成了以公有制为主体的多种所有制经济共同发展的格局。这一变革，影响是深远的，它改变了中国的时代进程。中国特色社会主义基本经济制度从此得以载入史册，中国特色社会主义制度和我们这个社会终于注入了新的时代活力。讲市场经济也好，讲基本经济制度也罢，都离不开当年民营经济的首创之功，而浙商可以说就是当代中国民营经济的杰出代表。我曾在温州工作过一段时间，也参与了助推“温州模式”的进程，从中深切体会到浙江省私营经济、民营企业的贡献之大，而这些贡献不是用金钱可以衡量的，也许我们更应该首先看到它们对当代中国社会制度体制及其社会文明进步的历史性贡献。

（三）浙商参与创造了一个全面小康的浙江

讲到浙商的贡献，首先是对浙江省改革开放和发展的贡献。浙江省经济社会发展实力的较快提升，浙江人民生活水平的较快提高，浙江改革开放和发展总体走在全国前列，一个关键因素，是有一支人数规模大又特别能创新创业的企业家队伍。

浙江省的民营经济贡献了全省 50% 以上的税收、60% 以上的生产总值、70% 以上的外贸出口以及 80% 以上的新增就业岗位，造就了浙江发展的伟大奇迹。浙江目前正在高水平地建设全面小康社会，这与浙商的搏击奋斗是分不开的。不仅如此，浙商还为全国各地的发展，为其他地区迈向全面小康和现代化建设都做出了贡献。

（四）浙商成为一个具有国际影响力的群体

浙商代表了浙江省形象、浙江人的形象，也在很大程度上代表了当今中国人的形象。

浙商在市场经济实践中不但创造了巨量的物质财富，而且还创造了无价的精神文化财富。浙商参与创造了当代中国的工商文明和企业家精神。浙商还参与创造了浙江精神和浙商文化，助推浙江现代文明的发展。浙商代表了一个善于吃苦创业、敢于搏击市场风浪、勇于变革创新、富有时代责任感的坚强群体。这个群体代表着这个时代，代表着浙江人和当代中国人的风采，而且越来越具有国际性的影响力。

改革开放40年，浙商一路高歌猛进。但这是用辛劳汗水、坚韧毅力和质朴智慧铺就的创业之路，其间充满荆棘痛苦，经历风雨洗礼。当然，也有阳光雨露，彩虹高照，成功的喜悦驱使浙商们义无反顾地走向新的征途。

二　贯通过去与未来的浙商发展之路

改革开放40年，浙商是怎么崛起、成长的？浙商发展之路是一条怎样的路？在迈向未来的此时此刻，有许多宝贵的东西值得我们思考和总结。

在国家基本制度和新时代大背景下，浙商需要有自己的战略思维、战略定力，从自己走过的历史轨迹中吸取营养，夯实根基，丰富智慧，为未来之路设置好发展航标，再创新业，以期行稳致远，迈向新的远方。

我认为，以下五点，既是对过去浙商发展之路的总结，也多少代表了未来浙商发展之路的方位。

（一）浙商之路是一条人类生命力量的搏击之路

浙商的崛起和成长怎么扯上人类生命的本性和搏动呢？其实，人类社会的一切现象，都是人的活动或者说人的生命现象。从这种意义上讲，人的生命及本质就具有了社会现象的本体意义。

人类的生命、生存本性是人类活动和发展的最为深层，也最为基础的动因，这就是唯物史观的生存需求论。人的生命进而构成社会生产力的本性冲动总是顽强的、生生不息的。而人类内在的生存和发展需要，总是要寻求释放、表现、张扬的，更是要寻找突破的。

浙商的发展之路，从最深层的意义上讲，就是人性的本质使然。因为人们总是要千方百计地去满足自己生存和发展的基本需要，总是要千方百计地让自己生活得更美好。尽管这种需求和人的本性在相当程度上是可以调整的，甚至是可以压抑的，但却不可能长期地抑制，除非人类本身不存在了。这就是人的生命的冲动，就是社会生产力的呼唤。

为什么当年“资本主义尾巴”割了又长，长了又割，割了再长呢？真是“野火烧不尽，春风吹又生”。浙商的崛起过程，同样经历了这种“割了又长”的艰难过程。浙商（人）身上的这种生命力量，是“割不完”的，它总有一天要爆发出来、生长出来，这是人类最本质的生命力量的释放。

老一代浙商代表、当年义乌小商品市场第一个领到工商营业执照的冯爱倩老大妈的例子，就活生生地告诉我们：为了全家人活命和改善生活，她鼓足勇气闯入县委大院找县委书记，要求摆摊做小生意。这就是人的生命的呐喊、抗争。

还有，浙商的起点是与当年温州人在海上做交易分不开的。改革开放之初，在那个物质极度贫乏的年代，半导体收音机、阳伞、电动刮胡刀等，都是很稀罕的洋玩意儿，是温州人通过海上贸易流通到我国来的。温州人赚到钱后逐步去做更多更大的生意，进而形成了温州的个体私营经济，以至于后来创造了“温州模式”。记得当年政府多少次要禁掉温州人的海上“交易”，却总是禁而不止，“野火”反而越烧越旺。这也是人的生命、生存、生活本质所驱使的，是有着顽强的生命力的，不是轻而易举就能禁掉的。

当然，历史进步总是有代价的，总是在付出代价后才获得教益，然后实行变革，打破桎梏，翻开新的一页，书写新的篇章。尽管历史不可能笔直前行，总会有曲折迂回，但终究不可能掉入“三十年河东，三十年河西”的宿命论旋涡之中。中国改革开放，选择走市场经济之路，这是人类生命本质力量的选择，或者说是符合人的本质力量的选择。走回头路是没有出路的，即使“进一步，退两步”，但总归还是要往前走的。

浙商要对中国未来充满信心，要遵循习近平总书记“让人民生活得更幸福更美好”的要求，大胆地往前走，不断开拓创业，去寻求新的发展。

这就是人类生命的本性搏动，也是社会生产力的本质释放。

（二）浙商之路是一条浙江人顽强拼搏奋斗之路

浙商诞生于浙江这块10万多平方公里的土地上，他们踏着滚滚的钱江大浪向茫茫市场商海起航。浙江的山山水水、父老乡亲哺育出了浙商，浙商从浙江这块肥沃的土地上源源不断地吸取着智慧的营养。

在改革开放春风沐浴下，这个搏击市场经济风浪的营商大群体，为什么诞生在浙江？同一片阳光，同一场雨露，但不一样的是大地，是生活在大地上的人。浙江人有着自己独特的素养秉性。

一方水土养一方人。浙江人的精神特质与浙江的地域、历史、文化、地理、资源等多种因素息息相关。浙江“七山二水一分田”，人口多，密度高，从而造就了浙江人勤劳专注、精耕细作、不因少而不为的品行；浙江人踏山面海，养成了跋山涉水、不惧崎岖困苦、开放开拓、抱团合作、敢走远方的特性；浙江人自古勤勉好学、讲究耕读求知、崇敬知行合一、倡行经世致用等，这些由历史和现实造就出的浙江人的优秀品行，尤其是不信神仙上帝、只靠自己拼搏奋斗的精神内质，让浙江人用勤劳的双手和智慧的头脑去改变自己的命运，创造自己更美好的生活。

浙商的崛起和发展，正是浙江人内在素养的生动实践，是浙江人品质、精神在当代的物化展现。无论是过去还是未来，浙商都需要传承浙江人身上的那种特别能吃苦、特别能创业、特别能忍耐、特别能冒险、特别能发现商机、特别能合作创新等内在品格，并在时代的实践中不断去丰富和光大浙江人身上特有的拼搏奋斗的品质。

浙江人还特别懂得财富积累的辩证法，不会因为做买卖只赚几分几厘就放弃小本生意，而总是千方百计地拓展销路、市场，薄利多销、积少成多，让涓涓细流汇成茫茫大海波涛。

这就是浙江人素质、品性的搏动和绽放。

（三）浙商之路是一条走向现代工商文明之路

浙商 40 年之路，是由农民草根创业走向工商业企业家的成长之路，也是资本从原始积累走向多元资本的拓展之路。

绝大多数浙商来自田间地头、小街小巷，大多出身农民、市民，可以说是来自“草根”、脱胎于“草民”的，他们起初从事的是“草根经济”。所谓的乡镇企业、街巷集体企业，都是从田间街巷中成长起来的。

但是，工商业经济、市场经济与小农经济有着本质上的不同。自给自足的小农经济，是年复一年封闭式的循环经济，是遵循自然规律的简单化的再生产运动，主要是受自然运动规律的支配。而企业化生产和工商业经济则更多的是受社会市场需求规律的影响，是经济要素高度集聚的规模化生产，是资本自我积累和扩张的开放式的增殖过程。

浙商就是在做小商小贩生意和为城市经济代加工的过程中，逐步走向工商资本发展之路的。40 年风雨兼程，从过去的乡镇企业中走出了一大批以股份制为特性的现代企业；过去农民式工商业主或者说“草根阶层”，如今已成长为搏击市场商海的现代企业经营者（企业家）；浙江经济也早已由小农经济、小商品经济、个私经济、块状经济走向了以工商业为主导的现代经济，工业化、城市化、市场化和金融化都达到了相当的发展水平。

由农耕经济演化为乡镇小工业进而成长出大批个体经济，在此基础上又形成了商业资本、产业资本和金融资本（投资基金等），都充分说明现代工商文明是现代经济的必由之路，而市场经济与工商资本的有机结合，会不可避免地迸发出巨大的发展动能。

浙商 40 年发展之路，实质上是走向工商文明之路，是市场与资本融合发展之路，也是一条凤凰涅槃的转型之路。

（四）浙商之路是一条永无休止符的创新之路

浙商 40 年之路，从来就不是顺风顺水的，而是充满坎坷的，是在克服艰难困苦的奋斗中成长起来的，他们经历了一次次的创新洗礼。

毫无疑问，浙商在发展过程中，曾沐浴了改革开放的政策红利、中国以往劳动力充裕的人口红利、社会供给能力不足的市场红利。但是，他们同时也经历了适应生产产品更新、企业制度变革、科技进步浪潮、产业结构调整、国际市场竞争的种种考验。在这种变革创新中，才能赢得生存和发展的机遇。浙商的发展过程，也是由创业求生存再到更多地依靠变革创新求发展的过程。

浙商 40 年成长之路，始终面临着“成长的烦恼”“发展的炼狱”的挑战。浙商们在磨难中前进，在过坎中登高，在“腾笼”中“换鸟”，在转型中升级，在“浴火”中“重生”。他们是“涅槃”的“凤凰”，是“突围”的“勇将”。现在的浙商，更多依靠和追求的是创新红利、人才红利、科技红利。

浙商既勇于创业，也敢于变革创新，是一个善于在创新中不断创业的优秀的企业家群体。浙商之路，就是一条永无休止的创新发展之路。

（五）浙商之路是一条不断完善自我的嬗变之路

浙商的成长、发展过程，是一个不断自我学习、不断自我提升、不断自我超越的过程。

任何一个群体，如果不能随着时代发展而不断充实完善自己，那迟早会被历史所淘汰。浙商成功的又一个重要原因，就在于他们不满足于现状，勇于进取，善于学习，不断追求卓越，努力使自己成为具有现代文明素养的企业家。我们欣喜地发现，如今的浙商是一个特别注重读书学习和完善自我的学习型、创新型群体。

浙商 40 年发展轨迹证明，他们既创造着物质财富又创造着现代文化；既创造着生产经营方式又创造着社会生活方式；既创造着美好生活又创造着美好社会；既引领社会就业创业方式又推动社会价值的积极取向；既代表着浙江的形象又代表着中国企业家群体的形象。他们是社会财富、社会文明和现代文明人（主体）的创造者，他们在改变世界的同时，也改变了自己——使自己不断成长为现代浙商。

正昂首阔步走向新时代的浙商，应该是一支规模更宏大、目标更高远、形象更完美、素质更全面、能力更强大、家国情怀更浓烈的企业家群体。

身处中国历史转折时期、全面走向中华民族复兴强国梦的浙商，正如改革开放需要再出发那样，也需要再提升再完善再出发：变革创新再出发，创业发展再出发，完善自我再出发，贡献社会再出发。

三 简要的结语

浙商过去 40 年的成长之路和未来发展之路，有着深邃的历史内涵和广阔的时代意义，需要人们做多视角的探讨。

我们上述五个方面的简要分析并非全面系统，而只是做了一点粗线条的概述。

也许，我们还可以从另一个角度，去阐释上述五点的更深层意义：这五个方面也许正好体现了浙商五个阶段的成长历程：第一个阶段是人本性意义上的搏动；第二个阶段是浙江人精神特质的搏动；第三个阶段是利润与资本的搏动；第四个阶段是创新的搏动；第五个阶段是家国情怀、使命担当的搏动。虽然它们不存在依次推进的历史时序性，但其人类实践活动的结构性逻辑则是客观存在的。

总之，无论是总结回顾过去40年还是展望未来的岁月，我们对浙商群体都充满着信心，也充满了期待，相信浙商未来会更加美好，我们的未来也会更加阳光灿烂。

浙商是改革开放时代一道亮丽的风景线

2018年11月19日，作者出席第三届“中国浙江酒业高峰论坛”，围绕主题“新时代　新酒商　新机遇”致辞。

2018年，是我国改革开放40周年。改革开放的40年，是风雨兼程的40年，是如火如荼的40年，是追梦富强的40年，是景象万千的40年。40年激越拼搏奋进，40年书写时代新华章。

40年来，我们的祖国发生了翻天覆地的变化。作为这个时代的参与者、见证者，我们和这个时代同步成长、同频共振。40年的发展历程，是值得我们好好总结和回顾的。大家想一想，我们今天在座的绝大多数同志，对这个时代都会有许多切身的感受。而大家的共同感受就是：我们很幸运地赶上了这个大好的时代，赶上了改革开放的时代！

改革开放是一个怎样的时代？在我们看来，改革开放是冲破僵化、迎来思想解放的时代；改革开放是一个告别贫困、走向富裕的时代；改革开放是一个打破种种束缚、放手干事业的时代；改革开放是一个睁眼看世界、追赶世界发展的时代；改革开放是一个放飞理想、大家创业圆梦的时代！改革开放还是一个哺育、造就伟大新群体的时代，其中一个最主要、最精彩的群体，就是我们的企业家队伍！

浙商就是在改革开放的浪潮中诞生成长起来的。浙商见证并参与了这个伟大的时代。我们首先应从更高的站位来看待中国的民营经济，应以更宽的视野来思考浙商的成长和发展。浙商和全国企业家们一起，已经成为中国改革开放的重要推动力量。我们为这个时代的历史性进步，为包括浙商在内的中国企业家群体的成长而感到欢欣鼓舞。毫无疑问，浙商是改革开放的产物，是改革开放 40 年历史进程的一个缩影、一个标识，是这个伟大时代锻造出来的一个英雄群体。浙商是我们这个时代的骄傲，是浙江人的骄傲！浙商展示了浙江的风采，体现了浙江深厚的历史文化底蕴，表现了浙江人拼搏奋斗的精神，展现了浙江大地上的勃发生机和无限美好的未来！浙商是浙江一道亮丽的风景线，是我们浙江的金名片，是浙江过去、现在、未来发展最宝贵的财富和力量。浙商这 40 年的发展，是值得大书特书的，是值得我们歌颂的，是值得我们鼓掌喝彩的！

浙商之所以能成为一支令人自豪的优秀企业家队伍，成为推动时代进步的重要力量，是因为浙商群体规模庞大，浙商是一支在浙江、中国，乃至世界商海中浩浩荡荡的近 1000 万人的大队伍。这支队伍规模大，能量更大。

浙商之所以成为一支令人自豪的优秀企业家队伍，成为推动时代进步的重要力量，是因为浙商身上具有优秀的特质，那就是敢为人先、敢闯敢试。正因为这样，浙商开创了浙江，乃至中国民营经济的先河，为中国的民营经济发展及市场经济体制改革，做出了卓越的贡献。

浙商之所以成为一支令人自豪的优秀企业家队伍，成为推动时代进步的重要力量，是因为浙商身上具有一种特别的品性，那就是艰苦奋斗、创新创业。这种性格使得浙商始终挺立在时代最前沿，成为改革开放的弄潮儿。

浙商之所以成为一支令人自豪的优秀企业家队伍，成为推动时代进步的重要力量，是因为浙商身上具有一种特别的情怀，那就是爱国担当、敬业奉献。浙商讲信誉，崇尚义利并举，坚守得诸社会还诸社会。正因为这样，浙商才能立企兴业，厚德载物，顶风抗雨，一路前行，引领时代发展，推动时代进步。

我们的浙商们从钱江两岸起步、高飞，踏着滚滚钱江大浪，飞向祖国的四面八方，飞向世界有太阳的地方。

我们为广大浙商而感到骄傲！在这里，让我们以改革开放 40 周年的名义，向广大浙江企业家们，致以崇高的敬意！

浙江的酒商是浙商群体中的一支重要力量。40 年来，诞生了一大批勇立潮头的浙江酒商。沐浴着改革开放的春风，浙江的酒类企业茁壮成长。比如，以商源集团、新友控股、柒泉工贸等民营企业为代表的浙江酒商，通过不断变革与创新，一次次把握住发展商机，稳中求进，做特做优，享誉全国，走向世界。除民营酒企以外，还有以浙商糖酒集团为代表的国有企业，也在一次次的改革中超越自我。它们变革的是体制、是经营方式、是发展理念，但不变的是追求质量、信誉和品牌。正因为这样，浙江的酒企、酒商能砥砺前行，不断发展，成为浙商中的一支重要力量，成为浙江发展的一支重要队伍。在你们身上，同样体现了浙商和浙江人的品行风采，我们为各位所取得的成绩，感到十分欣喜和自豪。

毫无疑问，浙江酒商的崛起和发展，正是浙江人内在素养的生动实践，是浙江人品质、精神在当代的物化展现。无论是过去还是未来，浙商都需要传承浙江人身上的那种特别能吃苦、特别能创业、特别能忍耐、特别能捕捉商机、特别能合作创新等品格，并在时代的实践中，不断去丰富和光大浙江人身上特有的拼搏奋斗的优秀品质。

在新的时代，我们要开创未来，追求新的发展。在这里，我向包括广大酒商在内的浙江企业家提几点希望。

第一，坚持稳健经营。说一千道一万，浙商个人的前途命运与企业发展息息相关，其一切财富都在于企业的健康发展。所以，一定要把企业做得稳健再稳健，在坚持创新的同时，筑牢行稳的基础，要安全、稳健发展为先。第二，坚持守法经营。一定要牢记守法经营是前提、基础、底线、红线，不要在这方面出现颠覆性的错误。第三，坚持创新经营。浙商要根据时代的发展，根据市场的搏动，不断变革自己，超越自我，在创新中发展，在创新中做强。第四，坚持合作经营。浙商要善于合作经营，携手共进，在合作中求发展，实现共创共赢。第五，坚持价值经营。做企业就是做人，要在物的背后看到人性，在钱的背后看到仁义价值，在物质财富的背后看到人品人格。这就是说，要努力追求企业和自己的品位价值。在价值品位方面要有更高的追求，不断自我学习、自我修炼、自我提升，通过完善自我，去追求更卓越的未来。

总之，希望大家以纪念改革开放40周年为新契机，在市场经济发展中行稳致远，在新时代的发展大潮中不断开创新事业，勇敢地走向更美好的未来，去创造更辉煌的新业绩。

在改革开放中孕育成长的时代浙商

2018 年 12 月 20 日，“2018（第十一届）《浙商》年会”在杭举办，作者出席大会并围绕会议主题“改革开放再出发——新征程 新希望”致辞。

习近平总书记在庆祝改革开放 40 周年大会上的重要讲话，深情回顾了改革开放 40 年的光辉历程，全面阐述了改革开放的重大意义和历史地位，精辟概括了改革开放的辉煌成就，深刻总结了改革开放的宝贵经验，庄严宣示了新时代我国继续推进改革开放的总体思路和目标要求。这是一篇新时代马克思主义的纲领性文献，是新时代改革开放再出发的宣言书，意义极为重大，需要我们认真学习领会，结合各自实际体悟践行。浙商是改革开放的时代产物，是伴随着改革开放的发展进程而成长起来的伟大群体。在改革开放再出发的今天，浙商也很有必要回顾总结自己走过的历史，不断提升自己，坚持变革创新不停步，为新时代的改革开放和现代化建设做出新的贡献。

一 深刻领悟改革开放是中国崛起腾飞的必由之路

浙商诞生于改革开放的伟大实践，伴随着改革开放的进程而成长。在庆祝改革开放 40 周年之际，每一位浙商都无不为中华民族这 40 年的崛起腾飞而激情满怀，对 40 年改革开放所取得的辉煌成就和历史意义，都有着深切的感受。

40 年风云激荡。改革开放 40 年可谓风起云涌。回想 1978 年思想解放所引发的这场波澜壮阔的变革浪潮，使我们感慨万端。改革开放开启了实现中华民族复兴梦想的伟大征程，使中国现代化巨轮鸣笛启航。改革开放是我们党和人民一次极具时代意义的历史觉醒。党的十一届三中全会抛弃了以阶级斗争为纲的错误方针，实现了把党和国家的工作重心转移到经济建设上来的伟大转折。我们走自己的路，提出发展是硬道理，坚定地推进以市场经济为主导的经济体制改革，坚持“一个中心两个基本点”即以经济建设为中心、坚持改革开放、坚持四项基本原则的党的基本路线，由此拉开了经济、政治、思想、文化等各个领域的改革序幕。这是一场波澜壮阔的伟大变革。

40 年砥砺奋进。改革开放 40 年，创造了中国发展的奇迹和辉煌。中国已经跃居世界第二大经济体，我们国家的经济实力取得了突飞猛进的发展。我国人民群众的生活水平实现了质的提升。中国大地发生了翻天覆地的变化。中国的历史进程加快了、中国的面貌改变了、中国人民的面貌改变了、中国共产党的面貌改变了。这 40 年，我们党引领人民绘就了一幅波澜壮阔、气势恢宏的历史画卷，谱写了一曲感天动地、气壮山河的奋斗赞歌，是中国近现代以来实现中华民族伟大复兴的又一个历史性的里程碑。经过这 40 年的腾飞发展，中华民族迎来了从站起来、富起来到强起来的伟大飞跃！

40 年思泉归流。40 年实践充分证明，改革开放是决定我们国家、决定我们党的历史命运的关键之举，是我们坚持和发展中国特色社会主义的必由之路，是中国人民大踏步赶上世界前沿发展并引领时代发展的重要法宝，也是实现“两个一百年”奋斗目标、实现中华民族伟大复兴的关键一招。

这风云激荡、腾飞巨变的 40 年，浙商亲身感受到了中国前行的力量。40 年改写了中国历史发展的进程，也影响了世界的历史进程。

浙商作为 40 年改革开放的亲历者、实践者，对习近平总书记在庆祝改革开放 40 周年大会上的重要讲话，倍感亲切，倍增信心，倍添力量，获而思因，富而思源，成而思进，不忘初心，继续前行。壮阔改革路，奋进新时代。未来已来，跨越一步就是新的征程、新的希望。

二　浙商是在改革开放实践中崛起成长的

浙商沐浴着改革开放的阳光雨露而崛起成长。在庆祝改革开放 40 周年这样一个重要的时间节点上，浙商也要对自身发展的历史和成就加以回顾总结，以便在新的起点上向着更高的山峰迈进。

浙商见证了这个时代的巨大进步，更感恩改革开放提供了一个宽阔的大舞台。浙商参与了这个时代，并在改革开放的实践中书写了自己的传奇。浙商在 40 年改革开放中有自己的历史轨迹，有自己付出的心血汗水，有自己的磨砺经验，有自己的脚印理想。

那么，改革开放 40 年来，我们浙商取得了哪些重大进步？在我们看来，主要体现在以下几个方面。

第一，40 年，浙商奔腾澎湃。浙商经历了从无到有、从小到大的历史发展。今天的浙商，已经成为一支规模近千万的大队伍，而 40 年前，浙商群体尚未诞生，至多也只是作为它前身的一些零星的手工业者。可以说，这 40 年，浙商实现了从无到有的质变，实现了从小到大、从大到强的飞跃。今天的浙江人当中，每 6 个人中就有 1 人从事企业经营。据统计，在浙江注册的市场主体就达到了近 700 万家（个），数量可观，队伍浩荡，已汇聚起波涛滚滚的创新创业大军。

第二，40 年，浙商披荆斩棘。在 40 年的改革开放历史进程中，浙商从大山、田间走来，从街头巷尾走来，他们从农村走向城市，从浙江走向全国，从中国走向世界。今天的浙商，已经遍布全球各地。可以说，凡是有太阳升起的地方，就有浙商的身影。据不完全统计，浙商在省外的投资和产出的经济价值，已达到了整个浙江省的经济总量。浙江省的外贸和海外投资，一直处于全国前茅。浙商们不惧路途荆棘、披星戴月地在天涯海角创业。

第三，40 年，浙商砥砺前行。在 40 年的改革开放历史进程中，浙商从原来的手工业者、小作坊主、推销员已成长为一批批的企业家、企业经营者、金融家、慈善家，有的已成为国内国际著名的企业家。企业家是市场经济的生命体。改革开放的一个重大成就，是铸造了这支搏击市场风浪的企业家队伍。浙商是这支队伍中的先锋队之一，是中坚力量。浙商在 40

年商海中砥砺前行，锤炼出数以千万计的企业家。浙商从当年的散兵游勇、东藏西躲的小队伍，发展到今天已是浩浩荡荡的商海大军，成为当今世界引以为豪的一个规模大、实力强，也最具有区域特性的创新创业精神的商业群体。毫无疑问，今天的浙商，在世界范围内都是一个响当当的、含金量极高的、令人钦佩的高品质群体，“浙商”也成为一个著名品牌，成为浙江人的金名片。

第四，40 年，浙商春华秋实。实践创造财富。在 40 年的改革开放历史进程中，浙商既创造了大量的物质财富，也创造了宝贵的精神文化财富。正是在改革开放的实践中，浙商形成了独具特色的浙商精神、浙商文化，浙商是有自己内涵、品质的。正如习近平总书记指出：“改革开放中所形成的伟大的改革开放精神极大丰富了民族精神内涵，已经成为当代中国人民最显著的精神标识。”浙商精神、浙商文化、浙商品牌是浙江、浙江人民最重要的精神标识。浙商队伍胸怀祖国，面向世界，义利并举，回馈社会，为社会发展和进步做出了巨大贡献。

第五，40 年，浙商精彩纷呈。在 40 年的改革开放历史进程中，浙商取得了骄人业绩。可以说，浙商是中国民营企业的经典代表，为中国整个民营经济的形成和发展做出了自己的贡献。浙商是浙江改革开放的主力军，也是推进中国改革开放发展进程的重要力量。浙商是浙江奇迹的创造者，也是中国奇迹的参与者。浙商为浙江、为中国发展做出了自己的贡献，成绩精彩纷呈，令人鼓舞，令人自豪。

沧桑岁月感怀万千，天下时势变化无穷，未来蓝图更催人奋进！

三　浙商要不忘初心、踏浪前行

今天的中国，是走在山坡上的中国，是正如习近平总书记所讲的：“船到中流浪更急，人到半山路更陡”的时期。我曾经写过一本书，书名叫《走在山坡上的中国》。当今中国历史进程的态势，就处于这种“半山坡”的状态。往上爬越来越难，越来越吃力，但是没有退路，只能进不能退，退则万丈深渊。所以，我们必须挺起我们的脊梁、鼓起我们的勇气，迈出我们坚实的步伐，向着中华民族伟大复兴的现代化高峰继续奋进。

改革开放已过千山万水，但仍需跋山涉水，迎风劈浪，破难而行。国家如此，企业亦然。所以我们要在总结历史经验中更好地成长起来，以便我们行得更稳，飞得更远。

回顾浙商改革开放40年走过的历程，浙商获得了什么样的经验、体会和感悟，从中获得什么样的有益启示呢？我们认为，以下几方面，可供大家参考。

第一，听天听地，重要的是听党的话。浙商非常善于学习，经常学这个学那个，听这个听那个，这是很好的现象。但我认为，归根结底是要听党的话，跟党走。因为我们是中国大地上的企业家，我们是生长、生活在中国的企业家。我们是在中国的环境、中国的制度、中国的文化、中国的政策等环境中来发展的。这是我们国家发展的基本优势，也是企业发展的内在基础。企业要想做大做强，离不开党和政府的关心和支持。这应该是企业生存发展的根本遵循，也是必要的条件。

第二，这风那雨，重要的是看清市场。无论刮哪阵“风”，下哪阵“雨”，上听党的话，远看市场的“情”。这就是两个最大的“定心丸”。看清看透了市场这个“定心丸”，就能扛住商海中的风风雨雨。企业的生命在市场，企业的生存在市场，企业的命运在市场。特别是在当前的市场环境中，更要把握好市场、适应好市场，甚至是创造市场、引领市场。

第三，这经那法，重要的是创新为本。市场在哪里？市场在自己手上。你能为市场提供有价值而又有竞争力的产品，你就有新的市场。大家每天都在思考企业如何生存、发展、壮大，经验表明，对于企业来说，最根本的生存发展之道，就是坚持创新为本。因为，企业的本质和天职就是创新，企业家精神的内核就是创新，如果离开了创新，企业就很难生存下去。

第四，这梦那想，重要的是路在脚下。企业家要敢于做梦、要有理想，这是值得鼓励的。“万一梦想实现了呢！”但是，这个梦想一定要尽最大可能切合实际，不要总想着一夜暴富、一天成大，不要去做那种违背常理的暴利巧取的“美梦”。这种“美梦”，既违背发展规律，也有违人间良知。我们千万不要有建立在欺诈基础上的空想，而要踏踏实实发展企业。企业要抓铁有痕、踏石留印，千万不要把空想当理想，更不要把自己的梦想建立在老百姓“家破人亡”的基础上。

第五，思来想去，重要的是有“三把剑”。企业要生存和发展，重要的是要有三把剑：人才、技术、资金（资本）。这是企业发展、做大做强的必备三要素。企业在经营发展中，关键要把这“三把剑”利用好、整合好。没有什么资本资源就想发大财，没有几把“金刚钻”就想挖“金矿三尺”？经营好企业要素、条件很多，人才、技术、资金则是重中之重。如同“家中有粮心里不慌”一样，企业有了这“三把剑”就能撑得起、走得远，虽然不能打遍商海“无敌手”，但起码可以扛得住一些风浪。

第六，问东问西，重要的是问好自己。说一千道一万，一个企业如何，归根结底看企业家自己。企业拼钱更拼人，拼实力更拼智慧，拼产品更拼人品。企业好因为企业家好！企业家要有较高的素养、素质，要有良知良念、良能良行，并且要“知行合一”，久久为功，这样你才能成为压舱石、顶梁柱，才能成长为参天大树。因此，企业家要不断学习，充实自我、提高自我，注重修炼修行。从一定意义上讲，企业的发展就是企业家的发展，企业的发展是无论如何也离不开企业家的智慧与能力的。

走在新时代征程上的浙商，一定要坚定信心，尽管未来的经济形势不可能完全尽如人意，但我们一定要坚定地提振起信念，一定要踏浪远行。唯其如此，我们才能迈向更加光辉灿烂的未来！

然而，未来的路主要靠自己走。

改革开放的弄潮儿

2019 年 1 月 20 日，作者出席来杭投资企业（商会）联合会 15 周年庆典，与参会企业家们分享了学习习近平总书记在纪念改革开放 40 周年大会上讲话的一些思考与感悟。

“致敬，改革开放 40 周年，勇立潮头再出发”！这个主题非常好。2018 年，党中央、国务院隆重举行了庆祝改革开放 40 周年大会；2019 年，可以说是我们改革开放再出发、再深化的元年。因此，在这个时间节点上举办此次大会，可见来杭投资企业（商会）联合会站位非常高，同时也非常符合当前和今后中国经济社会发展的基本态势！

几位企业家代表已从不同角度展示了40年来我国综合国力的发展和提升情况，也描述了40年来民营企业发展进步的历史进程。这40年，的确是春风化雨，的确是砥砺奋进，的确是春华秋实。40年来中国所取得的发展进步，是中华民族几千年来前所未有的。从经济发展的角度来看，我们从经济濒临崩溃的“欠发展国家”成长为“最有活力的新兴经济体”，从贫穷落后到全面小康并向现代化进军，实现了从站起来到富起来再向强起来迈进的伟大的历史性转变。

在40年改革开放的发展历程中，我国的GDP增长了225倍，人均GDP增长了155倍，国家贸易总额增长了783倍，外汇储备增长了1.88万倍。在40年的发展历程中，中国已成为世界第二大经济体，世界第一制造业大国，货物贸易第一大国，商品消费第二大国，外资流入第二大国，我国外汇储备位居世界第一。与此同时，我国超过7.4亿人解决了贫困问题。这40年来，中国经济社会发生了巨大而深刻的变化，取得了举世瞩目的伟大成就。这40年，中国从世界舞台的边缘，逐步走到了世界舞台的中央。这40年来取得的成绩，让我们每一位中国人扬眉吐气，令每一位企业家备受鼓舞，也使全世界为之惊叹！

改革开放40年来取得的成绩如此之大，其根本原因在于我们坚持中国共产党的领导，我们在中国共产党的坚强领导下走上了一条改革开放的康庄大道。40年改革开放改变了中国的历史进程，改变了中国的面貌，改变了中国共产党的面貌，改变了中国人民的面貌，同时也在很大程度上影响和改变了世界的面貌！我们要向伟大的改革开放40年致敬！

2018年12月18日，习近平总书记在庆祝改革开放40周年大会上的讲话，全面、系统、深刻地阐述了我国改革开放40年的基本经验，以及改革开放再深化再出发的发展方向和主要任务。通过学习习近平总书记在纪念改革开放40周年大会上的讲话，我想与大家分享一些我的思考与感悟。

一　解放思想——中国改革开放的总开关

中国改革开放虽历经艰难曲折但总体上取得了巨大成功，关键在于我们始终坚持解放思想、实事求是的思想路线，义无反顾地为改革开放扫除思想障碍。正因为有了解放思想，正因为有了思想观念的转变，中国的改革开放才拉开了序幕，中国的改革开放才有了历史觉醒的起点。正如习近平总书记所说的，“解放思想是前提，是解放和发展社会生产力、解放和增强社会活力的总开关”，“没有解放思想，我们党就不可能在十年动乱结束不久做出把党和国家工作中心转移到经济建设上来、实行改革开放的历史性决策，开启我国发展的历史新时期”。如果思想僵化，搞“两个凡是”，那就无法纠正党在路线、方针、政策上的错误，就无法制定符合时代发展需要的正确路线和方针政策。面对这种情况，理论界提出“实践是检验真理的唯一标准”的观点，立即在全党全国引起了热烈讨论和中央领导的高度重视。当时这个理论问题的讨论和争议，便成了一个至关重要的政治问题。在这关键时刻，邓小平同志旗帜鲜明地支持关于真理标准问题的大讨论，肯定“实践是检验真理的唯一标准”的观点，否定“两个凡是”的僵化看法。这就使全党全国摆脱了“两个凡是”的束缚，真正开启了实事求是地去思考问题、解决问题的“时代之门”。真理标准的大讨论是解放思想的开端，也是改革开放的先声。在此基础上，邓小平同志深刻把握人类社会发展规律，提出了“发展才是硬道理”“贫穷不是社会主义”“要鼓励摸着石头过河”“不管白猫黑猫，抓住老鼠就是好猫”“人民富起来才是根本”等一系列经典性的科学论断，极大地推动党和人民思想观念的变革和解放。这就是我们党和人民伟大的历史觉悟和时代觉醒，由此才有了改革开放的伟大实践，才有了历史性成就，才实现了历史性飞跃！

二　市场经济——中国经济改革开放的总方向

改革开放 40 年取得的成就除了归功于解放思想外，还在于我们选择了坚持走社会主义市场经济的发展道路。按照旧观念，社会主义和资本主义水火不容，不可能相互学习、借鉴。到底哪些制度、体制、机制反映资本主义的本质？哪些是体现人类社会生产力发展和现代经济活动一般规律而非资本主义国家特有的？回顾历史，我们可以清晰地看到，中国改革开放之所以取得成功，关键是解决了社会主义与市场经济的关系问题。邓小平同志指出："计划多一点还是市场多一点，不是社会主义与资本主义的本质区别。计划经济不等于社会主义，资本主义也有计划；市场经济不等于资本主义，社会主义也有市场。计划和市场都是经济手段。"这个精辟论断，从根本上消除了把计划经济和市场经济看作属于社会基本制度范畴的思想束缚。社会主义市场经济体制的建立和不断完善，极大调动了企业的生产经营积极性、创造性，使我国经济充满生机和活力，实现了持续稳定快速发展。建立和完善社会主义市场经济体制，已成为中国改革开放的宝贵经验。习近平总书记说，"坚持社会主义市场经济改革方向，提出建立社会主义市场经济体制的改革目标，这是我们党在建设中国特色社会主义进程中的重大理论和实践创新，解决了世界上其他社会主义国家长期没有解决的一个重大问题"。

三　企业主体——中国经济改革和发展的主引擎

经济要发展，就必须有组织经营经济活动的主体。市场经济的活动主体就是企业。人们常说，企业是市场经济的微观主体，这当然是不错的，但如果言外之意还有一个市场经济的宏观主体——政府，这就值得商榷了。发展市场经济离不开政府的宏观调控作用，但政府不是市场经营活动的主体，主体只能是企业，市场经济活动中不应该有宏观主体和微观主体之分。大家知道，由企业这种制度和方式来组织和经营社会经济活动，是人类制度的一个伟大发明，也是人类进入工商文明社会后必然要产生的一种制度。从一定意义上讲，工商社会是一种企业化社会，市场经济社会在很大程度上也可以叫企业化社会。我们要建立社会主义市场经济体制，保持国民经济持续、稳定、健康发展，关键也在于建设起一支强大的市场主体队伍，即企业主体群。在市场经济条件下，企业是最基本、最重要的市场活动的主体。如何培育更多更强的市场主体？如何激发企业的发展活力？如何发挥企业的主体作用并使之成为我国现代化建设的骨干力量？这是我国经济改革成败的关键，也是我国现代化建设的根本动力之所在。

四 企业家队伍——中国经济改革和发展的主力军

40年改革开放，创造了中国发展的各种各样的奇迹，但我以为，其中重要的一个奇迹，就是塑造了庞大的企业家队伍。社会阶层的流动和分化，是社会资源配置的基础和结果。社会财富的创造和发展进步，都是要通过人群阶层的主体来实现的。发展市场经济、建设现代化国家，就必须锻造出一批又一批的优秀企业家队伍。企业家就是人格化的市场主体。社会经济发展和市场经济活动，就是通过企业家的活动来实现的。40年改革开放的伟大成果之一，是培养和造就了一大批企业家队伍，他们在改革开放中成长，也是改革开放的弄潮儿。当我们向改革开放致敬的时候，我们也要由衷地向我们的企业家致敬！

五 给改革开放再出发的企业家们的若干建议

过去40年成就辉煌，使我们对未来更加充满信心。改革开放已走过千山万水，但仍需跋山涉水，未来仍将面临大风大浪考验。改革开放永无止境，需要不断深化再出发。正如习总书记指出的："我们现在所处的，是一个船到中流浪更急、人到半山路更陡的时候，是一个愈进愈难、愈进愈险而又不进则退、非进不可的时候。"在今天这个千帆竞发、百舸争流的时代，我们绝不能有半点骄傲自满、故步自封，必须勇立潮头、奋勇搏击。

立好根基，行稳致远，走好未来的路。我给企业家朋友们谈几个不是很成熟的建议。

第一，根据国家市场监督管理总局数据显示，到2018年年底，全国实有市场主体达1.1亿户，其中企业是3474.2万户，其他为个体工商户。2018年新增市场主体2149.58万户，新增企业670万户，平均每天新增企业1.83万户。此外，2018年世行评价营商环境，我国排名46位，比2017年上升了32位，企业开办时间指标排名28位，较2017年上升了65位。

企业开办环节从原来 7 个环节变为 4 个环节，时间由原来 22.9 天变成 8.6 天。今天的中国已经形成了一个数量巨大的企业和企业家群体。这就是当下和未来中国经济发展的根本基础和动力所在。这就是我们对中国未来的发展满怀信心的根本缘由。与此同时，注销企业数量也快速增长。2014—2018 年，年度注销企业数分别为 50.59 万、78.84 万、97.46 万、124.35 万和 181.35 万。从注销和新设企业比例来看，2018 年新设企业与注销企业的数量比为 3.69 ∶ 1，即平均每进入市场 3.69 户企业，就有 1 户企业通过注销退出市场。对此，希望大家一定要有良好的竞争意识和忧患意识，想方设法将企业做大做强。

第二，根据 2018 年年底全国民营企业合作大会上的数据显示，改革开放以来，党和国家高度重视个私经济发展，提出了一系列鼓励、支持、引导的方针政策。40 年来，个私经济从无到有、从小到大、从弱到强，迅速增长。1978 年全国个体经营者只有 14 万人，私营企业在允许登记后的 1989 年，总数不过 9.05 万户；到 2018 年 8 月底，全国实有个体工商户 6962.5 万户、私营企业 3000.2 万户，分别增长了 497 倍和 331 倍。个私企业占到了全国市场主体总数的 94.9%，创造了全国 60% 以上的 GDP、50% 以上的税收、60% 的工业产值。个私经济成为吸纳社会就业的主要渠道。目前，个私经济从业人员已经达到 3.57 亿人，提供了我国 80% 以上的城镇就业岗位和 90% 以上的新增就业岗位；个私经济成为科技创新的重要源泉，目前我国 65% 的专利、75% 以上的技术创新、80% 以上的新产品开发，都是由个私企业完成的。这意味着个体工商户、民营企业、私营企业在很大程度上已经成为我们国家经济发展的中流砥柱。支持和发展个体经济、私营经济不只是政策导向，而且早已深入人心。只要发展市场经济，民营经济就不可能“退场”。民营经济的未来只会越来越好，只会有新的更大发展，所以我们要树立信心，做好自己的企业才是正道，才是根本。

第三，根据《人民日报》近日报道，2018 年我国国资监管系统企业累计实现营业收入 54.8 万亿元，同比增长 10.3%；实现净利润 2.4 万亿元，同比增长 12.1%。其中，中央企业累计实现营业收入 29.1 万亿元，同比增长 10.1%，实现净利润 1.2 万亿元，同比增长 15.7%。2018 年我们的国有企业特别是央企，创下了历史最好水平。在国内外经济形势复杂多变的背景下，央企、国企取得了较好业绩。可见，民企与央企、国企合作是大有可为的，希望民营企业今后不断寻求与国有企业的合作机会。但是，民营企业在与国有企业的合作竞争中，也会面临着巨大的压力。民营企业一定要量力而行、一定要处理好与国有企业的关系，从而能更好地融入国有企业的发展当中，使自己不断发展壮大起来。

第四，据统计，2017 年到 2018 年，中国新增加了 2400 万家市场主体性中介企业，这些中介性企业占新增企业总数的 25% 左右。中介性企业为各类企业提供中介服务，大多以高端服务业为主。这些企业通常一头连着实体企业，一头连着市场。这类企业的增加，说明中国经济充满着新的动能，说明市场在不断细化，说明市场今后的竞争会更加激烈且更加专业化，这是经济结构、企业结构变迁的好兆头。但这些企业的诞生或过快生长，也意味着它们肯定要在市场中“分蛋糕”，所以，实体企业面临着很大的利益被切分的风险。这有合理的、正常的方面，但也要当心那些鱼目混珠的中介操手。

第五，世界上没有完全离开政府的市场经济。中国的市场主体除了国有、个私民营（包括外企）外，政府也是配置资源的市场主体。由于受转轨时期制度变迁的影响，市场机制配置资源的基础性、决定性作用有待充分体现，政府在经济事务中的决策空间很大，有的还得到了新的拓展，就其掌握的资源和承担的职能而言，实际上已成为具有独特行为目标的社会化市场主体。政府不但投资公共设施，而且还有相当份额的与产业政策相联系的投资资金或产业基金，有的规模巨大，同时还可以撬动大量社会资金。此外，由于多种原因，政府还有不少“隐性投资”“隐性股东”。这主要是因为我国市场经济制度还不够成熟，加之我国政府制度的独特性，尤其是在市场经济活动中积极有为的功能定位，使得政府具有相当的调控权限和经济资源配置权。一个国家的宏观经济运行和发展，当然离不开市场这只“看不见的手”和政府“看得见的手”，但政府本质上不是“市场投资主体”，而应以宏观调控和服务为主。在转型变革过程中，有条件的企业应积极争取政府手中的资源，加快自身发展，同时着眼长远，在市场风浪中不断提高自我发展能力。

第六，未来市场主体、企业家群体将会进入快速分化、代际更替阶段。我国改革开放 40 年，一方面产业、技术、市场环境发生了很大变化，对企业家来说，很多的机会稍纵即逝。在这个阶段，企业和企业家都处在一个急剧转型和变革时期，所以实力强的企业要做到进可攻退可守，注意担保、债务链清理，不要盲目扩张。同时，对新技术、新产品、新产业、新业态也要敢于投资，对经营新模式要关注并谨慎投资。这是一个市场大分化、大转型的时代。实力强的企业要敢于风险投资，实力一般的企业要谨慎投资，实力弱的要以自保生存为主。另一方面，在中国社会迅速变迁的大背景下，新的民营企业家群体的代际更替将会大量发生。下一代企业家的诞生和成长，只能依托未来产业转型升级的基本趋势。所以，加强企业家自身的学习能力、应对能力以及加强对年轻企业家的培养都是很有必要的。我们要抓紧培育新生代、接班人，步入中老年的企业家，应该有甘当配角的长远情怀。

第七，中国宏观经济形势，可以持谨慎乐观的态度。当大家都非常看好 2018 年经济形势时，我在 2018 年年初就认为，2018 年宏观经济将是非常艰难的一年。当时虽然出现了中美贸易摩擦，但没有想到贸易摩擦会升级为中美贸易战，时间之久、波及之广、影响之大皆在预料之外。但对中长期中国的宏观经济形势，则可以相对乐观看待。大家还是要立足当前，谋划长远，有近忧，更要有信心。

第六篇

情怀：我心中的浙商之歌

飞翔吧，浙商（长诗）

40 年前改革开放的号角响彻祖国山河大地，民营经济的星星之火从山间田边、邻里街坊点亮。第一代浙商走千山，行万水，说千言，吃万苦，将希望的火种撒遍江河湖海、寰宇四方，让“浙商”这张金名片为世界铭记！这是作者应邀为一个诗歌朗诵会而创作的。

一

这是个春天的时代
万物在雨露里生长
鲜花在阳光下绽放
你们
从田边走来
带着泥土的芳香
你们
从山里走来
踏着清晨的曙光
你们
从街坊走来
揣着生活的梦想
你们
用溪川小河的涓涓细流
汇聚成了滚滚钱江大浪

二

忆当年
你们
挥手告别家乡
奔走天涯四方
尝尽千辛万苦
跨越崎岖山冈
汗水洒遍江河海洋
智慧铸就浙江形象
你们
与艰难为伍
与困苦同行
拥抱市场挑战
引领时代变革
勤劳致富走出新路的宽广
滴水穿石改写时空的变量
你们
是一支千军万马的队伍
携手编织七彩的传奇故事
豪情讲述奋进的追梦理想
你们
是一支从浙江大地上启航
远征世界商海的精兵强将
你们拥有共同的名字
——“浙商”

三

春风化雨
滋养莺飞草长
创新创业
成就千万浙商
你们用拼搏
越过一道道难关
你们用坚守
闯过一个个风浪
你们用敏锐
抓住一次次商机
你们用诚信
打造立业的走廊
你们用胆魄
跨越腾飞的路障
你们用善良
书写大爱的无疆
你们用感恩
回报养育的故乡
你们用创造
开启明天的希望
你们用使命
挺起民族的脊梁

四

百舸争流
千帆竞发
天下浙商
创造骄人荣光
我们赞誉你们
因为你们
发出时代前行的新声
开拓民营经济的航向
勇立改革开放的潮头
独领创造财富的风光
我们赞颂你们
因为你们
是创业的先锋
是创新的勇将
是发展的主力
是涅槃的凤凰
我们赞美你们
因为你们
是时代前行的生力军
是时代革新的弄潮儿
你们背负时代的重任
放飞祖国繁荣的梦想
我们
为浙商的精彩深情鼓掌
为华夏的腾飞放声歌唱

五

浙商是我们时代的强音
自强不息永远在路上
川流不息而奔腾到海
积聚智慧而蓄满能量
当今世界
国际力量风云际会
思想文化交错碰撞
市场竞争硝烟弥漫
金融资本变幻激荡
科技进步亮点频现
人类千差万别而彼此分享
世界千变万化而异彩竞放
这是一个分化重组的嬗变时代
更是一个万物互联的网络时代
新理念新思维新方法
如泉水涌动扑面而来
新经济新产业新业态
如雨后春笋蓬勃向上
新生代新创客新领军
如高山瀑布飞流万丈
人类历史
又跨上了一个发展的新平台
迎接挑战才能创造机遇
踏实创业才能续写新篇
创新变革才能开辟未来

六

我们深知
波涛是海鸥的乡音
风雨是雄鹰的翅膀
超越是强者的乐章
搏击时代风云
方显浙商生命坚强
胸怀世界苍穹
终令浙商天高地广
向着蓝天
向着大海
向着世界
向着未来
飞翔吧
浙商

浙商之歌

习近平总书记曾提出："'浙商文化'是浙商之魂。"在浙商创新创业的征程中形成的"浙商文化"与"浙商精神"需要被提炼、被记录、被传承。有感于此，作者创作了这首诗，而后又与著名作曲家朱培华合作改编成歌曲。让这一曲风雨赞歌伴随浙商的脚步走遍世界。

飞翔　风云浙商　飞翔　光荣浙商
走千山　行万水

敢为人先　铸就浙江形象
说千言　吃万苦
勇立潮头　开拓新路宽广
踏着滚滚钱江大浪
从浙江大地起航起航
胸怀祖国追梦理想
从中华大地起航起航
飞翔　风云浙商　飞翔　光荣浙商
向着蓝天　向着大海　向着未来
我们飞翔飞翔

越四海　闯五洲
不忘初心　挺直民族脊梁
迎风雨　济沧海
勤劳智慧　贡献中国力量
踏着滚滚钱江大浪
从浙江大地起航起航
胸怀祖国追梦理想
从中华大地起航起航
飞翔　风云浙商　飞翔　光荣浙商
向着蓝天　向着大海　向着未来
我们飞翔飞翔
飞翔　光荣浙商　飞翔　飞翔　飞翔

商海木兰

40年波澜壮阔，40年春华秋实。在2018年年底隆重庆祝改革开放40周年之际，一首表达几百万女浙商们走过40年奋进之路的歌——《商海木兰》精彩问世。

踏着清晨明媚的阳光
创业路上英姿又飒爽
我们是商海的花木兰
拼搏奋斗温柔又刚强
不惧苦累　手提肩扛
拥抱风雨　踏尽冰霜
坚韧执着　开拓事业宽广
美丽智慧　托起人生梦想

商海木兰　播撒时代芳香
创业女神　牵手祖国富强
美丽女神　点燃明天希望
我们是女神　美丽智慧的女浙商

迎着温暖和煦的春风
人生路上自强更担当
我们是商海的花木兰
成功果实感恩更分享
姐妹同窗　携手欢唱
仁爱善行　慷慨解囊
勇立潮头　开启新的远航

展翅翱翔　贡献中国力量

商海木兰　播撒时代芳香
创业女神　牵手祖国富强
美丽女神　点燃明天希望
我们是女神　美丽智慧的女浙商
美丽智慧的女浙商

致敬，中天人的 22 个春秋

2018 年 11 月 22 日是中天控股集团 22 周年生日。一路走来，中天如何成长为一个光彩照人的行业巨匠，应怎样诠释中天和中天人的梦想与壮志、荣光与担当、品质与情怀？作者把答案写进了这首诗。

那是一个激越奋进的年代
是有故事、有奇迹的年代
22 年前的今天
悄然诞生了一个新的生命
他的名字，叫中天
沐浴着改革开放的春风
你茁壮成长
昂首阔步地向我们走来
如今
你已成为一个了不起的巨匠
一个光彩照人的行业巨匠
你把理想写在厚厚的大地上
你把微笑挂在高高的蓝天上

你有一个宏大的抱负
立志要做大做强中天
走在行业发展的前沿
22个春秋
你跃上了千亿规模的平台
成为全国500强的大集团
秉持“三年一大变”的奋斗目标
你披星戴月　辛勤耕耘
坚韧执着　负重拼搏
用一滴滴汗水浇灌希望的绽放
用一份份心智开启商海的航向
你用骄人的业绩
报告着中天人的雄心和志向

你有一个恒定的动力
变革激越企业奋进
创新永葆事业青春
22个春秋
你在转制狂飙中诞生
更在转型大浪中腾飞
可持续发展的创新理念
红蓝海间的“紫海”战略
“东西南北”的百花竞放
全球市场的谋篇布局
还有管理创新、技术创新和专业人才的支撑
让你一路踏风高歌
领略高山峰峦的秀美风景

你有一个坚定的信念
诚信是企业的生命

品质是企业的根本
22个春秋
你用执着务实的行动
树起优质高效服务好的口碑
你坚守“诚信为本、质量兴业”
坚持“每建必优、品质为先”
终于换来
一个个“白玉兰”“鲁班”质量奖
一次次文明企业、信用企业的表彰
你用诚信、品质
开拓立企兴业的阳光大道

你有一个朴实的追求
人本是企业的归宿
慈善是企业的境界
22个春秋
你上善若水　润物无声
义利兼行　达济天下
助人奉献是你的崇高使命
你为多少寒门学子慷慨解囊
为多少灾区献上无私爱心
为多少乡村建设希望小学
为多少母婴送去平安吉祥
你用浙江人的名义
播洒温暖人间的大爱无疆

你有一种执着的精神
变革创新是你的力量
诚信品质是你的性格
仁爱善行是你的情怀

智慧拼搏是你的风采
创造卓越是你的担当
22个春秋
中天人
净化了自己的心灵
锤炼了自己的品行
培育了自己的价值
打造了自己的脊梁
这是22个春秋的结晶
是22载岁月的升华
致敬
改革开放中成长的中天人
致敬
中天人的22个辉煌春秋

岁月如歌即过往
面向未来谱新章
22个春秋
正值青春芳华
我们的中天人
新时代的中天人
挺起你我的胸
拉起你我的手
让我们一起
向着
更广阔的大海
更高远的蓝天
飞翔吧　飞翔

致敬，十年爱心路

2018 年，时值浙商财智女人会创立十周年。十年间，一批批优秀的浙商财智女性，在长柳垂拂的西子湖畔，书写着中国女性企业家“爱的故事”。在发扬商业智慧的同时，她们也默默地奉献着爱心，被受助者亲切地称为“浙商妈妈”。有感与此，作者专门创作了这首诗，以致敬巾帼浙商向善的担当与力量。

迎着初升的朝阳
你们从钱江起航
几多风云
几度春秋
商海木兰英姿踏浪
财智女神拓土开疆
你们用美丽、智慧、执着
铸就人生之路的宽广

磨难中远行
你们深知创业的艰辛
更感悟人间博爱的分量
厚德载物
仁爱让社会充满温暖
达济天下
善良让人间充满阳光
一花一世界
你们用鲜花
托起星星的闪亮

一心一世界
你们用爱心
滋润草苗的成长
一行一世界
你们用善行
引领雏鹰的飞翔

爱在召唤
你们热泪盈眶
在感动中彰显责任担当
爱在行动
多少孩儿泪如泉涌
深情地喊你们“浙商妈妈”
滴滴泪水
可以充盈江河
浇灌广袤肥沃的土壤
小小善行
可以改变世界
激越多彩人生的绽放
你们携手捐资
成立“美丽基金”
你们风雨兼程
一次次走近困难孩子身旁
你们立下誓言
让“爱在浙商”广为传唱
你们义无反顾
如春风化雨养育生命
似上善若水滋润万物
是的
你们用心、用行

书写着大爱无疆

十年爱心路
让多少生命
有了新家的温馨
让多少学子
插上高飞的翅膀
让多少孩子
焕发青春的飞扬
是的
春风徐来
有了博大的爱
便会迎来无数杜鹃花盛开
叶红秋来
有了爱的善行
便会让世界景色更加精彩

致敬，十年爱心路
致敬，“浙商妈妈”
人生路漫漫
世间须欢颜
让我们与爱牵手
让我们与爱同行
致敬，伟大的仁爱力量
致敬，美丽智慧的女浙商

后记

2012年12月30日，浙商发展研究院正式成立，我被聘为研究院院长。8年来，我便有了更多的机会接触浙商和参与浙商的一些论坛等活动。这样，自然有了一些发言、演讲。这些讲话虽然多数事先有所思考，但基本上是现场即兴发挥的。演讲录音后经由浙商发展研究院的工作人员和我的助手们整理后，就形成了文字演讲稿。2017年1月，我以《飞翔吧，浙商》为名，由红旗出版社出版了第一部演讲文字稿。现在，由中国社会科学出版社出版的《浙商：如何应对大变局与黑天鹅》，是我的第二部以浙商为话题的演讲文字稿。

正如我的学友、中国社会科学出版社社长赵剑英同志在本书序言中所介绍的，书名是由他提议、我赞许的。这当然首先是与当今世界发展大变局和2020年的新冠肺炎疫情大流行的特别背景有关。同时，我觉得也与浙商群体的独特品性相关。因为，浙商就是从适应或者说应对时局变化中产生和成长起来的。我的演讲多数也是在更广视角下阐述了浙商不惧艰难、因时而变的特性。所以，《浙商：如何应对大变局与黑天鹅》的书名倒也是贴切的。

该书的出版凝结了许多朋友的心血。《浙商》杂志的臧铯、周丹、莫云、余华、冯永明、胡旦、褚睿雅等同志予以了大力支持，付出了不少心血；人民出版社的李甜甜同志，浙江大学的王智媛、李佳威、尹江燕、王政剑、韩晓阳、李学敏和李金国等同志，协助我做了许多辅助工作；本书责任编辑喻苗同志更是付出了大量劳动；尤其诸多浙商朋友给予了积极鼓励，并欣然肯定和支持本书的问世。对此，我向朋友们致以真诚的谢意！

王永昌

2020 年 9 月 10 日于杭州竺泉斋